高职高专经济管理类"十四五"理论与实践结合型系列教材

U0642154

大数据分析
（Power BI版）

主　编　练　金　苏重来　杨　帆
副主编　周建军　李鸿雁　麦全发　刘　宁

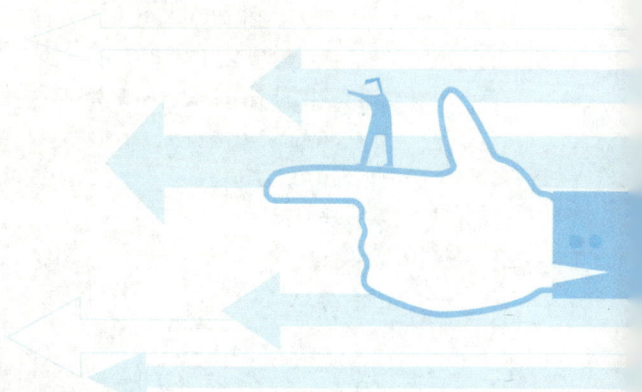

华中科技大学出版社
http://press.hust.edu.cn
中国·武汉

图书在版编目（CIP）数据

大数据分析：Power BI 版 / 练金，苏重来，杨帆主编 . —武汉：华中科技大学出版社，2023.7
ISBN 978-7-5680-9785-7

Ⅰ.①大… Ⅱ.①练… ②苏… ③杨… Ⅲ.①可视化软件—数据分析 Ⅳ.① TP317.3

中国国家版本馆 CIP 数据核字（2023）第 137996 号

大数据分析（Power BI 版）
Dashuju Fenxi（Power BI Ban）

练金 苏重来 杨帆 主编

策划编辑：聂亚文
责任编辑：刘姝甜
封面设计：孢 子
责任监印：朱 玢
出版发行：华中科技大学出版社（中国·武汉）　　电话：（027）81321913
　　　　　武汉市东湖新技术开发区华工科技园　　邮编：430223
录　排：武汉创易图文工作室
印　刷：武汉科源印刷设计有限公司
开　本：787 mm × 1092 mm　1/16
印　张：10.75
字　数：263 千字
版　次：2023 年 7 月第 1 版第 1 次印刷
定　价：45.00 元

序 言

    21 世纪是大数据的时代,谁掌握大数据谁就将拥有一定的话语权。大数据已在各行各业得到广泛应用,新时代的大学生理解大数据的概念、具备大数据分析的思维、掌握大数据分析工具的应用方法是至关重要的。

    本书使用电动汽车实时数据作为案例背景,贯穿整个数据分析过程,能让读者从 0 到 100 更易于理解和掌握大数据分析的全过程。

    本书采用循序渐进的项目化设计,以任务驱动引领课程内容,采用理实一体化教学方式,突出操作技能的培养。本书编写简洁明了,清晰易懂地介绍了大数据的基础知识、大数据的分析工具及运用 Power BI 工具进行数据获取、清洗、建模、实现可视化的整个过程,并在前五个项目设置项目实训,通过项目实训增强对本项目知识的巩固与实操的转化,最后通过一个实战项目对 Power BI 大数据分析过程从整体上进行认知巩固和能力增强。

    本书适合商科专业在校学生学习,特别适合于专业升级和数字化改造中的专业。本书对于商科专业的技能竞赛、1+X 书证融通具有一定的价值。同时,本书也适合企事业单位员工学习参考。

编者

2023 年 5 月

目录

项目一
走近大数据分析

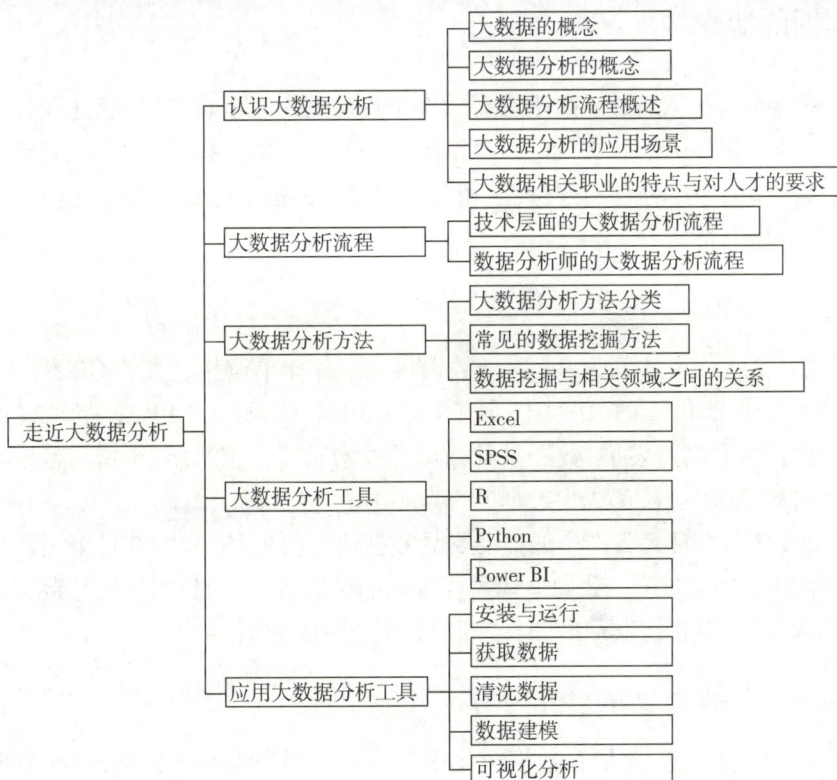

◎核心目标

职业能力

1. 能理解大数据的概念与特征，做好数据分析的全面准备工作；
2. 能对大数据分析的概念、流程等有更准确的认知；
3. 能根据学习需要查阅相关资料。

职业素养

1. 养成用大数据思维去看待问题的习惯；
2. 养成对事物进行分析的客观、敏感的职业思维。

任务一 认识大数据分析

认识大数据分析

【任务描述】

小张是一名在校大学生，近期接到一个课题，要对汽车大数据进行分析，于是他查找相关大数据书籍和资料进行学习，希望能借助大数据工具完成课题任务。

【任务知识】

一、大数据的概念

大数据是指无法在一定时间内用常规软件工具对其内容进行抓取、管理和处理的数据集合。虽然处理超过单个计算机的计算能力或存储能力的数据的问题并不新鲜，但由于近年来这种类型的数据处理的普遍性，相关计算规模和价值已经大大提升。

大数据具备如下特征。

（一）数据量大（volume）

大数据的特征首先就体现为"大"，即数据量大。存储单位从过去的 GB 到 TB，乃至现在的 PB、EB 级别。1 PB 等于 1024 TB，1 TB 等于 1024 GB，那么 1 PB 等于（1024 × 1024）GB。随着信息技术的高速发展，数据量开始爆发性增长。社交网络（微博、推特、脸书）、移动网络、各种智能工具等，都成为数据的来源。

淘宝网近 4 亿名会员每天产生的商品交易数据约 20 TB，脸书约 10 亿个用户每天产生的日志数据超过 300 TB……我们迫切需要智能的算法、强大的数据处理平台和新的数据处理技术，来统计、分析、预测和实时处理如此大规模的数据。

（二）数据类型繁多（variety）

如果只有单一的数据，比如在数据收集中只有一个用户提交了数据，这些数据还不能称为大数据。广泛的数据来源,决定了大数据形式的多样性。比如当前的上网用户中,每个人的年龄、学历、爱好、性格等特征都不一样,这也就形成了数据的多样性。如果扩展到全国,那么数据的多样性会更强,每个地区、每个时间段,都会存在各种各样的数据。任何形式的数据都可以产生作用,目前最广泛的就是应用于推荐系统,如淘宝、网易云音乐、今日头条等,这些平台都会通过对用户的日志数据进行分析,进一步推荐用户喜欢的东西。日志数据是结构化明显的数据,还有一些数据结构化不明显,例如图片、音频、视频等,这些数据因果关系弱,就需要人工对其进行标注。

(三)处理速度快(velocity)

处理速度快是指利用相关算法对数据进行逻辑处理的速度非常快,可从各种类型的数据中快速获得高价值的信息。在这一点上,大数据技术和传统的数据挖掘技术有着本质的不同。

大数据的产生非常迅速,主要通过互联网传输。生活中大部分人都离不开互联网,也就是说,大部分人每天都在向大数据提供大量的数据,并且这些数据是需要及时处理的,因为花费大量资本去存储作用较小的历史数据是非常不划算的,对于一个平台而言,也许只需保存过去几天或者一个月之内的数据,再远的数据就要及时清理了,不然代价太大。

基于这种情况,大数据对处理速度有非常严格的要求,服务器中大量的资源都用于处理和计算数据,很多平台都需要对数据做到实时分析。数据无时无刻不在产生,谁的速度更快,谁就有优势。

(四)价值密度低(value)

相比于传统的小数据,大数据最大的价值在于从大量不相关的各种类型的数据中挖掘出对未来趋势与模式预测分析有价值的数据,并通过机器学习方法、人工智能方法或数据挖掘方法进行深度分析,发现新规律和新知识。

如果有了 1 PB 以上的全国所有 20～35 岁年轻人的上网数据,分析这些数据,就可以知道这些人的行为习惯、爱好等,进而指导产品的发展方向,这些数据就有了商业价值。如果有了全国几百万病人的数据,根据这些数据进行疾病的预测与分析,这些数据就同样具有了价值。这些都是大数据的价值。大数据技术目前在诸如农业、金融、医疗、物流、教育等各个领域中得以广泛应用,其最终目的是改善社会治理、提高生产效率、推进科学研究等。

二、大数据分析的概念

(一)数据分析的基本概念

数据也称为观测值,是实验、测量、观察、调查等的结果。数据分析中所处理的数据分为定性数据和定量数据。只能归入某一类而不能用数值进行测度的数据称为定性数据。定性数据中，表现为类别，但不区分顺序的，是定类数据，如性别、品牌等；表现为类别，又区分顺序的，是定序数据，如学历、商品的质量等级等。

数据分析指用适当的统计、分析方法对收集来的大量数据进行分析，将它们理解并消化，以求最大化地挖掘数据的价值、发挥数据的作用。数据分析是基于商业等目的收集、整理、加工和分析数据，提炼有价值信息的过程。

数据分析的目的是把隐藏在一大批看起来杂乱无章的数据中的信息集中和提炼出来，从而找出所研究对象的内在规律。在实际应用中，数据分析可帮助人们做出判断，以便采取适当行动。

（二）大数据分析的概念

大数据分析是大数据理念与方法的核心，是指对海量类型多样、增长快速、内容真实的数据进行分析，从中找出可以帮助决策的隐藏模式、未知的相关关系以及其他有用信息的过程。大数据分析是在数据密集型环境下对数据科学进行重新思考和进行新的模式探索的产物。由此可见，大数据分析的概念与数据分析概念类似，不同点在于，大数据分析针对的是海量的多样化的数据集合。

三、大数据分析流程概述

大数据分析流程在技术层面与数据分析师的应用层面上有些许不同。

在技术层面上，大数据分析流程可大致分成五个步骤：数据采集、数据预处理、数据存储与管理、数据计算以及数据应用。大数据时代的到来使得原先的技术手段已不能满足现在的需求。以数据存储为例，分布式存储已经慢慢成了大数据存储的主流方式，最大的原因就是分布式存储的应用成本较低、灵活度较高，能解决普通的磁盘阵列存储解决不了的问题。

在应用层面上，数据分析师在实际工作中需要对项目负责，并给出具有参考价值的分析报告，因此数据分析师往往更关注项目中数据对象是谁、商业目的是什么、要解决什么样的业务问题等。数据分析师的大数据分析流程可分为以下四步：需求分析与明确目标，数据收集与加工处理，数据分析与数据展现，以及提炼价值与撰写分析报告。大数据分析流程的具体内容将在项目一任务二中进行详细介绍。

四、大数据分析的应用场景

在信息时代，我们每天都要接触海量的数据，利用人力在海量数据中寻找规律有很大的局限性，而利用大数据技术则可以高效、快速地对数据进行分析并提炼出规律。表1-1中展示了部分大数据分析的应用场景。

表 1-1　大数据分析的应用场景

应用领域	细分板块	具体案例
金融	大数据风控	金融反欺诈、信用卡评分、客户违约预测
	客户营销与维护	客户价值预测模型、客户精准营销、客户流失预警、金融产品智能推荐
	算法交易	智能选股、智能择时、宏观经济形势分析
产品销售	商品推荐	商品智能推荐系统
	产品销售	产品定价模型、产品收益回归预测、销量预测
	客户分群与分析	客户分群、客户精准营销与流失预警、产品评论情感分析
新媒体	内容制作	机器写作（诗词、歌词自动生成）、爆款内容特征识别
	内容推荐	文章、音乐、视频智能推荐系统
	用户体验改善	用户评论情感分析

（一）关联分析

啤酒与尿布的故事可以说是营销界运用大数据分析的经典例子,不仅是在大数据领域,在零售界也是一个非常经典的案例。这个故事发生于 20 世纪 90 年代的美国沃尔玛超市中。沃尔玛超市的管理人员在分析销售数据的时候,发现了一个令人难以理解的现象:在某些特定的情况下,啤酒和尿布这两件看上去毫无关系的商品经常会出现在某一个购物篮里面,而且啤酒和尿布在周末的时候销量会明显地高于平时。这种独特的销售现象引起了管理人员的注意。他们经过后期的调查发现,这种现象出现的原因是,年轻的父亲在去超市采购尿布的时候,往往会顺便买几瓶自己喜欢喝的啤酒,这也就使这两种看似不太相关的商品成了高频的购物篮组合。

在这个例子里面,数据分析的作用体现在关联规则挖掘上。基于沃尔玛超市海量的购物篮数据去进行关联规则挖掘,不仅需要较大的算力,同样也需要适合这种场景的大数据分析方法。关联规则挖掘最常用的是 Apriori 算法。这个算法会定义两个商品的支持度和置信度。计算支持度就是用两个商品一起出现的次数去除以总共的购物篮记录条数。两个商品的支持度越高,就代表它们越容易被顾客一起购买。Apriori 算法还会定义一个最小的支持度来搜寻满足最小支持度的单个商品,再去搜索商品的组合,从而避免了无效的遍历,提升了数据分析的效率。

使用关联规则挖掘分析,会发现很多高频的商品组合,比如牛奶和鸡蛋。像啤酒和尿布这种组合看起来就没有那么符合常理,因为引起了管理人员的注意,才有了后面的分析。在发现了两个商品存在较强的关联后,超市管理人员也可以根据这个信息去构建销售策略。最简单的就是在陈列的时候把啤酒和尿布摆在一起,方便用户购物,同时也可以增加一部分销售。其实换一个思路,超市也可以把啤酒和尿布摆放得远一些,同时在从摆放啤酒的货架到摆放尿布的货架的路上放一些潜在的消费人群是年轻父亲同时利润高的其他商品，这样可增加这部分商品的曝光率，年轻的父亲在将尿布装入购物篮以后再去买啤酒的时候可能会选购这些商品。

（二）趋势预测

谷歌流感趋势是谷歌 2008 年推出的用于预警流感的即时网络服务。其发明者是谷歌公司的软件工程师杰瑞米·金斯伯格和马特·莫赫布。他们一致认为："谷歌搜索显示的数据分布模式非常有价值。"

谷歌在美国的 9 个地区测试了这个模型，当时的预测效果非常准确，可以比美国疾病控制与预防中心(CDC)提早一到两个星期来预测大规模的流感暴发。实际上，CDC 数据的发布一般要延迟两周左右，也就是美国当天的流感就诊人数要在两周以后才能被大众知道。谷歌就利用它的搜索引擎搭建了这样的一个预测平台，把这个数据提前公布了出来。谷歌把国家级别的大数据进行分析，当时也把大数据推上了风口浪尖。但是在随后的几年里面，谷歌的预测数据和真实的数据产生了很大的偏差，最大的时候相差一倍，原因之一就是谷歌的工程师当时专注于不断地调整模型的参数来提高数据预测的准确率，但是模型却出现了过拟合的现象，失去了泛化能力；原因之二是统计学中经典的海森伯不确定性原理。因为谷歌公布了这个实验，那么被观察者，也就是谷歌搜索的用户，知道了自己关于流感的搜索行为会被谷歌收集，进而避免搜索，这就对实验本身产生了影响。

实际上，2020 年也出现了很多传染病预测模型，这种模型短期的预测效果还比较准确，但是长期来看不可控的因素太多了，而且传染病确诊的人数还受限于检测能力。所以，"真实"的数据可能并不是完全真实的，我们也不能过于神化大数据，毕竟大数据也不是万能的。但不可否认的是，大数据虽然不能够特别准确地来对疫情进行预测，但是在疫情防控方面也曾起到非常关键的作用。

（三）决策支持

乡村振兴战略的总体要求是"产业兴旺、生态宜居、乡风文明、治理有效、生活富裕"，且习近平总书记又特别强调，必须通过乡村产业振兴、乡村人才振兴、乡村文化振兴、乡村生态振兴、乡村组织振兴扎实推进乡村振兴战略的落实。乡村振兴战略是一项复杂的系统工程，涉及的要素繁多复杂，既涉及物流、人流、资金流、技术流、信息流，还涉及文化流和政策流等，乡村振兴战略规划与决策问题面临的农业、农村和农民相关的数据和信息浩如烟海，因此，人们必然需要通过多个要素、多种信息的有机融合和大数据的有效利用来实现乡村振兴系统的整体功能。

信息化作为促进信息交流和知识共享的重要手段之一，对科学技术在农业领域的推广应用具有积极意义，当然也有助于乡村振兴战略的实施。国务院印发了《促进大数据发展行动纲要》，明确提出要建立"用数据说话、用数据决策、用数据管理、用数据创新"的管理机制，实现基于数据的科学决策，这足以看出国家政府对大数据的高度重视。

由于大数据包含的数据呈现巨量化和多样化,因此大数据的发展为农业科技信息的有效传递也提供了历史性机遇,为乡村振兴战略实施也带来了许多挑战。大数据技术在乡村振兴战略规划与决策中的应用不仅是乡村振兴过程中客观上的现实需求,也是促进乡村振兴战略顺利实施的有效途径,已经成为政府、企业以及新型经营主体在主观认知上的共识。

对于乡村振兴发展而言,大数据技术能够发挥非常重要的作用,而且优势明显,特别是近几年以来,信息技术的快速发展为大数据技术的应用创造了良好的条件。当今时代,管理、决策等都无法离开大数据。比如,可以利用智能感知技术识别农村居民及游客对公共服务、服务类型的需求量,以优化公共服务设施的布局,强化服务供给质量;又比如可以借助大数据对农村河流水质进行监控,对污染源进行分析,以便及时采取有效的措施防治河流污染,优化乡村环境。由此可以看出,通过积极运用大数据技术,能够为农村振兴发展注入更加强劲的动力。

五、大数据相关职业的特点与对人才的要求

(一)大数据相关职业的特点

(1)就业岗位多。大数据技术本身具有一个天然的产业链,这条产业链涉及诸多环节,包括数据采集、数据传输、数据存储、数据安全、数据分析、数据呈现和数据应用等,这些环节会表现出大量的人才需求。

(2)人才类型覆盖广。大数据领域不仅人才需求量大,同时需要各种不同层次的人才,既需要具备创新能力的研究型人才和创新型人才,也需要应用型人才和技能型人才。随着大数据技术逐渐落地应用,大数据人才需求正在从创新型人才向应用型人才和技能型人才过渡,而这部分人才的规模也比较庞大。

(3)行业覆盖广。大数据人才的就业渠道不只包括科技公司和互联网公司,随着产业结构升级的不断推进,广大传统行业也将陆续增设大量的大数据岗位,这是大数据就业的一个重要特点。从目前的行业特征来看,首先表现出大数据人才需求的行业包括金融、通信、医疗、出行和教育等,未来传统制造业也会表现出大量的岗位需求。

(4)薪资待遇高。随着大数据、人工智能产品的应用,传统行业的诸多岗位将逐渐升级,人力资源的岗位附加值将逐渐提升,所以可以预见未来大数据领域的薪资待遇将不断提升。从近些年大数据方向研究生的就业薪资待遇来看,大数据相关职业整体的薪资待遇还是比较可观的,而且在逐年提升。

(二)对人才的要求

1. 专业基础能力

首先是计算思维与系统能力。"计算"与"分布式系统"对大数据项目而言尤为重要,计算思维与系统能力主要是指运用计算方法和模型去求解问题、设计系统等的能力,包

括形式化、模型化描述和抽象思维与逻辑思维能力。其次是程序设计与实现能力。主要是指运用结构化程序设计和面向对象程序设计的基本思想、方法和技巧解决行业应用实际问题的能力。大数据项目对于程序设计与实现能力的要求不局限于软件实现，还包括数据采集和数据呈现。

2. 专业核心能力

首先是理解大数据的核心技术体系及核心子系统、Hadoop 生态系统架构，学会HDFS、MapReduce、HBase 等基本子系统的理论知识及其应用。其次是具备利用各种大数据行业工具，对行业海量数据进行数据预处理、清洗、融合、分析等，实现智能化决策和控制的能力，能运用机器学习、数据挖掘、专家系统等技术，为大数据行业应用提供智能支撑。最后是数据挖掘及应用开发能力，能面向具体应用领域，掌握从数据输入、传输、存储、统计分析、挖掘到数据可视化等的完整系统逻辑，运用 Python、R 语言等设计算法与程序。

3. 拓展应用能力

大数据行业需要具备一定的项目管理能力，了解行业知识背景，掌握大数据工程项目管理基本原理和方法，既具备大数据基本知识技能，又具备项目管理能力的复合型人才。同时也应具备创新创业能力，具备将大数据技术与行业专业知识相结合，完成大数据应用创新并提供整体解决方案的能力。

（三）高职院校的人才储备与培养

从行业岗位调研来看，目前，云计算与大数据行业需要的技术技能岗位中，云交付工程师、云计算运维工程师、云计算销售工程师、大数据运维工程师、数据可视化工程师、数据采集工程师、数据库管理员、数据运营经理、大数据销售工程师等技能型操作类岗位所需要的人才主要通过中职、高职院校来培养，高职院校占比在 80% 左右。

目前，我国高职院校已设置了云计算技术与应用专业、大数据技术与应用专业等，主要面向的就业岗位也正是云平台的部署运维管理、数据采集存储分析处理、大数据应用平台的搭建开发运维等，专业设置基本符合国家产业布局和行业快速发展对云计算、大数据技术技能人才的需要。高职层次专业基本能够覆盖行业所对应岗位需求。

在商科领域中不少专家学者为专业转型制订了方针与策略。以大数据与会计的专业转型为例，专家指出，应深刻认识大数据对会计职业的影响，精确把握大数据与会计专业人才规格，重新搭建大数据与会计专业课程体系。大数据与会计专业人才不仅需要掌握会计核算、会计分析、会计检查的方法与技能，还需要掌握计算机操作技能、数据处理与分析的信息化技能，更需要是具备运用"互联网 +"进行管理工作和将两者结合或多方面结合能力的复合型财务人员。除此之外，会计人员还需具备大数据思维、国际化视野，向管理会计转型。

【任务尝试】

小张在老师的指导下重温了大数据分析的相关知识。请尝试谈谈你的理解。

【任务拓展】

请在学校官网中查找自己本专业的人才培养方案，在老师的指导下对比专业转型前后的异同，并和老师、同学们一起探讨：作为大数据时代的一分子，我们应如何增强自己的职业竞争力？

任务二　大数据分析流程

大数据分析流程

【任务描述】

小张了解到了大数据分析的相关概念，对大数据分析有了更深刻的理解，也意识到自己还有很多内容需要学习，尤其是大数据分析流程。

虚心好学的小张又认真地学习大数据分析流程相关知识和内容。

【任务知识】

大数据分析流程在技术层面与实际应用层面（也就是数据分析师的实际工作层面）上存在一些不同之处，这里将分别介绍技术层面的大数据分析流程与数据分析师的大数据分析流程。

一、技术层面的大数据分析流程

（一）数据采集

对于 Web 型的数据，比如根据用户的浏览日志以及与页面的交互行为，可以计算出网站的浏览量、独立访客数量、转化率等指标。我们可以通过爬虫或者是调用应用程序接口（API）来收集这部分数据。

对于移动端 App 的数据，比如页面的浏览、点击、跳转及停留时长，一般会采用埋点的方式来收集数据。埋点是指企业在自己的产品（例如 App 或者是网站）里面埋入相关代码，为不同渠道的访客打上对应的标签，于是后台就可以对收集到的数据进行分析。

物联网的数据往往通过传感器来进行收集，传感器可将测量值转化为数字信号。比如自动驾驶系统会用激光雷达来收集周围障碍物的数据；蔬菜大棚里用温湿度传感器来收集当下大棚中的温湿度数据，减少管理失误，从而实现增产增收。

从数据库里面收集数据比较简单，用此方式收集的常是业务数据库中的客户交易等结构化的数据。有时候也会用到一些第三方数据，例如国家统计局公布的统计年鉴中的数据、咨询项目中由客户所提供的资深业务行业的相关的数据。

（二）数据预处理

在前期进行数据采集时，采集设备的故障或者采集工作人员的失误等可能会造成数据在收集的过程中出现质量问题。常见的质量问题包括出现异常值、缺失值、重复值以及错误值。

异常值就是某些几乎不可能出现的情况对应的数据出现在了我们采集的数据里面。比如采集顾客的年龄数据时，在数据表中看到了一个"200 岁"的数据，显然该数据是一个异常值。

数据缺失的情况也较为常见，如果在一定范围内有大量的数据缺失，那么可能在数据收集时就已经出现问题了。比如在收集顾客信息时，很多顾客不会留下自己的手机号、邮箱等联系方式，那对应数据在数据库中就会表现为缺失值。当然，也有可能是技术的原因造成小范围的数据缺失。

重复性的数据在分析中会造成很多的麻烦。重复出现数据可能是因为在收集数据的时候出现了多次上传的情况，或者是从不同渠道获取数据，集成的时候没有对相同的数据进行处理，这些相同的数据在存入目标数据库后就变成了重复值，比如在存放顾客信息的表里面，同一个顾客的信息出现了两条甚至多条记录。

错误数据出现的原因就是，在收集数据的时候对数据的定义或者理解有误，从而导致某些数据不符合它的意义。比如数据表中某位顾客的年龄显示为 A，那这样的一个数据就是错误值。

对于这四种数据质量问题，最简单的预处理方式就是直接把出现问题的这部分数据删掉。但是对于这四种问题，数据分析师通常会选择更好的方法进行处理，尽可能地避免浪费数据。

对于异常值，数据分析师可以通过箱线图来检查数据表是否存在异常值。对于异常值除了直接删除以外，还可以把它当作缺失值或者是设置为某个合理区间内的最大值或最小值。对于缺失值，可以考虑进行填充，比如使用平均数、众数、相似样本的值来进行填充，或者设置一个固定的值，还可以对这个缺失值进行预测填充，比如使用回归模型拟合、拉格朗日插值法等。对于重复数据，则没有特别的方法，直接删除掉即可。对错误数据的检查往往需要数据分析师基于对数字的敏感以及对业务的熟悉来进行相应判断，检查出来以后也可以当作缺失值再来进行处理。

（三）数据存储与管理

虽然近年来硬盘存储的容量不断提升，但访问速度（也就是硬盘的读写速度）并没有得到显著提升。早在 1990 年的时候，一个普通的硬盘可以存储 1000 多兆字节的数据，传输速度大概为每秒钟 45 MB，因此只需要很短时间就可以读完整个硬盘里面的数据。现在一般用到的都是机械硬盘，传输数据的速度大概为每秒钟 100 多兆字节，读完 1 TB 硬盘中的数据大约要花两个半小时。

固态硬盘（SSD）的读写速度很快，可以达到每秒钟 500 MB 以上，大概是机械硬盘的四五倍。但是固态硬盘的成本非常高，同样容量的固态硬盘价格差不多是机械硬盘的十倍。现在还有一个简易方法可以减少读取数据时间,就是同时从多块硬盘上来读取数据。试想一下,如果我们有 100 块硬盘,每块硬盘上面存储 1% 的数据,通过并行读取,那么可能不到两分钟就可以读完 1 TB 的数据。

磁盘阵列(见图 1-1)就是这样一个由很多容量较小、稳定性较高、速度较慢的磁盘组合成的大型磁盘组,用户可以同时从多个磁盘来读取或者是写入数据,这样可提升整个磁盘系统的效能。但是磁盘阵列的拓展性和容错性比较差。如果磁盘阵列中有一块硬盘坏掉了,那对整个阵列都会有影响。又因为是使用多个硬件,其中个别硬件可能会出现故障,所以磁盘阵列出现故障的概率也将变得更大。另外,如果容量不够用了,想要再增加几块硬盘进去,操作人员就必须要先关机,停掉这个计算机或者服务器上所运行的所有任务。非生产环境下关机、关服务器并无较大影响,但如果是在生产环境下,有一些比较重要的项目,就不能随意关机、关服务器了。

图 1-1　磁盘阵列示意图

还有一种存储方式叫作分布式存储,它可以解决磁盘阵列中存在的以上问题。一方面,分布式存储有着比较好的容错性;另一方面,它是通过网络来连接存储数据的,所以它不像磁盘阵列通过物理连接实现动态的扩容,能具有非常好的灵活性。为了避免数据丢失,最常见的做法就是靠分布式存储系统来保存数据的副本,一旦有系统发生了故障,我们就可以使用另外保存的副本。

分布式存储还有一个好处就是它的成本非常低,企事业单位不需要去购买价钱高昂的超高配置的服务器,只需要购买多台比较廉价的服务器就可以了。例如,Hadoop 分布式文件系统(HDFS)是开源的软件,成本比较低。所以,现在分布式存储已经慢慢成了大数据存储的主流方式。

(四)数据计算

大数据的发展对原先的数据计算方式也产生了冲击,数据计算遇到的问题与数据存储较为类似。首先,用于大数据分析计算的数据量是十分庞大的,单机很难一次性地处理整个数据集。其次,人们对大数据处理速度通常有一定的要求。尽管可以通过提高单机的配置来增加处理数据的速度,但由于大数据的数量级,想要用单机来完成大数据的计算是非常困难的,于是有人提出可以使用很多台计算机来并行处理数据。这个方法听上去十分可行,仿佛就是多找几台电脑一起来计算,但在实施过程中会遇到一些问题,例如:怎样控制并行计算？如何给不同的计算节点去分配任务？怎样去传送和收集数据？

基于 Hadoop 的计算框架 MapReduce 可以实现这种并行计算。此处用开学的时候发书、领书为例,简单介绍 MapReduce 的基本思想。开学的时候通常由班长带领班干部去教材科按书单领取全班同学的教材,班长核对完书单后还需要检查各类教材的数量是否正确。班长可以一个人数完后把相同的教材放在一起,还可以和班干部们一起来数,每人分上一摞,再把相同的教材放到一起,最后汇总起来看看是不是正确的。真正在做分布式计算的时候可能会用到上千个计算节点来并行计算,节点数量大了以后会出现新的问题,例如有几个节点的计算机突然死机了,没有办法继续执行任务了,那该怎么办？MapReduce 就是这样一个功能非常强大的分布式计算的框架,它具有很好的容错性。同样以领教材为例,数到一半的时候,突然有一位班干部被其他老师叫走了,MapReduce 的功能就是安排人把他的书拿去数。

在学习分布式计算技术时,我们经常会遇到离线计算、批量计算、在线(实时)计算和流式计算这四个概念,也常常会把它们弄混。那么离线计算和批量计算、在线计算和流式计算到底是什么呢？离线计算和批量计算、在线计算和流式计算分别是等价的吗？

首先,计算根据是否延迟可以分为离线计算和在线计算。离线计算对延迟不是很敏感,计算消耗的时间可能也很长,可能会需要数天甚至数个月,处理的数据规模往往非常大。离线计算适用于海量大数据的分析以及大规模的机器学习,比如复杂的神经网络等。在线计算对延迟非常敏感,计算时间往往是秒级甚至毫秒级,比较适合小规模、需要高速响应的数据处理场景,比如秒杀、抢购等。

其次,计算根据计算的方式又可以分为批量计算和流式计算。批量计算同样对延迟不敏感,计算时间也比较长,可能为小时级,比较适合处理大规模数据的分布式排序、倒排索引等场景。流式计算也对延时敏感,计算的时间较短,使用的场景包括每天的报表统计、持续多天的促销活动动态分析等。

常常有人会认为离线计算和批量计算是等价的,在线计算与流式计算是等价的,但其实这种观点并不完全正确。假设我们拥有一个非常强大的硬件系统,可以毫秒级地处理 GB 级别的数据,那么批量计算时长也可以达到毫秒级,因此也就不能说它是离线计算了,因为离线计算和在线计算是根据时间的延迟来定义的。另外,批量计算和流式计算是根据数据处理的方式来定义的,采用不同的定义方法当然就不能直接来画等号了。总之,离线计算和批量计算没有必然的关系,在线计算和流式计算也是一样的。

（五）数据应用

这里的数据应用主要指数据的可视化技术。数据可视化就是把相对复杂的数据通过可视的交互的方式来进行展示,从而能够形象直观地表达数据蕴含的信息以及规律。数据可视化的主要目的是借助于图形化的手段,清晰有效地传达和沟通信息。但是这并不意味着数据可视化要为了实现它的功能而简单罗列数据(这也会让人感到枯燥乏味),或者是为了看上去能够绚丽多彩而显得极端复杂。为了有效传达信息,美学形式和功能需要齐头并进。对于简单的数据,可通过直观传达数据中的重点与特征来实现;对于相当稀疏而复杂的数据集,则需进行一些深入的洞察。有些设计人员不能很好地把控设计和功能之间的平衡,因而创造出一些华而不实的数据可视化的形式,就无法达到数据可视化的主要目的。数据可视化与图形信息可视化、科学可视化和统计设计图形密切相关。目前在研究和开发领域,数据可视化是一个极为活跃又非常关键的方面。

二、数据分析师的大数据分析流程

前文中介绍了技术层面的大数据分析流程,而对于一个数据分析师来说,实际工作中大数据分析的流程与前文介绍的有些许不同。数据分析师的大数据分析流程针对具体项目或者事件,概括起来可以分为四步。

(一)需求分析,明确目标

对一个分析项目中数据对象是谁、商业目的是什么、要解决什么样的业务问题,数据分析师都要了然于心并基于商业的理解,整理分析框架和分析思路,明确目标,例如减少客户的流失、优化活动效果、提高客户响应率等。数据分析师在不同的项目中对数据的要求、使用的分析手段也是不一样的。

(二)数据收集及加工处理

数据收集是按照确定的数据分析框架的内容,有目的地收集整合相关数据的一个过程,它是数据分析的基础。数据处理是指对收集到的数据进行加工整理,以便开展数据分析,它是数据分析前的必不可少的一个阶段。数据处理也是数据分析过程中占据时间较长的,并且在一定程度上取决于数据仓库的搭建情况和数据质量的步骤。数据处理主要包括数据清洗、数据转化等。

(三)数据分析与数据展现

数据分析与数据展现是整个过程中最核心的一步。数据分析是指通过分析手段、方法和技巧来对准备好的数据进行探索和分析,从中发现因果关系、内部联系以及业务规律,并为商业目的提供决策参考。到了这个阶段,要驾驭数据、开展数据分析就要合理使用工具和方法。首先,要熟悉常规数据分析的方法,要了解方差、回归因子、聚类分类、时间序列等多源数据分析的方法,例如它们的原理、使用的范围以及优缺点,还有结果的解释。其次,要熟悉数据分析的工具,比如常用的 Excel 编程工具、Python 语言、R 语言,还有大数据的处理框架。一般情况下,数据分析的结果是通过图表的方式来进行呈现的。借助数据展现的手段,数据分析师能够更直观地表述他想要呈现的信息、观点以及建议。

(四)撰写分析报告,提炼价值

这是对整个数据分析成果的呈现。数据分析师可通过分析报告把数据分析的目的、过程、结果以及方案完整地呈现出来，为商业目的提供参考。一份好的数据分析报告需要有一个好的分析框架，并且图文并茂、层次明晰，能够让阅读者一目了然。主次分明可以让阅读者正确地理解报告的内容；而图文并茂可以让数据更加生动活泼，提高对阅读者视觉的冲击力，也更形象、更直观，有助于阅读者看清楚问题和结论，从而产生思考。

另外，数据分析报告需要有明确的提问以及解决方案，不是只要找出问题就行了，还需要去解决问题，否则称不上是好的分析，同时也失去了报告的意义。数据分析的初衷就是解决问题，不能舍本求末。

【任务尝试】

作为一个未来的数据分析师，小张对应用层面的大数据分析流程理解得还不够深刻。请你结合课堂内容尝试说明大数据分析的基本流程。

【任务拓展】

要成为未来的数据分析师，仅仅了解大数据分析流程还不够，更重要的是掌握相关大数据分析方法，请查找相关资料。

任务三　大数据分析方法

大数据分析方法

【任务描述】

小张学习了大数据分析流程后心里充满信心，但是他又发现大数据分析的方法有很多，针对不同类型的问题需要选用不同的方法才能更好地解决。小张现在对机器学习等概念、方法还不熟悉，因此他决定从基础知识开始学习，逐步搭建知识框架，形成自己的知识体系。

【任务知识】

一、大数据分析方法分类

根据问题的不同，以及各个分析方法的复杂程度高低与分析后的数据价值大小，可将大数据分析分为以下四类：描述型分析、诊断型分析、预测型分析、指令型分析。

（一）描述型分析

描述型分析主要是研究"发生了什么"。比如我们发现近期出现了传染性疾病，导致顾客流失，那么要分析这种流失有多严重就可采用描述型分析。描述型分析往往会结合一些统计方法来进行统计层面的描述，包括探索数据的概率分布以及数据的一些统计指标。统计指标通常可以分成三种，即总量指标、相对指标和平均指标。总量指标描述总体规模，比如整体销售额、会员总人数；相对指标通过对比来产生，比如今年的销售额相比去年增长了多少；平均指标一般用来表示同类的平均水平，比如上海地区顾客的客单价。由于对数据的描述涉及的信息比较多，描述型统计分析的表现形式一般都是数据可视化。

描述型分析往往需要广泛的、精确的实时数据作为支撑，最终的呈现形式为可视化图表。

（二）诊断型分析

诊断型分析研究某个问题或者事件"为什么会发生"，有时候会涉及假设检验。这要求分析人员能够获取数据的核心，并且能够对混乱的信息进行分离。比如说我们发现今年的销售额相比去年降低了70%，想要知道为什么就要对数据进行诊断型分析。

（三）预测型分析

预测型分析研究"接下来可能会发生什么"，需要使用相关的算法模型确保用户能够根据历史数据与建立的模型预测特定的结果。针对特定事件的决策将由算法与技术提供强有力的支持。

（四）指令型分析

指令型分析用于研究"下一步怎么做"，主要是依据测试结果来选定最佳的行为和策略，并且应用先进的分析技术帮助决策者做出正确的决策。比如我们预测到明年的销售额会暴增，就可以进行指令型分析，得出今年就应该准备充足的货源的结果。

各行各业都在利用大数据分析技术，比如商品的定价问题，定价过高会导致用户的需求降低，而定价过低会导致利润不足，如何找到一个最优的价格？这就是一个可以使用大数据分析的商业应用。

二、常见的数据挖掘方法

预测型分析通常需要借助各类算法对数据进行挖掘，而数据挖掘的核心任务是对数据特征和关系的探索、建立。根据要探索的数据是有标注的还是没有标注的，可以将数据挖掘的功能分为两大类，即监督学习与无监督学习。监督学习中的数据是带有一系列标注的；而在无监督学习中，我们需要用某种算法去训练无标注的数据集从而找到这组数据的潜在结构。这也是监督学习和无监督学习最大的不同。

监督学习是根据分析者预设好的目标概念，通过数据探索和建立模型实现由观察变量对目标概念的解释。监督学习主要由分类和预测构成。其中，分类是较为基础的，可用于概念的识别；预测则是对未知情况的推断。

无监督学习旨在寻找和刻画数据的概念结构，主要由关联与聚类构成。在无监督学习中，没有一个明确的标示变量用于表达目标概念，主要任务是提炼数据中潜在的模式，探索数据之间的联系和内在结构。

（一）监督学习

1. 回归分析

回归分析是确定两种或两种以上变量间相互依赖的定量关系的一种统计分析方法。它通过建立统计预测模型，来描述和评估因变量与一个或多个自变量之间的关系。回归分析是处理多变量间相关关系的一种数学方法，应用非常广泛。

具有相关关系的两个变量 ζ 和 η，它们之间既存在着密切的关系，又不能由一个变量的数值精确地求出另一个变量的值。通常选定 $\zeta=x$ 时 η 的数学期望作为对应 $\zeta=x$ 时 η 的代表值，因为它反映 $\zeta=x$ 条件下 η 取值的平均水平。具有相关关系的变量之间虽然具有某种不确定性，但是通过对现象的不断观察可以探索出它们之间的统计规律，这类统计规律称为回归关系。有关回归关系的理论、计算和分析就称为回归分析。

根据回归分析可以建立变量间的数学表达式，该表达式称为回归方程。回归方程能够反映自变量在固定条件下因变量的平均状态变化情况。

回归分析按照自变量和因变量之间的关系类型，可分为线性回归分析和非线性回归分析；按照回归分析所涉及的自变量的多少，可分为一元回归分析和多元回归分析。如果在回归分析中，只包括一个自变量和一个因变量，且二者的关系可用一条直线近似表示，这种回归分析称为一元线性回归分析，如图 1-2 所示。如果回归分析中包括两个或两个以上的自变量，且因变量和自变量之间是线性关系，则称为多元线性回归分析。

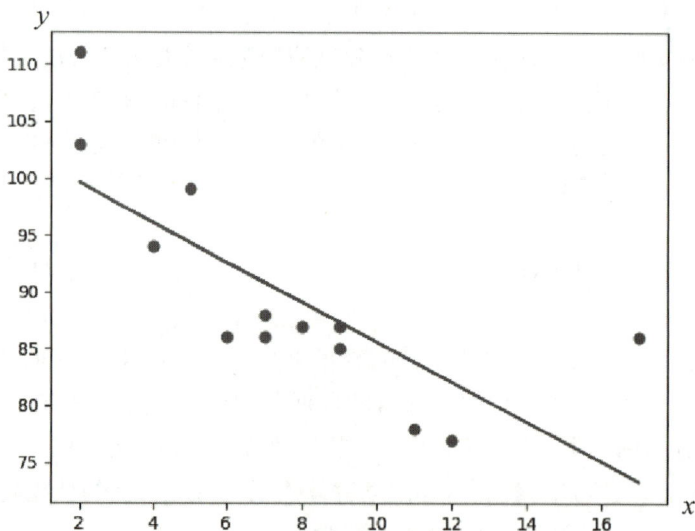

图 1-2　一元线性回归分析（示例）

回归分析的应用非常广泛，可用于确定各领域中多个因素（数据）之间的关系，并进行预测及数据分析，例如，在商业领域根据经验数据预测某新产品的广告费用所能够带来的销售数量，在气象预报领域根据温度、湿度和气压等预测风速，在金融领域对股票指数进行时间序列的预测等。

2. 分类分析

分类的基本过程可以分为建立分类模型和应用分类模型两个阶段。在建立分类模型时,根据训练数据集进行归纳和学习,建立起初步的分类模型。很显然,能够用于数据分类从而建立分类模型的数据,必须具有一个类别属性,分类算法将根据数据的其他属性与类别属性的关联关系,采用不同的学习算法进行归纳、划分和汇聚,从而建立起分类模型。图 1-3 为 k 近邻算法的分类结果。为了确保分类模型能够学习到准确的算法,还需要在形成分类模型后,用另一组数据,也就是测试数据集,对该分类模型进行测试和检验,并对检验结果进行评估。经检验和评估且能够满足要求的分类模型,才可以用于对新采集到的数据或者是尚未确定分类的数据进行分类处理。

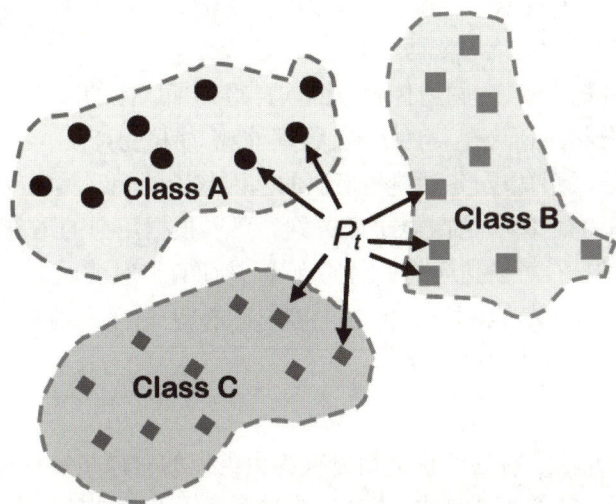

图 1-3　k 近邻算法的分类结果

在实际的数据分析与处理过程中,经常需要借助所积累的大量数据,根据数据的内容,将被描述的事物进行定位,以便于有针对性地进行诸如营销、管理等活动。例如,根据一个客户的驾驶年限、常规路线、车型、车况、婚姻状况、教育水平、收入状况和诚信记录等内容,保险公司可以对比已有的其他客户的数据,对该客户进行判定,确定驾驶人的出险可能性等级,从而为投保客户有针对性地制订险种方案并确定保费金额。再如,信用卡管理中心可以根据持卡人的各类诸如年龄、受教育程度、职业、收入、婚姻状况等情况,以及信用卡使用的信用状况,得出一个信用卡欺诈事件发生与持卡人综合状况的模型,据此,可以推演新的信用卡申请人的信用卡欺诈事件发生的可能性,从而拒绝或采取额度限制等防范措施。

在进行分类分析时,首先根据已有的数据,建立分类模型(或算法),然后对新的或被处理的数据按照模型的规则进行数据与给定类别的映射,从而完成划分的过程。

(二)无监督学习

1. 关联分析

关联分析,又称关联挖掘,是指从大量数据中发现各个数据项之间有趣的关联,从而对一个事物中某些属性同时出现的规律和模式进行描述。关联分析的一个典型的例子就是购物篮分析。零售企业根据以往顾客购买商品的品类和数量,以及购买物品的先后顺序，分析得到顾客购买商品的关联关系，以便组织有针对性的促销或营销推荐活动。除了在项目一任务一中提到的啤酒与尿布案例外，还有其他应用案例，例如销售人员在顾客购买了照相机和存储卡后，应该怎样对顾客进行产品推荐（例如推荐计算机，因为顾客的照片需要在计算机上浏览和处理，照片多了就需要存放在计算机上），是以顾客在购买某种商品后再购买另一种特定商品的频繁性信息作为依据和参考的（这种信息已经构成了相应的关联模型）。关联分析是在交易数据、关系数据或其他信息载体中，查找存在于项目集合或对象集合之间的频繁模式、关联、相关性或因果结构。在上述案例中，关联分析就是从以往的销售数据中挖掘出商品销售的频次模型以及特定商品之间的关联规律，作为支持经营和营销决策的依据。

关联分析在经济、商务、生物遗传等方面同样得到了广泛的应用。例如，生物遗传学中，可以利用关联分析来研究生物的表现（物理外观，如植物高度、叶子形状、颜色等）与基因、遗传等方面的联系，以及各种遗传疾病的基因基础的相互关联等，从而掌握和预测生物的生长和疾病的规律。又如，电子商务网站可以根据用户的浏览记录，分析用户在访问某些页面的前提下，可能访问的页面的规律，从而有针对性地进行网页推荐；从用户浏览记录中分析客户的关注偏好，根据各个客户群的特征，采取有针对性的营销手段和策略，提高用户对商务活动的满意度。

2. 聚类分析

聚类是将物理或抽象对象的集合划分成为由类似的对象组成的多个属类的过程。聚类分析是指按照一定的算法规则，将判定为较为相近和相似的对象，或具有相互依赖和关联关系的数据，聚集为自相似的组群，构成不同的簇。由聚类所生成的簇是一组数据对象的集合，这些对象与同一个簇中的对象彼此相似，与其他簇中的对象相异。在各种应用中，一个簇中的数据对象可以被作为一个整体来对待。

聚类在社会各个方面都有着广泛的应用。例如，在商务上，聚类能帮助市场分析人员从客户信息库中发现不同的客户群，并以购买模式来刻画不同客户群的特征，从而进行有针对性的精准营销。在生物学上，聚类能用于推导动植物的分类，通过对基因进行类别划分，获得对种群中固有结构的认识。另外，聚类还可以用于从地球观测数据库中获取数据确定地理上相似的地区，对汽车保险投保人进行分组，根据房屋的类型、价值和地理位置对城市中的商品房进行分组等处理。聚类也能用于对 Web 上的文档进行分类，以便于进行分类检索和发现信息。

虽然聚类分析与前面所介绍的分类分析听起来有相似之处，但二者完全不同。聚类分析是一种探索性的分析，是搜索簇的无监督学习过程，不依赖预先定义的类或带类标记的训练实例，而由聚类学习算法自动确定标记。在聚类的过程中，不必事先给定一个标准，聚类分析能够从样本数据出发，自动进行分类。聚类分析所使用的方法不同，常常会得到不同的结论。对同一组数据进行聚类分析，所得到的聚类数未必一致。

聚类能够作为一个独立的工具，让人获得数据的分布状况，观察每一簇数据的特征，集中对特定的聚簇集合做进一步的分析。聚类分析还可以作为其他算法（如分类和定性归纳算法）的预处理步骤。

三、数据挖掘与相关领域之间的关系

（一）数据挖掘与云计算

云计算与数据挖掘既有联系又有区别，具体表现为：云计算的动态性和可伸缩性及其计算能力为高效海量数据挖掘带来了可能性；云计算环境下大众参与的群体智能为研发群体智慧的新数据挖掘方法提供了运行环境；云计算的服务化特征使面向大众的数据挖掘成为可能。同时，云计算发展也离不开数据挖掘的支持，以搜索为例，基于云计算的搜索包括网页存储、搜索处理和前端交互三大部分。数据挖掘在这几部分中都有广泛应用，例如网页存储中网页去重、搜索处理中网页排序和前端交互中的查询分类，都需要数据挖掘技术的支持。因此，云计算为海量和复杂数据对象的数据挖掘提供了基础设施，为网络环境下面向大众的数据挖掘服务带来了机遇。

（二）数据挖掘与统计学

数据挖掘和统计学学科都致力于模式发现和预测。进行数据挖掘不是为了替代传统的统计分析技术，它是统计分析方法的延伸和扩展。

在经济及社会科学领域中，尤其是推断问题时，统计模型并不经常扮演主要角色，它常常以经验研究和理论演绎的配角和检验者的身份出现，于是统计模型常常处理的是实验数据或为实验而设计的抽样观测数据。数据挖掘中的数据大多为非实验的观察数据，常称为部分数据或有限数据。

第一，有限数据不满足传统统计模型有关独立重复观测的条件，甚至也不满足常见的模型假设，诸如数据的正态性假设、变量的独立性、同方差性等。

第二，原始数据质量不高，高质量的调查数据不易获取，轨迹跟踪数据又存在着高噪声现象，所以，直接应用统计模型很可能产生误导性的结论。

第三，用统计显著性评判建模质量不足够。一般来说，经典统计模型的显著水平量测方法是，通过构建基于输出值的统计量，以统计量服从的分布或渐近分布为标尺，以统计量的数值折算成概率，从而以此评估统计模型成立的可能性大小。统计显著的模型很好地通过了以上标准检验。但是，"统计显著"与真实意义上的"显著"仍存在差别，数据挖掘需要的是真实意义的"显著"。需要结合实际情况判断"统计显著"的意义，不可草率地将统计模型的显著等同于模型成立。

第四，大多数传统的统计分析技术都基于完善的数学理论和高超的计算技巧，而且伴随着对数据分布的一些假设，虽然预测的准确度还是令人满意的，但对数据有一定要求，如没有注意到这些限制很容易产生错误的结果。而随着计算机计算能力的不断增强，人们有可能利用计算机强大的计算能力只通过相对简单和固定的方法完成同样的功能。

（三）数据挖掘与机器学习

根据 Tom Mitchell 于 1997 年给出的定义，机器学习是面向任务解决的基于经验提炼模型实现最优解设计的计算机程序。机器学习研究的是由经验学习规律的系统。机器学习的算法旨在为缺乏理论模型指导但存在经验观测的领域提供解决工具。早期的机器学习输入的并非原始的经验观测数据，而是经验中的规则，学习算法是在规则分析的基础上形成的。然而随着经验观测的量越来越大，学习算法不仅要分析规则，更要理解有意义的规则，甚至也需要考虑经验观测的存储格式问题，例如零售业中广告宣传定位问题、图像库中与指定图片匹配的跟踪问题等。解决这些问题通常需要大范围、多角度的数据采集，常常伴随着高噪声引起的模式信号较弱或模式结构不明等状况，因此从大量数据中建立模型并认识数据内在结构和规律的解决思路与算法设计也被纳入机器学习的研究范围中。

机器学习的结果是产生新的智能处理数据的算法，机器学习在大型数据库上的应用就是数据挖掘。机器学习由三个基本要素构成：任务、训练数据和实施性能。从部分样例中学习一般意义上的模型是学习的本质。学习的目的是构造更好地表现数据规律的模型。机器学习的结果是产生新的智能处理数据的算法。

同时，机器学习与数据分析既有联系又有区别。机器学习的核心是任务和任务的完成质量，其产生的算法称为"直升机型"程序。这种算法的优点是算法高效，突出重点；不足是缺乏针对数据特点的灵活性设计，导致算法的抗干扰性差，自主调节性能弱。与之相反，数据分析强调数据的特点和分布，有严格的原则和方法；优点是强调建模过程和统计设计。

机器学习的本质是使用实例数据或经验训练模型。在训练模型时，主要的理论是统计学理论，因为统计学的任务是基于部分数据做出推理。计算机科学的角色是双重的：训练样本时，需要解决的优化问题以及存储和处理通常需要面向海量数据的高效算法；当学习到一个模型时，它的表示和用于推理的算法也必须是高效能的。

数据分析则更注重数据分析能力，即掌握如何从问题出发收集数据、产生可靠结论的原则、方法和技能。大数据分析应是两者的结合。

【任务尝试】

小张分享了他找到的资料。请你在老师的指导下尝试找到相关资料，并讨论如何学习并掌握大数据分析方法。

【任务拓展】

请结合课上内容查找机器学习的相关资料，讨论机器学习中的常见算法在商科领域有哪些应用。

任务四　大数据分析工具

大数据分析工具

【任务描述】

小张意识到自己仅仅了解大数据分析方法还不够,还需要掌握一些大数据的分析工具使用方法。小张在网上查找资料的时候发现,可用于大数据分析的工具有很多,不仅有常见的 Excel,还有自己不太熟悉的 SPSS、MATLAB、R、Python、Power BI 等,于是小张决定了解之后再选定一个工具进行详细学习。

【任务知识】

一、Excel

Excel 是使用频率较高、较基础的数据分析工具。作为 Office 办公系统的重要组成之一,Excel 使用起来非常便捷。Excel 的操作界面简单易懂,使用者能非常方便地通过选项卡下的各类按钮实现筛选、编辑、搜索、排序、生成图形等,还可通过大量的内置函数公式获得相应计算结果,快捷地对数据表进行各项操作,将各类统计分析的结果以数据图表的形式展现,补充一些相关的插件就可以完成智能的图表以及复杂图表的可视化,能满足数据可视化的基本的要求。另外,数据透视表是 Excel 中使用频率较高的,有人称它是 Excel 中最实用的功能,利用它可将各种字段区域中的信息对应,通过值的方式来计数求和、求平均值等。Excel 的这些操作实现起来非常方便,就算使用者完全不会任何编程语言和相关的脚本程序也可以使用,只需要选择合适的数据跟函数就可以得到相关的结果。

但是 Excel 也有不可忽视的一些缺点,比如当数据量太大的时候,查询和计算的效率就会变低。如果一个工作簿中有多个工作表,那么极有可能出现 Excel 卡死的情况。另外,Excel 的保密性有限,容易被其他软件破解,且图形展现也不太灵活,包括配置自己的颜色等常受限制。

二、SPSS

SPSS 是一款采用图形菜单驱动界面的统计软件。它最突出的特点就是操作界面友好,输出结果美观。用户只要掌握一定的 Windows 操作技能,了解熟悉统计分析的原理,就可以将该软件作为分析工具来使用。

SPSS 采用类似 Excel 表格的方式输入与管理数据,数据接口是比较通用的,能够方便地从其他数据库中来读取数据。它的特点是操作比较简单。除了数据输入以及部分命令程序等少数输入工作需要键盘输入以外,其他的操作都可以通过菜单按钮或者对话框来完成,也就是通过拖拉鼠标配置就可以实现。用户不需要通过编写代码向软件发出指令,只需要告诉系统要做什么。SPSS 对用户的统计方法掌握程度要求也比较低,用户不需要通晓各种算法就可以得到需要的统计分析结果。另外,它的功能非常强大,具有完整的数据输入编辑、统计分析、报表图形制作等功能,如图 1-4 所示。

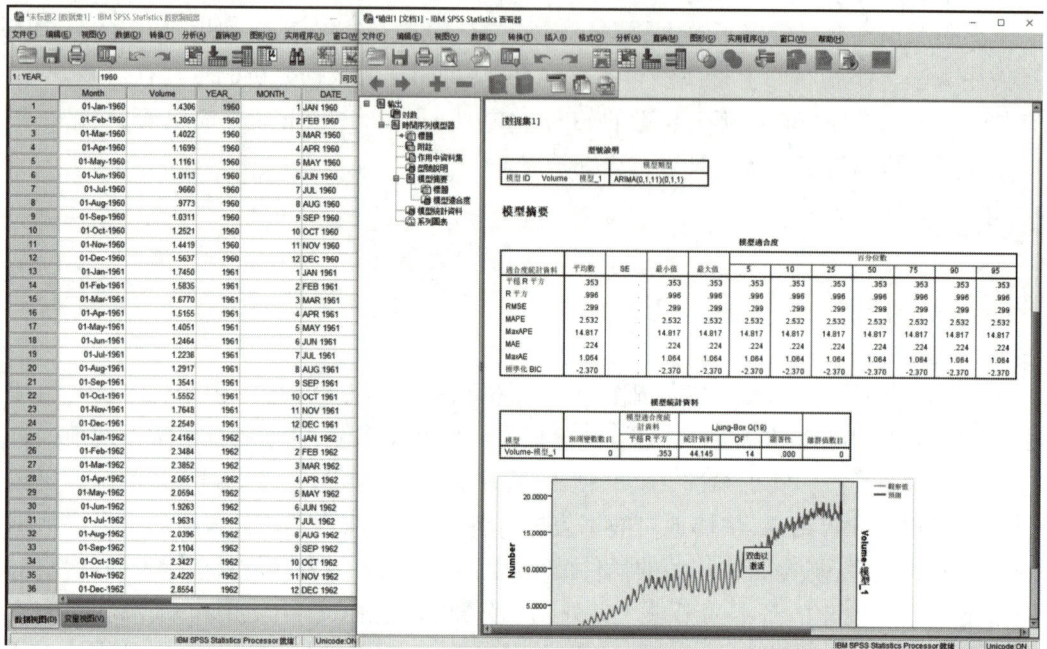

图 1-4　SPSS 软件界面与结果输出

数据库产生的 DBF 文件、可用 Excel 打开的 XLSX/XLS 文件、CSV 文件等都可以作为 SPSS 的数据源来进行分析。SPSS 的建模输出文档可以保存为 PDF 格式,也可以保存为 HTML 格式。另外,它的软件分为若干个功能模块,使用者可以根据自己的需要以及资源情况来灵活地选配具体使用哪个功能模块。SPSS 还支持通过扩展库构建自己的扩展,例如,可使用 R 语言和 Python 增强 SPSS 语法。

三、R

R 是用于统计分析和图形化的计算机语言和操作环境。一方面,R 定义了一种脚本语言,即 R 语言。用户可以利用 R 语言,结合 R 软件提供的大量功能齐全的数学和统计计算函数,通过自由灵活地编写脚本程序来进行统计计算、数据分析和数据挖掘,或者创建符合特定需要的数学计算和统计计算的新方法和新函数。另一方面,R 也是属于 GNU 系统的一个自由、免费、源代码开放的软件,是一套完整的数据处理、数值计算、统计分析和统计制图的软件系统。

在 R 语言中,用来存储信息的数据结构有向量、数组、列表以及数据框等。向量指的是一组数据类型相同、带有固定顺序的数值或字串,其内容可以填写到一维或多维的数组之中。二维的数组也叫作矩阵。列表指的是一组数据类型可能有所不同的对象。一个数值向量与字串向量并在一起就可以成为一个列表。数据框本质上是一个列表,里面包含的是一个或多个长度相同的向量。这些向量在数据框中合并成表格,每一行都有一个单一的名称。R 语言没有标量这一数据类型,所谓的标量就是一个长度为 1 的向量。

R 提供若干统计程序,使用者只需指定数据库和若干参数便可进行统计分析。R 不仅提供一些集成的统计工具,它还提供各种数学计算、统计计算的基本函数,从而使使用者能灵活机动地进行数据分析,甚至创造出符合需要的新的统计计算方法。用户可以用 R 语言来构建线性(如图 1-5 所示)或非线性的模型,进行一些常用的统计检验,对时间序列进行分析,或对数据进行分类与聚类分析。绘制图表也是 R 的一大功能,产出的图表可以达到专业刊物的要求。遇到计算强度比较大的任务,用户可以在代码中嵌入 C 语言、C++ 语言等帮助运算。

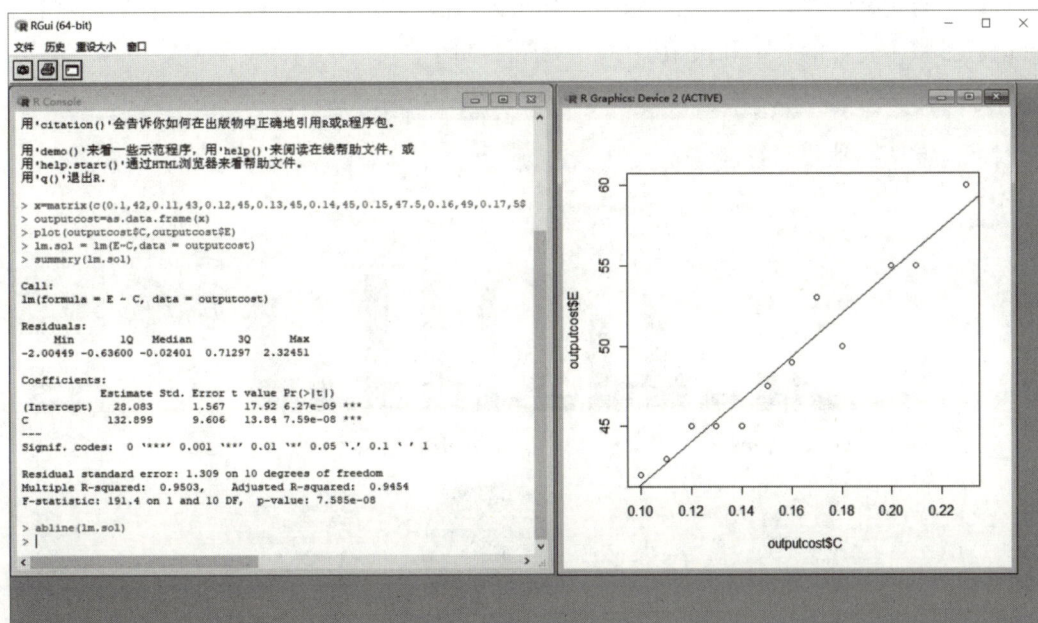

图 1-5　R 语言建立线性回归模型

作为一种编程语言,R 语言可实现分支、循环。特别的是,它允许在“语言上计算”(computing on the language),这使它可以把表达式作为函数的输入参数,而这种做法对统计模拟和绘图非常有用。

R 是一个免费的自由软件,它有 UNIX、LINUX、macOS 和 Windows 版本,都是可以免费下载和使用的。

四、Python

Python 是一种免费、自由的编程语言。Python 语言可以称得上是既简单又强大的编程语言，它可用于软件、游戏、Web 开发以及运维，当然也可以应用于数据分析、数据挖掘、数据可视化等，是一款强大的数据分析、数据挖掘工具。

本书将在后续的项目任务中对 Python 进行详细介绍，此处不过多赘述。

五、Power BI

微软的 Power BI 是一系列的软件服务、应用和连接器，这些软件服务、应用和连接器协同工作，将不相关的数据源转化为合乎逻辑、视觉上逼真的交互式见解。不管是简单的 Excel 工作簿，还是基于云数据仓库和本地混合数据仓库的集合，Power BI 都可轻松连接到数据源，可视化重要信息，并根据需要与任何人共享。

Power BI 的操作简单且速度快，能够基于 Excel 工作簿或本地数据库创建快速见解。同时，Power BI 也是一个可靠的企业级服务，不仅可随时用于广泛的建模和实时分析，而且可用于自定义开发。因此，它不仅可用作个人报表和可视化工具，还可用作团队项目、部门甚至整个企业的分析和决策引擎。（见图 1-6）

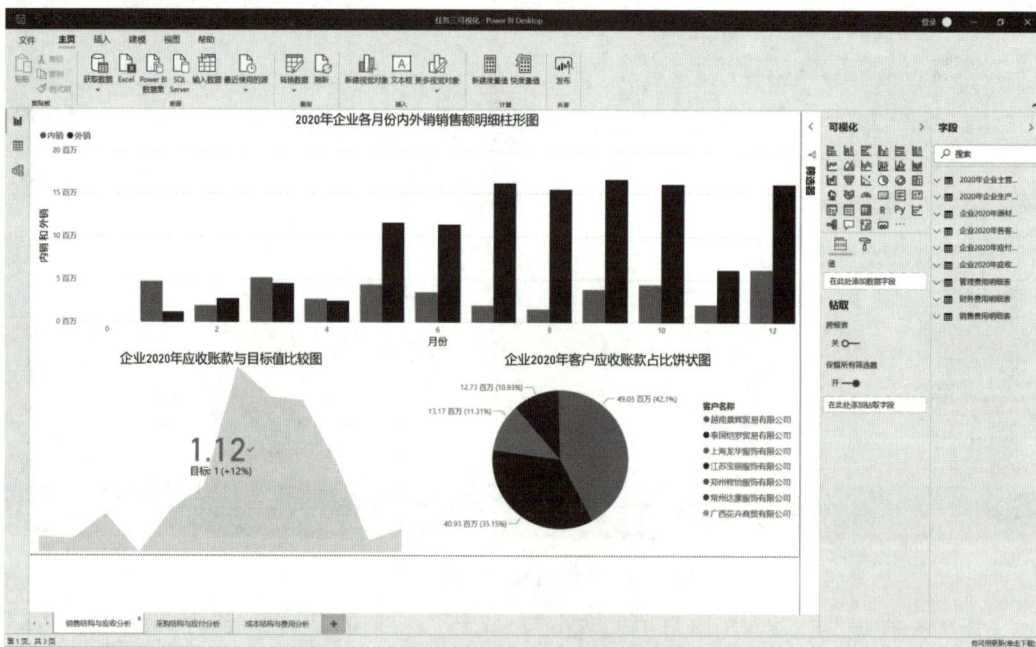

图 1-6　Power BI 软件可视化图表呈现效果

Power BI 可以连接 120 多种数据源简化数据的准备工作，即时完成数据的统计分析，并生成丰富的交互式可视化报告，发布到网页和移动设备上，供相关人员随时随地查阅，以便监测企业各项业务的运行状况。

【任务尝试】

请你自行查找数据,并在老师的指导下尝试使用 Excel 的数据透视表功能对数据进行分析,建立统计图表。

【任务拓展】

请根据自己的理解结合任务一至任务四的任务知识内容绘制属于自己的知识地图,并与小组同学进行分享,相互讨论。

项目实训　应用大数据分析工具

【实训背景】

小张面试的公司向所有面试者发送了一份邮件作为笔试考题,邮件中含有任务要求与一份表格,给出了数据来源网址(车主之家网站),要求面试者对全国 2022 年上半年的电动汽车销量按厂商排名在前 50 的车型等数据进行分析,求出最热销的汽车品牌(厂商)。小张在了解了分析工具后准备尝试使用 Power BI 数据分析工具完成分析。

【实训要求】

根据网站提供的销量数据,运用 Power BI 工具完成最热销汽车厂商的数据分析。

【实训过程】

一、安装与运行

(一)安装

安装之前先下载 Power BI 软件。登录 https://powerbi.microsoft.com/zh-cn/desktop/ 进行下载,下载完成后打开 Power BI 安装包(根据电脑的系统类型选择不同的安装包,比如电脑是 64 位操作系统,双击图 1-7 所示安装包),在安装弹窗点击"下一步"按钮,进行安装。

名称	修改日期	类型	大小
PBIDesktopSetup	2020/3/25 14:43	应用程序	273,471 KB
PBIDesktopSetup_x64	2020/3/25 14:44	应用程序	295,996 KB

图 1-7　安装包

进入安装向导后,点击"下一步"按钮,如图 1-8 所示继续安装。

勾选协议条款(见图 1-9),继续点击"下一步"按钮。

选择默认安装路径(见图 1-10),继续点击"下一步"按钮。

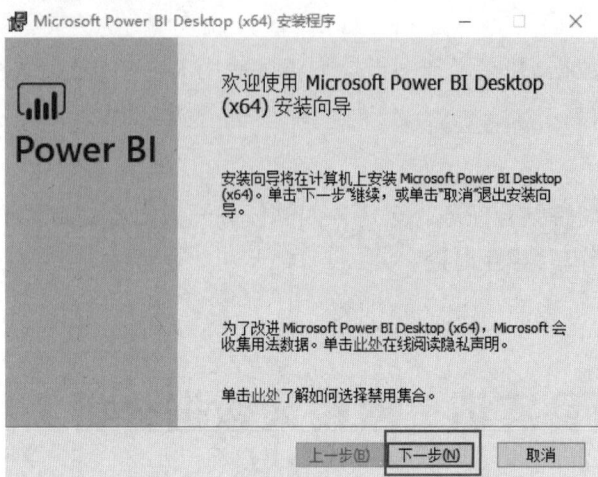

图 1-8　安装向导 1

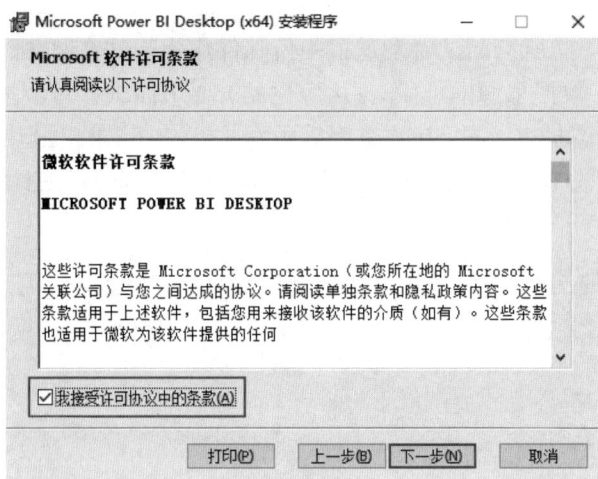

图 1-9　安装向导 2

图 1-10　安装向导 3

保持默认设置(见图 1-11)，点击"安装"按钮。

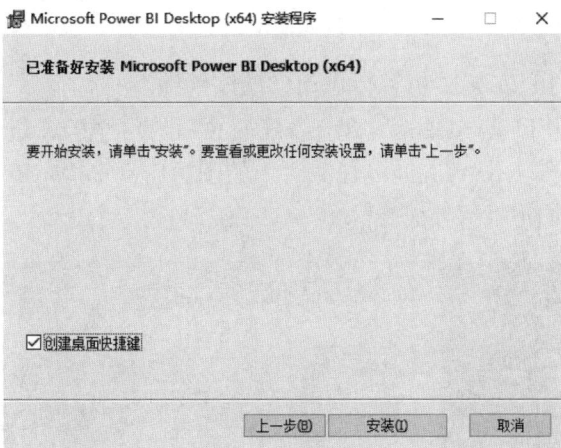

图 1-11　安装向导 4

图 1-12 所示为安装过程，需耐心等待。

图 1-12　安装向导 5

点击"完成"按钮，如图 1-13 所示，Power BI 就安装成功了。

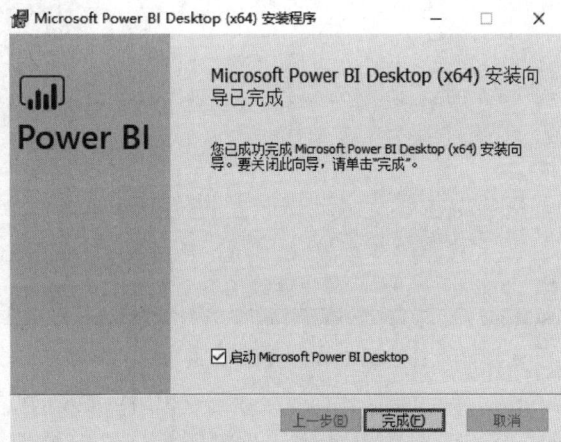

图 1-13　安装向导 6

（二）运行

首次安装 Power BI，安装成功后会自动启动该软件。

以后使用时，可以点击 Power BI Desktop 桌面快捷方式进行启动，也可以从 Windows"开始"菜单或点击 Windows 任务栏中的图标启动 Power BI Desktop。

启动后显示图 1-14 所示界面。

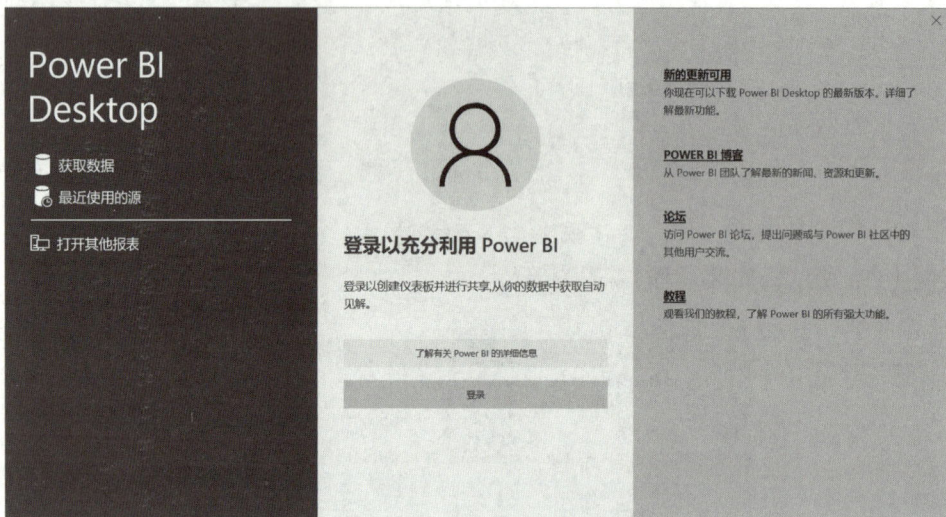

图 1-14 启动页面

可点击"获取数据""最近使用的源""打开其他报表"进入或者选择点击右上角关闭按钮关闭该弹窗后进入 Power BI Desktop，如图 1-15 所示。

图 1-15 软件首页

进入 Power BI Desktop，在页面左侧有三个 Power BI Desktop 视图的图标，对应报表、数据和模型视图。图标左侧的黄色竖线指示当前视图，可通过选择任一图标来更改视图。报表视图为默认视图。

二、获取数据

(一)查找数据源

打开车主之家网站(https://www.16888.com),选择"销量"栏目,在"车型大全"下选择"汽车销量",在左侧汽车销量排行榜中选择"电动车销量",然后再选择日期为 2022 年 1 月至 2022 年 6 月,点击"查询"按钮,部分结果如图 1–16 所示。

| 汽车销量排行榜 | 电动车销量排行榜 (2022.01 - 2022.06) | | | | 📅 2022-01 | – | 📅 2022-06 | 查询 | 📊 查看图表 |

排名	车型	销量	厂商	售价(万元)	车型相关					
1	宏光MINIEV	214188	上汽通用五菱	3.28 - 6.98	销量	综述	参数	图库	报价	团购
2	Model Y	179039	特斯拉中国	29.18 - 38.79	销量	综述	参数	图库	报价	团购
3	宋PLUS新能源	159381	比亚迪	15.28 - 21.68	销量	综述	参数	图库	报价	团购
4	秦PLUS	132600	比亚迪	11.18 - 17.58	销量	综述	参数	图库	报价	团购
5	Model 3	115718	特斯拉中国	26.67 - 33.99	销量	综述	参数	图库	报价	团购
6	汉	97224	比亚迪	21.48 - 32.98	销量	综述	参数	图库	报价	团购
7	理想ONE	60403	理想	33.80 - 33.80	销量	综述	参数	图库	报价	团购
8	海豚	58514	比亚迪	10.28 - 13.08	销量	综述	参数	图库	报价	团购
9	唐新能源	55825	比亚迪	20.58 - 31.48	销量	综述	参数	图库	报价	团购
10	元PLUS	54846	比亚迪	13.78 - 16.58	销量	综述	参数	图库	报价	团购
11	QQ冰淇淋	54097	奇瑞新能源	3.99 - 5.75	销量	综述	参数	图库	报价	团购
12	小蚂蚁	46919	奇瑞新能源	7.39 - 9.40	销量	综述	参数	图库	报价	团购
13	AION Y	44251	广汽埃安	13.76 - 18.98	销量	综述	参数	图库	报价	团购
14	哪吒V	41402	合众汽车	6.59 - 12.38	销量	综述	参数	图库	报价	团购
15	奔奔E-Star	41351	长安汽车	4.98 - 7.48	销量	综述	参数	图库	报价	团购

图 1–16　电动汽车销量查询结果

(二)连接数据

启动 Power BI Desktop,从"主页"菜单中选择"获取数据",点击下拉按钮,选择"Web"方式,将车主之家中的电动车 2022 年 1—6 月销量的网址(https://xl.16888.com/ev-202201-202206-1.html)复制到弹窗 URL 地址中,如图 1–17 所示,然后点击"确定"按钮。

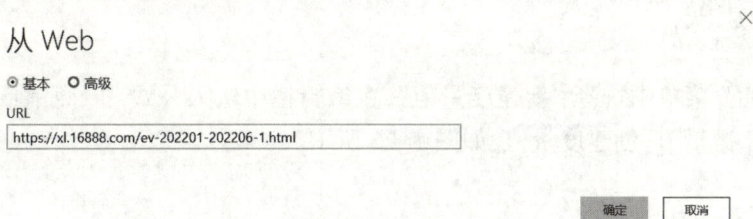

从 Web

○ 基本　○ 高级

URL

https://xl.16888.com/ev-202201-202206-1.html

确定　取消

图 1–17　以 Web 方式获取数据

接着,进入"导航器"窗口,选择"HTML 表格 [1]"中的"表 1",点击右下角"转换数据"按钮,进入 Power Query 窗口,如图 1–18 所示。

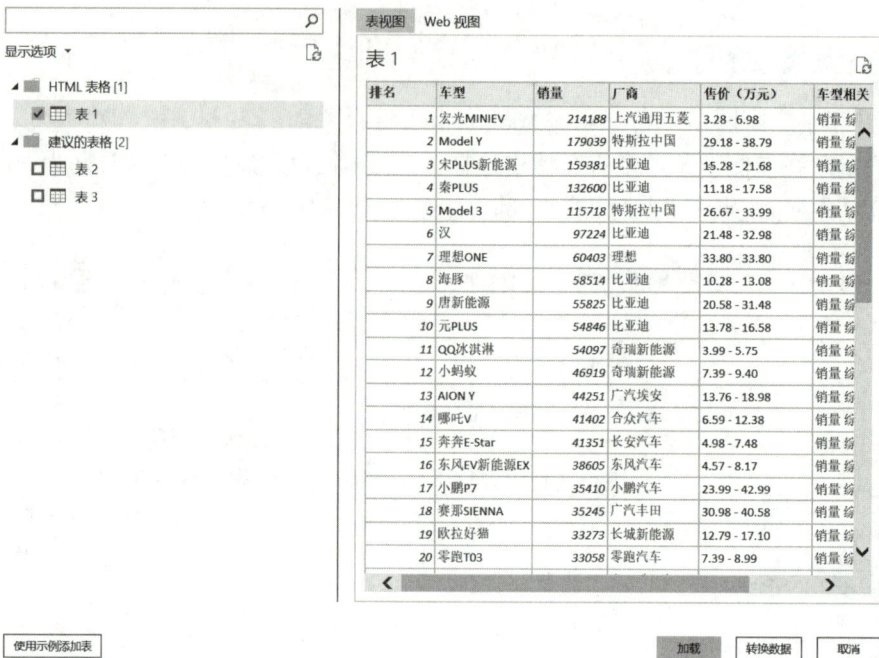

图 1-18　导航器 Power Query 窗口

三、清洗数据

在 Power Query 窗口可以看到"表 1"中的数据,观察数据可发现"销量"列中的数据值是文本型的,为便于后面计算,需要将其转换为数值型数据。选择"销量"列点击鼠标右键,选择"更改类型"完成转换。同时,"车型相关"列是无意义的,因此需要将其删除:右击"车型相关"列,选择"删除"。在右侧"查询设置"面板中将表名改为"汽车",如图1-19 所示。

数据清洗完成后,选择"主页"菜单中的"关闭并应用",进入 Power BI Desktop 窗口,准备进行数据建模操作。

四、数据建模

在"主页"菜单中选择"新建度量值",在编辑栏中输入公式"厂商销量 = sumx(' 汽车 ',' 汽车 '[销量])"创建度量值,如图 1-20 所示。

五、可视化分析

建模完成后,选择"可视化"面板中的"簇状柱形图",将字段"厂商"拖放到"轴"字段中,将"厂商销量"度量值拖放到"值"字段中,将"格式"中的"数字标签"打开,并设置单位为"无",此时在"报表"面板中显示出各厂商的数据,拖动图形右下角将图放大,如图 1-21 所示。

图 1-19　数据清洗

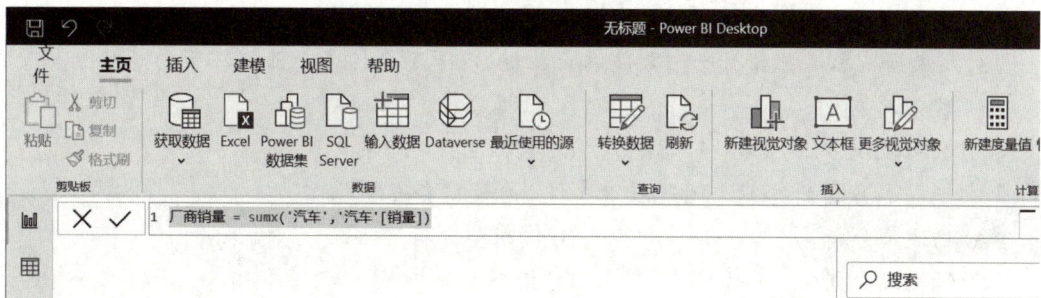

图 1-20　新建度量值

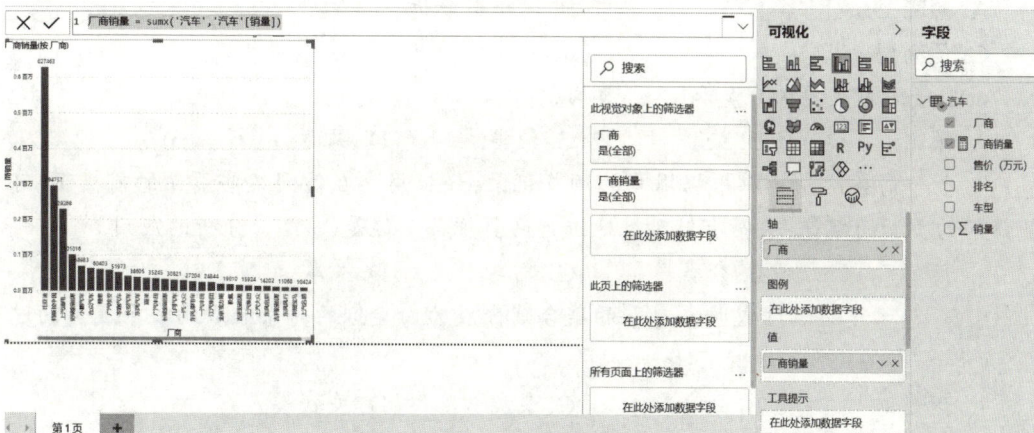

图 1-21　可视化分析

从图形中可见,在按厂商排名销量前 50 的电动汽车中,比亚迪汽车 2022 年 1 月至

6 月销量最高,总销量为 627463 辆。

【实训尝试】

在使用 Power BI 连接数据时,除了可以用 Web 方式外,还有哪些方式呢? 请试一试。

【实训拓展】

学习了对汽车销量前 50 的数据进行分析后,思考一下:如何对所有厂商的数据进行分析?

项目一测验

一、单选题

1. 利用相关算法对数据进行逻辑处理的速度非常快,可从各种类型的数据中快速获得高价值的信息,这体现了大数据的(　　)的特征。

A. 数据量大
B. 数据类型繁多
C. 处理速度快
D. 价值密度低

2. 购物篮分析属于(　　)。

A. 关联分析
B. 趋势分析
C. 决策支持
D. 聚类分析

3. 大数据技术本身具有一个天然的产业链,以下不是这条产业链环节的是(　　)。

A. 数据采集
B. 数据分析
C. 数据呈现
D. 数据生产

4. (　　)分析研究某个问题或者事件"为什么会发生"。

A. 描述型分析
B. 诊断型分析
C. 预测型分析
D. 指令型分析

5. (　　)研究"接下来可能会发生什么"。

A. 描述型分析
B. 诊断型分析
C. 预测型分析
D. 指令型分析

6. 监督学习主要由分类和(　　)构成。

A. 预测
B. 关联
C. 聚类
D. 循环

7. 电子商务网站可以根据用户的浏览记录,分析用户在访问某些页面的前提下,可能访问的页面的规律,从而有针对性地进行网页推荐。这是(　　)分析的应用。

A. 预测
B. 分类
C. 聚类
D. 关联

8. (　　)是将物理或抽象对象的集合划分成为由类似的对象组成的多个属类的过程。

A. 预测
B. 分类
C. 聚类
D. 关联

二、多选题

1. 大数据具有哪些特征? (　　)。

A. 数据量大
B. 数据类型繁多

C. 处理速度快　　　　　　　　D. 价值密度低

2. 在技术层面上大数据分析流程可大致分成(　　　)。

A. 数据采集　　　　　　　　　B. 数据存储与管理

C. 数据预处理　　　　　　　　D. 数据计算以及数据应用

3. 数据分析师的大数据分析流程是(　　　)。

A. 需求分析与明确目标　　　　B. 数据收集与加工处理

C. 数据分析与数据展现　　　　D. 提炼价值,撰写分析报告

4. 大数据分析方法分为(　　　)。

A. 描述型分析　　　　　　　　B. 诊断型分析

C. 预测型分析　　　　　　　　D. 指令型分析

5. 以下是大数据的分析工具的有(　　　)。

A. R　　　　　　　　　　　　B. Python

C. Power BI　　　　　　　　　D. Access

三、判断题

1. 人们需要智能的算法、强大的数据处理平台和新的数据处理技术,来统计、分析、预测和实时处理如此大规模的数据。(　　　)

2. 单一的数据也是大数据。(　　　)

3. 广泛的数据来源,决定了大数据形式的多样性。(　　　)

4. 相比于传统的小数据,大数据最大的价值在于从大量不相关的各种类型的数据中挖掘出对未来趋势与模式预测分析有价值的数据,并通过机器学习方法、人工智能方法或数据挖掘方法进行深度分析,发现新规律和新知识。(　　　)

5. 数据分析的目的是把隐藏在一大批看起来杂乱无章的数据中的信息集中和提炼出来,从而找出所研究对象的内在规律。(　　　)

6. 描述型分析主要是研究"发生了什么"。(　　　)

7. 指令型分析用于研究"下一步怎么做",主要是依据测试结果来选定最佳的行为和策略,并且应用先进的分析技术帮助决策者做出正确的决策。(　　　)

8. 各行各业都在利用大数据分析技术,比如商品的定价问题,定价过高会导致用户的需求降低,而定价过低会导致利润不足,如何找到一个最优的价格? 这并不是一个可以使用大数据分析的商业应用。(　　　)

9. 监督学习是根据分析者预设好的目标概念,通过数据探索和建立模型实现由观察变量对目标概念的解释。(　　　)

10. 回归分析是确定两种或两种以上变量间相互依赖的定量关系的一种统计分析方法。它通过建立统计预测模型,来描述和评估因变量与一个或多个自变量之间的关系。(　　　)

11. 信用卡管理中心可以根据持卡人的各类诸如年龄、受教育程度、职业、收入、婚姻状况等情况,以及信用卡使用的信用状况,得出一个信用卡欺诈事件发生与持卡人综合状况的模型,据此,可以推演新的信用卡申请人的信用卡欺诈事件发生的可能性,从而拒

绝或采取额度限制等防范措施。这属于预测分析。（　　　）

12. 聚类能够作为一个独立的工具，让人获得数据的分布状况，观察每一簇数据的特征，集中对特定的聚簇集合做进一步的分析。（　　　）

13. 云计算为海量和复杂数据对象的数据挖掘提供了基础设施，为网络环境下面向大众的数据挖掘服务带来了机遇。（　　　）

14. 机器学习的结果是产生新的智能处理数据的算法，机器学习在大型数据库上的应用就是数据挖掘。（　　　）

四、填空题

1. （　　　）指无法在一定时间内用常规软件工具对其内容进行抓取、管理和处理的数据集合。

2. （　　　）指用适当的统计、分析方法对收集来的大量数据进行分析，将它们理解并消化，以求最大化地挖掘数据的价值、发挥数据的作用。

3. （　　　）是大数据理念与方法的核心，是指对海量类型多样、增长快速、内容真实的数据进行分析，从中找出可以帮助决策的隐藏模式、未知的相关关系以及其他有用信息的过程。

4. 数据挖掘的功能分为两大类：监督学习与（　　　）。

5. （　　　）可以用于从地球观测数据库中获取数据确定地理上相似的地区，对汽车保险投保人进行分组，根据房屋的类型、价值和地理位置对城市中的商品房进行分组等处理。

6. 进行（　　　）不是为了替代传统的统计分析技术，它是统计分析方法的延伸和扩展。

五、操作题

按照项目实训中的分析工具操作方法，对 2021 年汽车产量数据进行分析。

项目二
获取数据

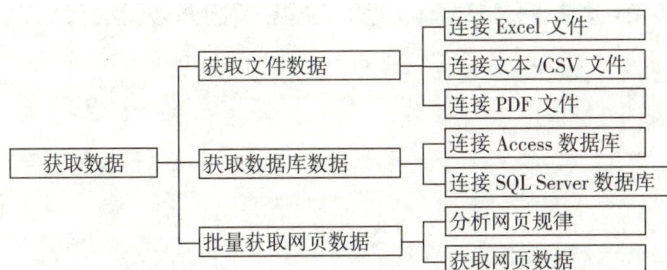

获取数据
├─ 获取文件数据
│   ├─ 连接 Excel 文件
│   ├─ 连接文本 /CSV 文件
│   └─ 连接 PDF 文件
├─ 获取数据库数据
│   ├─ 连接 Access 数据库
│   └─ 连接 SQL Server 数据库
└─ 批量获取网页数据
    ├─ 分析网页规律
    └─ 获取网页数据

🎯 核心目标

职业能力

1. 具备运用 Power Query 工具创建数据的能力；
2. 具备获取外部数据的操作能力；
3. 能根据学习需要查阅相关资料。

职业素养

1. 养成独立思考的习惯，善于分析问题；
2. 培养遵纪守法、遵守职业道德的素质。

任务一　获取文件数据

获取文件数据

【任务描述】

　　小张从车主之家网页中获取到了电动汽车销量的数据，将其存在了 Excel 中方便以后使用，现在他又想将 Excel 中的数据打开再做其他的分析，小张应该怎么使用 Power BI 工具打开数据呢？

【任务知识】

　　在 Power BI Desktop 中可通过连接文件的方式获取文件数据，主要的连接文件类型有 Excel 文件、文本 /CSV、PDF、XML 等。

一、连接 Excel 文件

　　在"主页"功能区中选择"获取数据"，然后选择"Excel"，界面如图 2-1 所示。

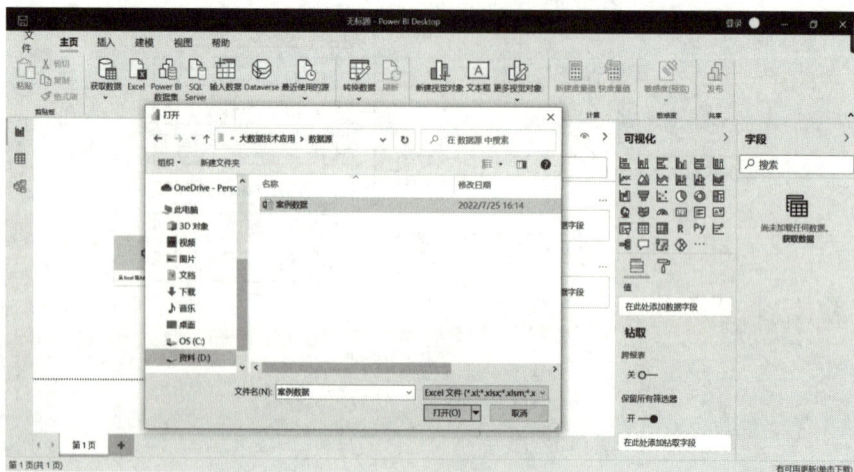

图 2-1　连接 Excel 文件

在打开的窗口中找到需要连接的 Excel 文件,建立连接后,进入"导航器"窗口,选择需要打开的 Excel 工作表,然后选择窗口右下角的"加载"或"编辑"。如果需要对数据进行调整,则选择"转换数据";如果无须调整则直接选择"加载"即可,如图 2-2 所示。

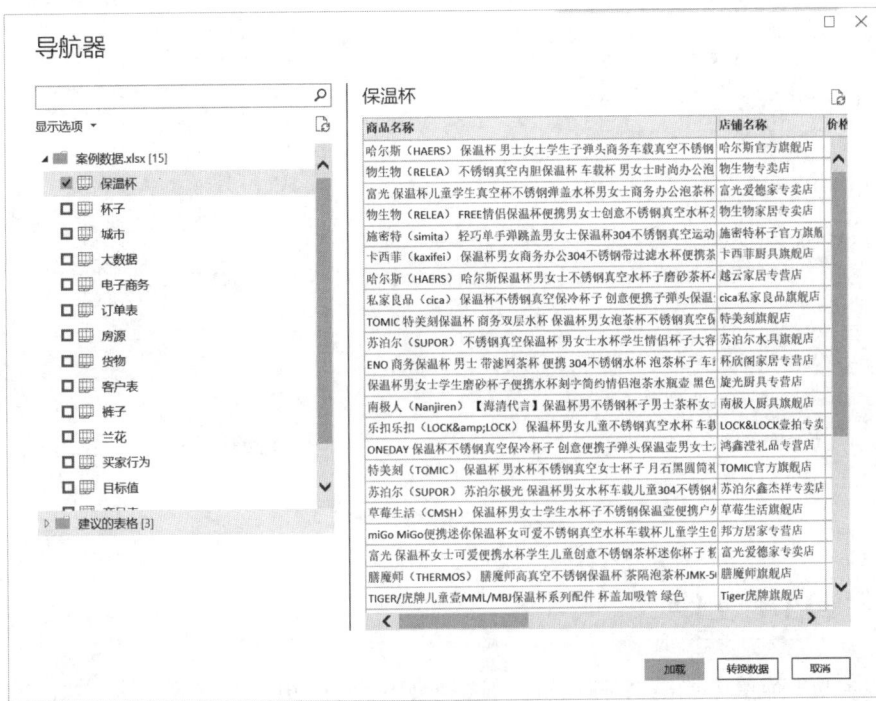

图 2-2　导航器

二、连接文本 /CSV 文件

Microsoft Power BI 连接文本 /CSV 文件与连接 Excel 文件的方法类似。首先从"获取数据"中选择"文本 /CSV",如图 2-3 所示。

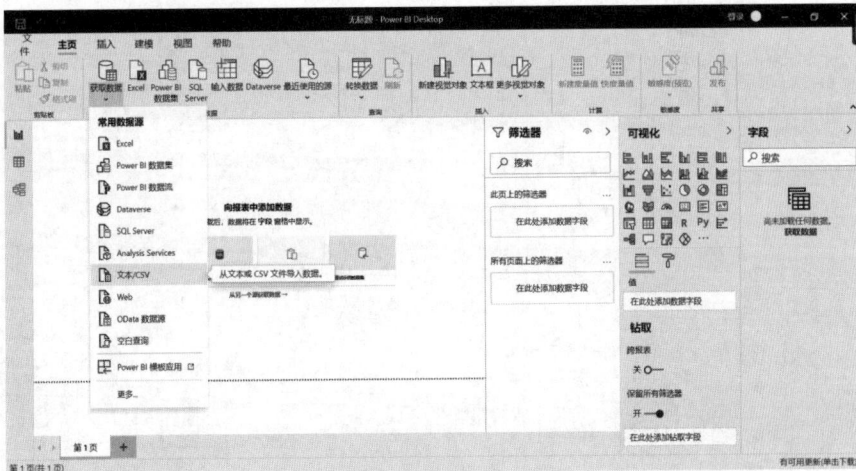

图 2-3　连接文本 /CSV 文件

找到需要打开的文本文件，选择文件并点击"打开"，然后分别选择文件格式、分隔符、数据类型检测，进行"加载"或"转换数据"，如图 2-4 所示。

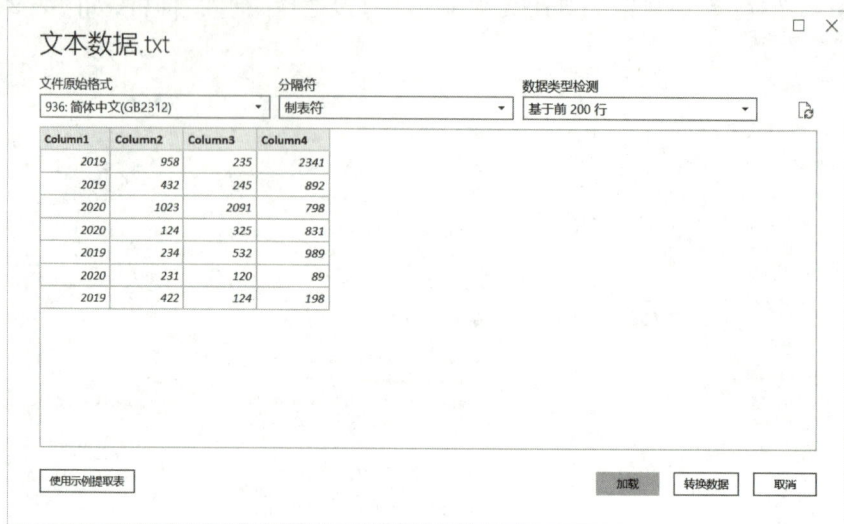

图 2-4　文本数据连接

三、连接 PDF 文件

在"主页"菜单中点击"获取数据"，选择最下面的"更多"，在弹出的"获取数据"窗口中点击左侧的"文件"类型，然后选择"PDF"方式，如图 2-5 所示，点击"连接"按钮。

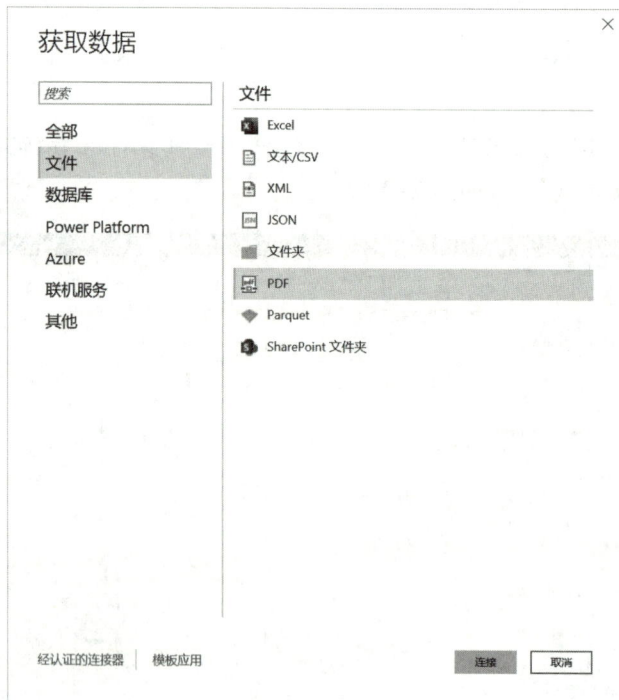

图 2-5　连接 PDF 文件

在弹出的"打开"窗口中选择要连接的 PDF 文件，如图 2-6 所示。

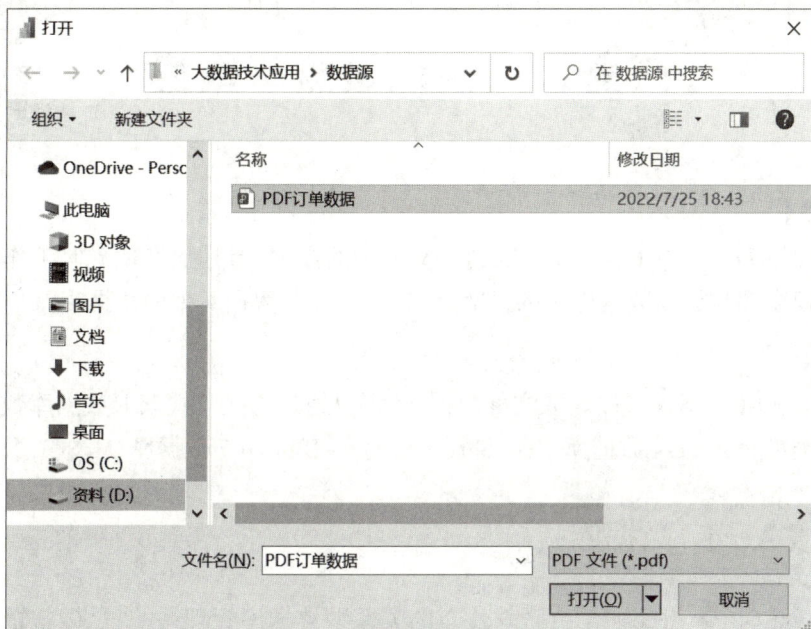

图 2-6　打开 PDF 文件

在"导航器"窗口中勾选要清洗的数据，完成数据连接，如图 2-7 所示。

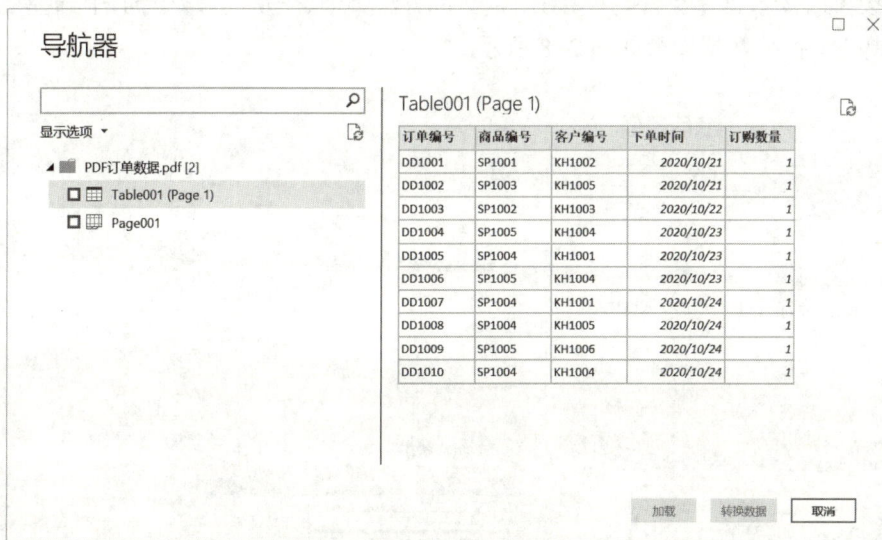

图 2-7　获取 PDF 数据

【任务尝试】

　　小张在学习了获取文件数据的方式后，应该怎么打开 Excel 文件中的汽车销量数据呢？请你试一试。

【任务拓展】

　　请搜索当地天气情况，使用 Power BI 获取天气网页文件中的数据。

任务二　获取数据库数据

获取数据库数据

【任务描述】

小张使用 Power BI Desktop 获取到了文件中的数据,但是他发现平时工作时产生的大量数据很多都是放到数据库中的,那他该如何获取到数据库中的数据呢?

【任务知识】

在 Power BI 中不仅可以获取文件数据,还可以通过连接方式获取数据库数据。主要的数据库类型有 Access 数据库、SQL Server 数据库、IBM DB2 数据库、MySQL 数据库等。

一、连接 Access 数据库

Microsoft Office Access 是由微软发布的关系型数据库管理系统,是微软把数据库引擎的图形用户界面和软件开发工具结合在一起形成的一个数据库管理系统,它是微软 Office 体系的一个成员。

连接 Access 数据库文件与连接 Excel 文件方法类似,先从"获取数据"中选择"更多",然后选择"Access 数据库",如图 2-8 所示。

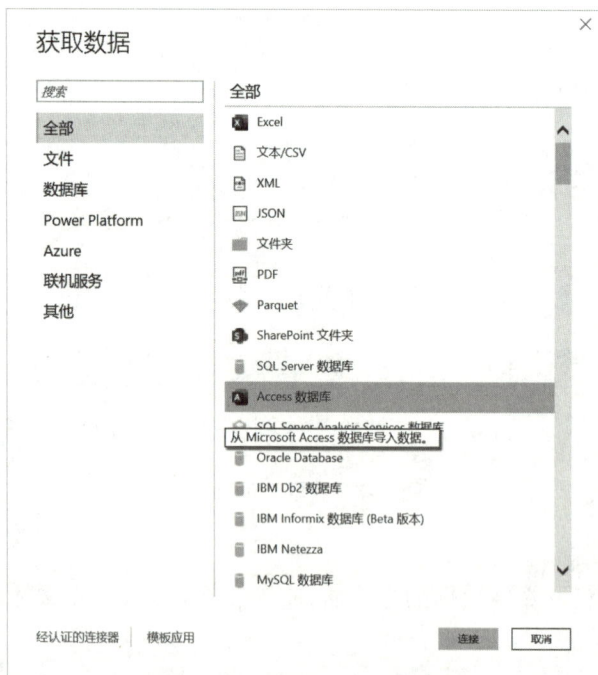

图 2-8　连接 Access 数据库

点击"连接"按钮,找到需要打开的 Access 数据库文件,选中并点击"打开"按钮,如

图 2-9 所示。

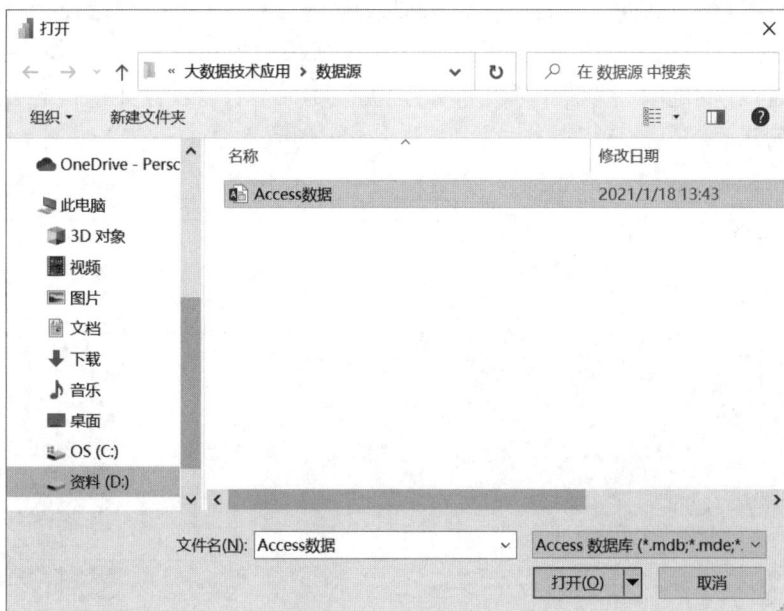

图 2-9　选择 Access 数据库文件

进入"导航器"窗口,选择 Access 数据库中需要打开的数据表,点击"加载"或"转换数据"按钮对数据进行操作,如图 2-10 所示。

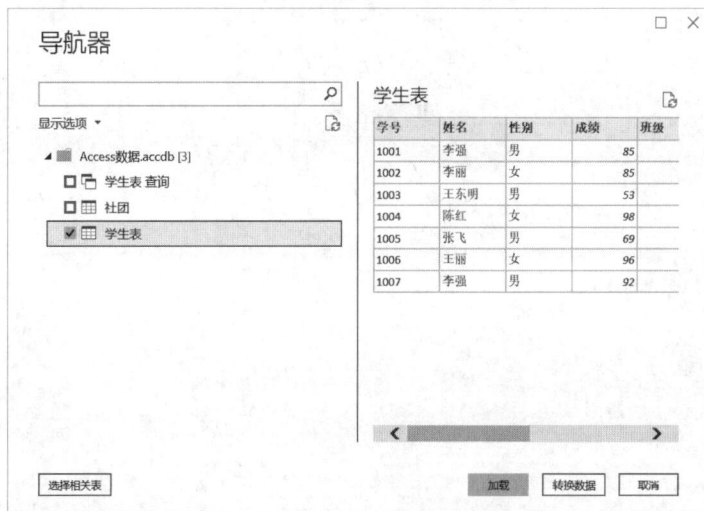

图 2-10　打开数据表

二、连接 SQL Server 数据库

SQL Server 是 Microsoft 公司推出的一种关系型数据库系统。SQL Server 是一个可扩展的、高性能的、为分布式客户机 / 服务器计算所设计的数据库管理系统,实现了与 Windows NT 的有机结合,提供了基于事务的企业级信息管理系统方案。

连接 SQL Server 数据库需要获取 SQL Server 服务器的地址，以及要连接的数据库的名称。其操作过程与前面文件连接方式类似：首先从"获取数据"中选择"SQL Server 数据库"，然后进入"SQL Server 数据库"窗口，输入"服务器"名称或地址（如果服务器位于本机，则通过"我的电脑"查看计算机名称，以获取本机名），以及需要连接的数据库名称，如图 2-11 所示。

图 2-11　连接 SQL Server 数据库

在"数据连接模式"处选择"导入"，然后点击"确定"按钮进入"导航器"窗口，选择需要打开的数据表，如图 2-12 所示。

图 2-12　打开数据表

【任务尝试】

请你尝试获取旁边同学电脑的数据库中的数据。

【任务拓展】

请使用 Power BI 获取 Power BI 数据集中的数据。

项目实训　批量获取网页数据

【实训背景】

　　小张在前面面试时已经获取到了前 50 名的电动汽车销量数据,但是如何才能将所有汽车销量数据都获取到呢? 为完成这个任务,小张将学习批量获取网页数据的操作方法。

【实训要求】

　　根据网站提供的电动汽车销量数据,运用 Power BI 工具完成对所有汽车厂商的数据的爬取。

【实训过程】

一、分析网页规律

　　通过网络爬虫抓取数据的第一步一般都是分析 URL 的结构,从结构中发现规律。车主之家电动汽车销量页面共有 4 页,对应 URL 地址如表 2-1 所示。

表 2-1　URL 地址

页码	URL 地址
1	https://xl.16888.com/ev-202201-202206-1.html
2	https://xl.16888.com/ev-202201-202206-2.html
3	https://xl.16888.com/ev-202201-202206-3.html
4	https://xl.16888.com/ev-202201-202206-4.html

　　从表 2-1 中发现,4 页的 URL 地址差别在于".html"前的数字不同。这时可以考虑将这个不同的数字作为一个可变参数,当进行网址变化时,只需改变这个参数值即可。

二、获取网页数据

(一)构建页码规律

　　在 Power Query 中选择"主页"菜单中的"管理参数",在"管理参数"窗口中选择"新建"。

　　在"管理参数"窗口中输入名称"爬取数据",如图 2-13 所示,在"类型"下选择"文本"，"当前值"下填写"1"，然后点击"确定"按钮，这时在 Power Query 窗口左侧显示已创建好的查询参数。

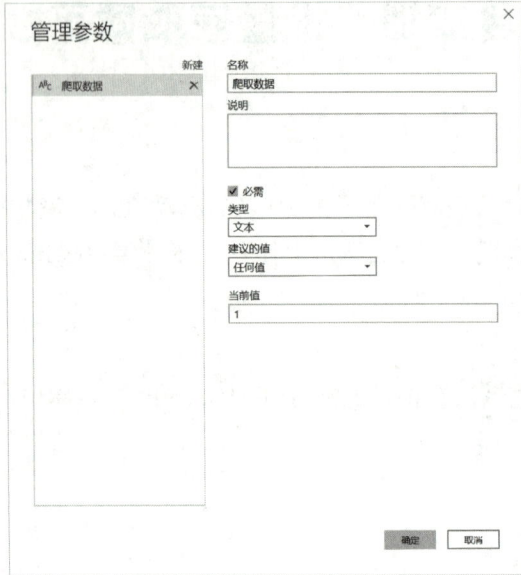

图 2-13　新建参数

（二）获取数据

在 Power Query "主页"菜单中选择"新建源"，使用 Web 方式获取数据，在"从 Web"窗口中选择"高级"，将车主之家电动汽车销量的第一页 URL 地址复制到"URL 部分"的第一行中，并去掉变动的页码及后面的部分（.html），如图 2-14 所示。

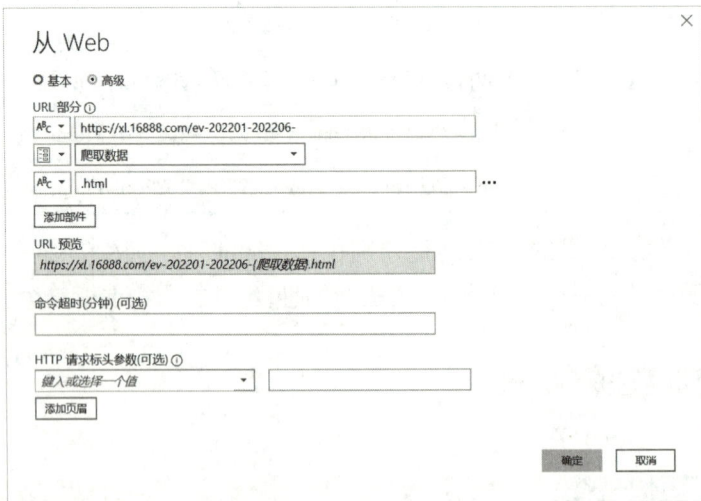

图 2-14　URL 地址设置

在"URL 部分"的第二行选择按钮为"参数"，第二行后面自动出现刚才创建的"爬取数据"参数。接着点击"添加部件"按钮，增加一行 URL 地址，在第三行地址中输入第一行地址剩余部分，即".html"。由此可见，一个完整的 URL 地址由三部分组成，即此处第一行至第三行。新生成的 URL 地址在下一行"URL 预览"中呈现。

完成 URL 地址的填写后，点击"确定"按钮，进入"导航器"窗口，如图 2-15 所示。

图 2-15　导航器

在"导航器"窗口中勾选"表 1"，在右侧可见爬取到第一页数据，点击"确定"按钮，完成第一页数据的采集，这时的第一页数据存放在表 1 中，作为一个样本，便于后续批量爬取网页数据。

（三）创建函数

在 Power Query 查询面板中选择"表 1"，点击鼠标右键选择"创建函数"，如图 2-16 所示。

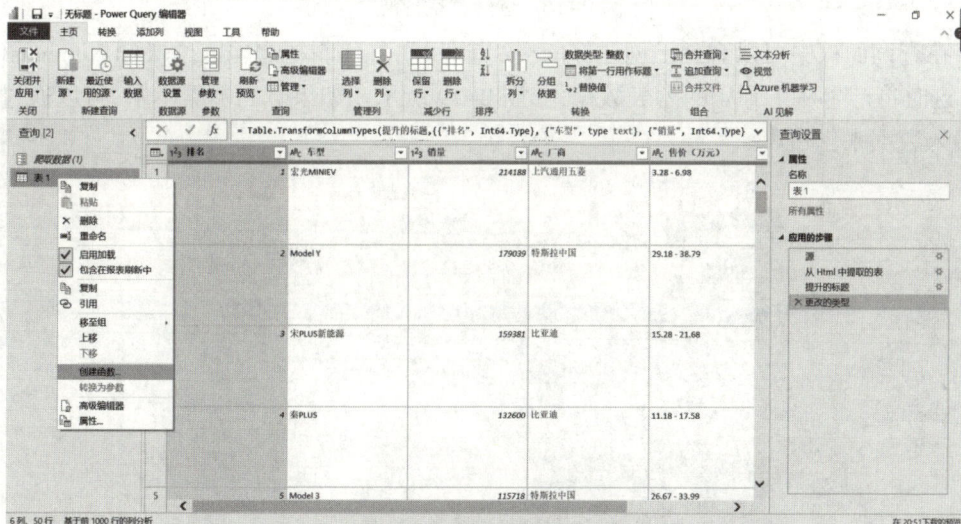

图 2-16　选择"创建函数"

在"创建函数"窗口中,输入函数名称"批量爬取",如图 2-17 所示。

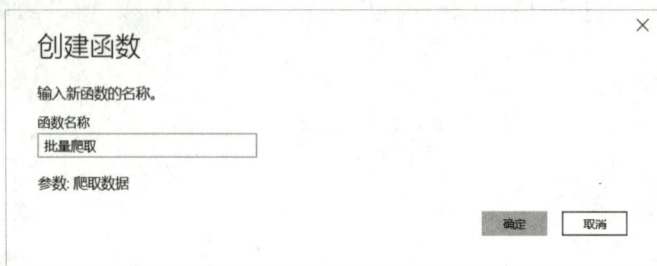

图 2-17　输入函数名称

（四）生成页码

在 Power Query 查询面板的空白处点击鼠标右键,选择"新建查询",在"新建查询"中选择"空查询",如图 2-18 所示。

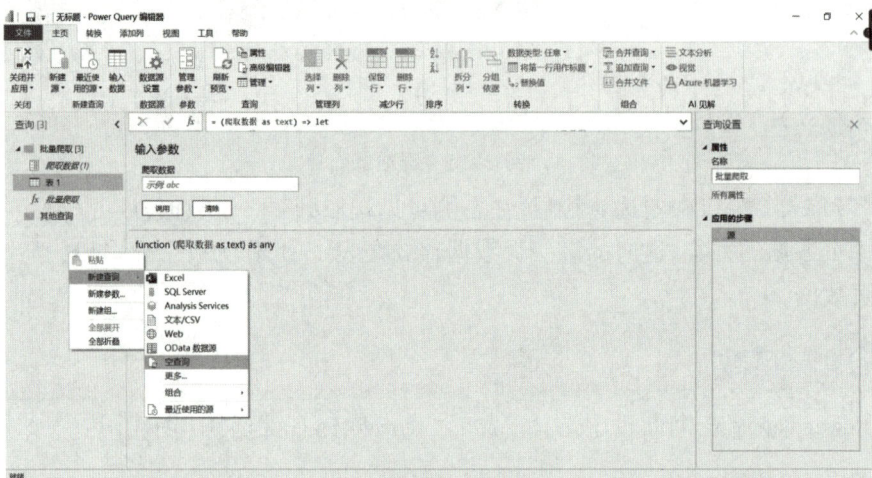

图 2-18　选择"空查询"

在查询面板中可以看到已创建好的空"查询 1",在编辑栏中输入"= List.Numbers(1, 4)",这时将产生从 1 到 4 的列表数据,如图 2-19 所示。如果页码数据不多,可以通过直接输入数据来创建表。

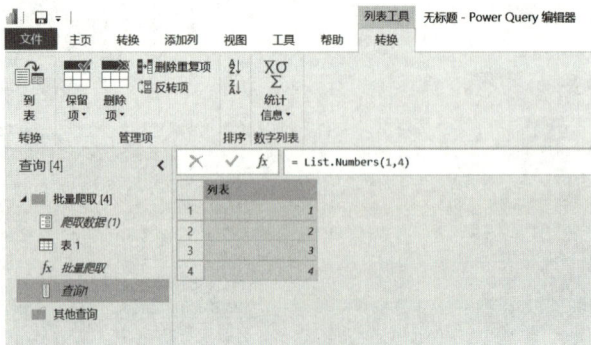

图 2-19　列表数据

（五）页码处理

选中"列表"点击鼠标右键选择"到表"，将列表转化为表，如图2-20所示。

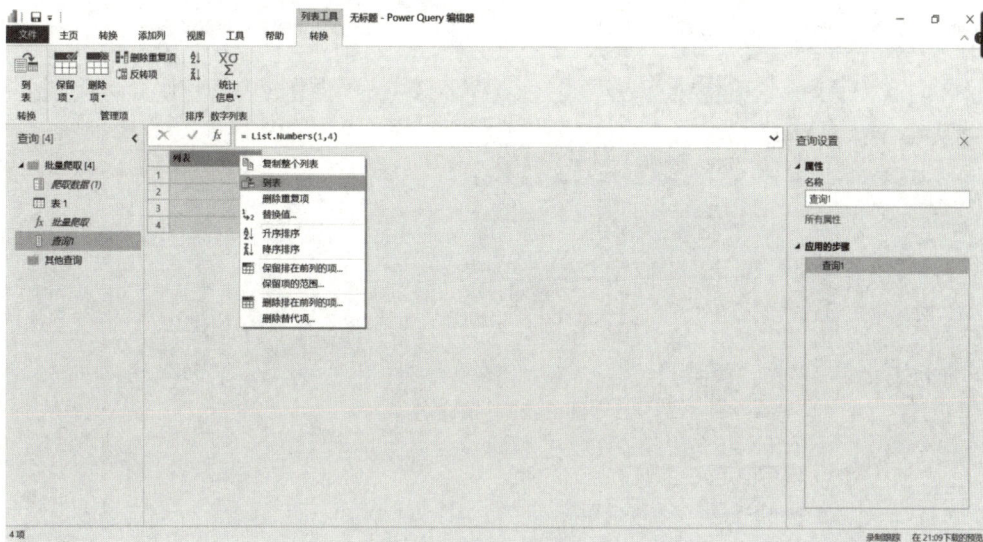

图2-20 转换为表

选择转化为表的"Column1"列，点击鼠标右键选择"更改类型"为"文本"，将转化为表的数据类型改为"文本"型，如图2-21所示。

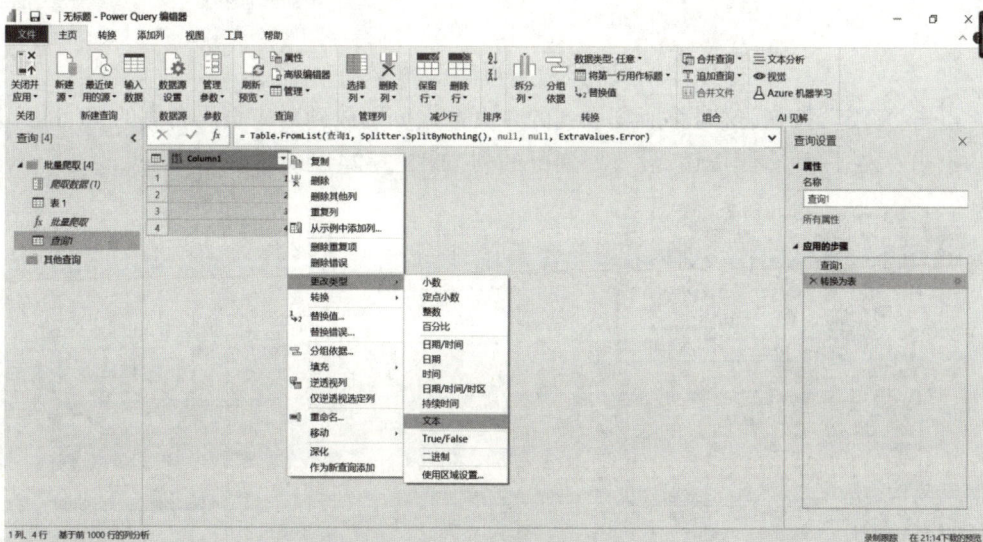

图2-21 转换为文本

将查询面板中的"查询1"表重命名为"页码表"，将表中列"Column1"改名为"页码"，如图2-22所示。

选中"页码表"，从"添加列"菜单中选择"调用自定义函数"，弹出"调用自定义函数"窗口，在"新列名"中输入"数据"，在"功能查询"中选择已创建的"批量爬取"函数，在"爬取数据"中左侧下拉框中选择"列名"，右侧框中选择"页码"，如图2-23所示。

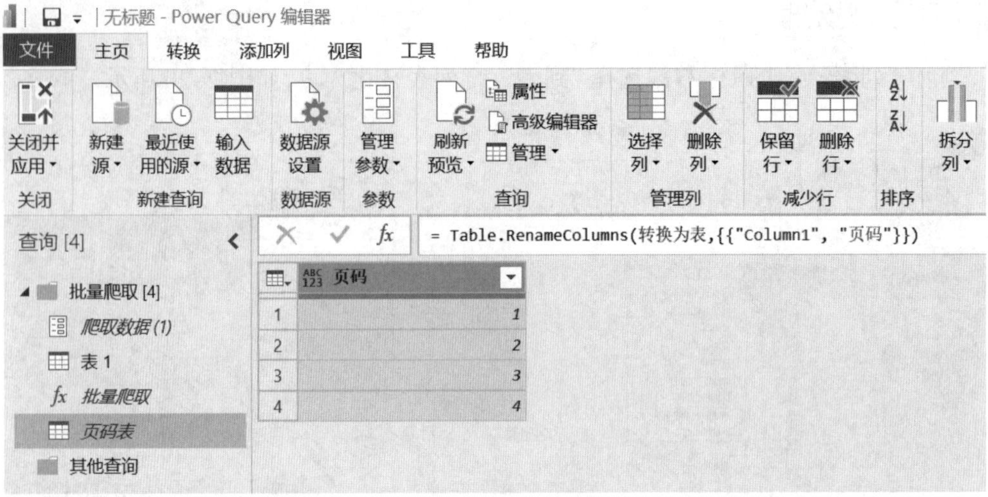

图 2-22　重命名

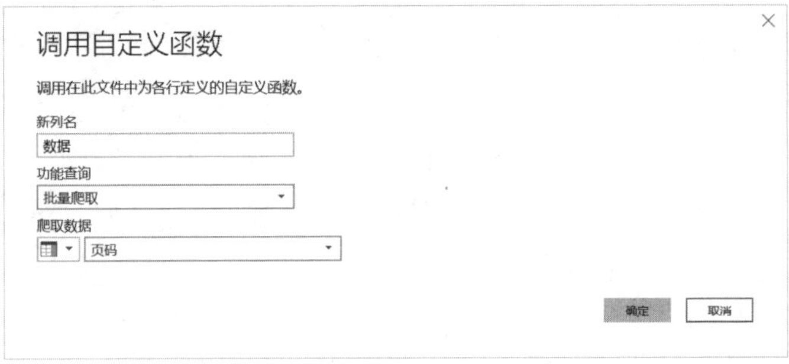

图 2-23　调用自定义函数

点击"确定"按钮,这时将所爬取到的 4 页数据分别放到对应页码右侧的"Table"表中。点击"数据"列右侧按钮,设置要展开的列,如图 2-24 所示。

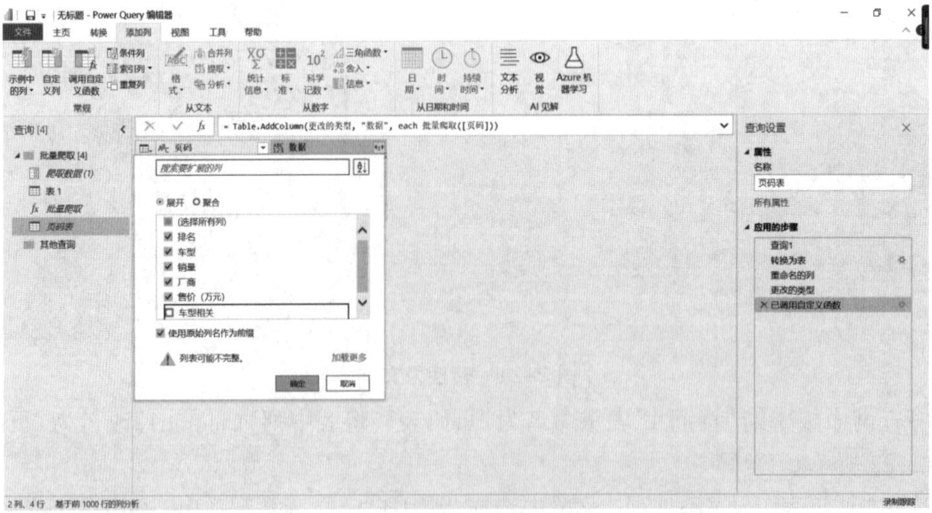

图 2-24　展开数据

点击"确定"按钮,爬取到的 4 页数据就完全合并到一张表中了,如图 2-25 所示。

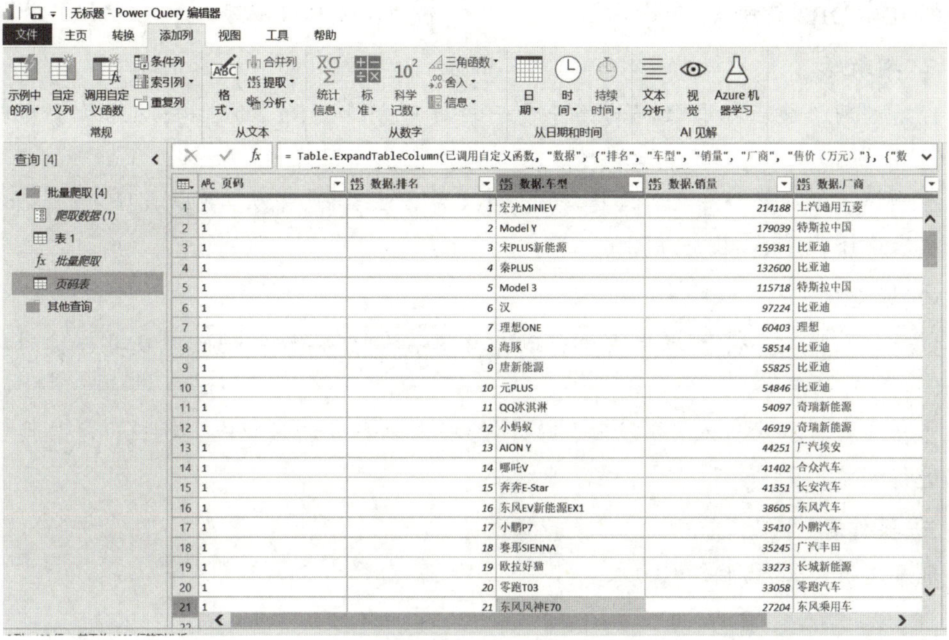

图 2-25 合并数据表

【实训尝试】

通过以上知识学习,请你尝试一下批量爬取汽车厂商销量数据。

【实训拓展】

请在车主之家网站中爬取电动车各品牌销量明细数据。

✎ 项目二测验

一、单选题

1. 在 Power Query"主页"菜单中选择"新建源",使用( )方式可以获取网页数据。

A. Web   B. Excel   C. PDF   D. 文本 /CSV

2. 获取 Excel 文件数据可在 Power BI Desktop 中在"主页"功能区中选择"获取数据",然后选择( )。

A. Web   B. Excel   C. PDF   D. 文本 /CSV

3. 获取 CSV 文件数据可在 Power BI Desktop 中在"主页"功能区中选择"获取数据",然后选择( )。

A. Web   B. Excel   C. PDF   D. 文本 /CSV

二、多选题

1. 在 Power BI Desktop 中主要的文件连接方式有( )。

A. Excel   B. XML   C. PDF   D. 文本 /CSV

2. 在 Power BI Desktop 中主要的数据库连接类型有( )。

A. Access 数据库   B. SQL Server 数据库

C. IBM DB2 数据库   D. MySQL 数据库

三、判断题

1. 通过网络爬虫抓取数据的第一步一般都是分析 URL 的结构，从结构中发现规律。（   ）

2. 连接 Access 数据库文件与连接 Excel 文件方法类似，先从"获取数据"中选择"更多"，然后选择"Access 数据库"。（   ）

四、填空题

1. 连接 SQL Server 数据库需要获取 SQL Server 服务器的地址，以及要连接的数据库的（   ）。

2. 在连接数据后进入"导航器"窗口，选择需要打开的数据表，点击（   ）按钮对数据进行调整。

五、操作题

批量爬取 58 同城招聘信息。

项目三
清洗数据

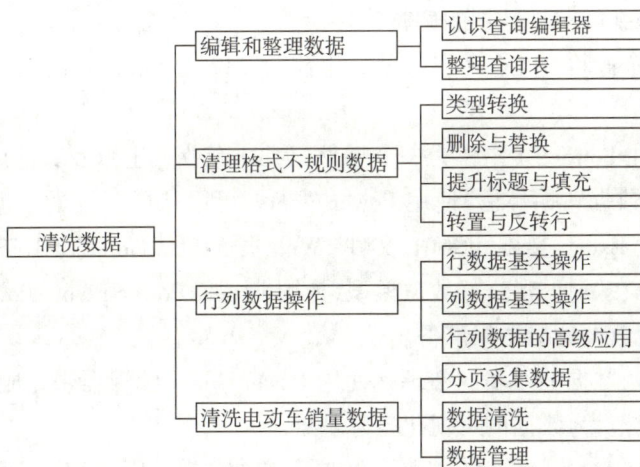

核心目标

职业能力

1. 能运用 Power Query 工具对数据进行清洗操作；
2. 能完成导入数据的清洗操作；
3. 能根据学习需要查阅相关资料。

职业素养

1. 养成独立思考的习惯，善于分析发现问题；
2. 具备精益求精、吃苦耐劳的工匠精神。

任务一　编辑和整理数据

编辑和整理数据

【任务描述】

　　小张从车主之家网页中获取到了所有厂商电动车销量的 4 页数据，想将 4 页数据分别存放到 4 张表中，并对其进行命名，以方便日后数据的管理。那小张应该如何操作呢？

【任务知识】

一、认识查询编辑器

　　在 Microsoft Power BI 中附带了具备查询编辑功能的插件 Power Query，利用该功能可以连接到数据源并能实现数据的调整和转换。

　　利用 Power Query 可在 Excel 中通过简化数据发现、访问和合作的操作，优化商业智能自助服务体验。

　　Power Query 在 Power BI 中作为一个插件，为 BI 专业人士以及其他用户提供了一个无缝的数据发现、数据转换体验，使用 Power Query，可以从所需要的数据来源提取数据（如关系型数据库、Excel、文本和 XML 文件、Web 页面、Hadoop 的 HDFS，等等），把不同来源的数据源整合在一起，建立好数据模型，为用 Excel、Power Pivot、Power View、Power Map 进行进一步的数据分析做好准备。

　　在 Power BI 中，数据的编辑与整理是使用 Power Query 编辑器来完成的，该编辑器能让数据变得更加规范，为数据的可视化打好基础。

　　在 Power BI Desktop 中，点击"获取数据"选择"Excel"，找到"案例数据"并打开，勾选"保温杯"数据表，然后点击"转换数据"进入 Power Query 编辑器，如图 3-1 所示。

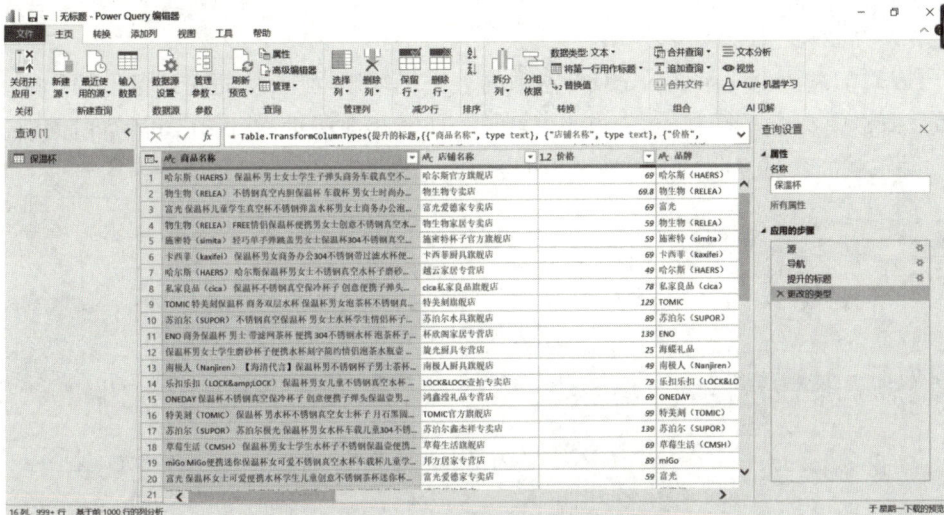

图 3-1 Power Query 编辑器（保温杯）

二、整理查询表

在 Power Query 编辑器中可以对查询表进行重命名、复制、创建、删除、移动，以及通过组对查询表进行归类管理。

（一）重命名表

为了直接标识表的内容，可在 Power Query 编辑器中对表进行重命名操作。打开原始文件，点击"开始"功能区中的"编辑查询"，打开 Power Query 编辑器。找到左侧的"查询"窗格，对其中要重命名的表进行右击，点击"重命名"或者双击即可重命名。也可以在右侧"查询设置"下的"属性"中更改名称，如图 3-2 所示。

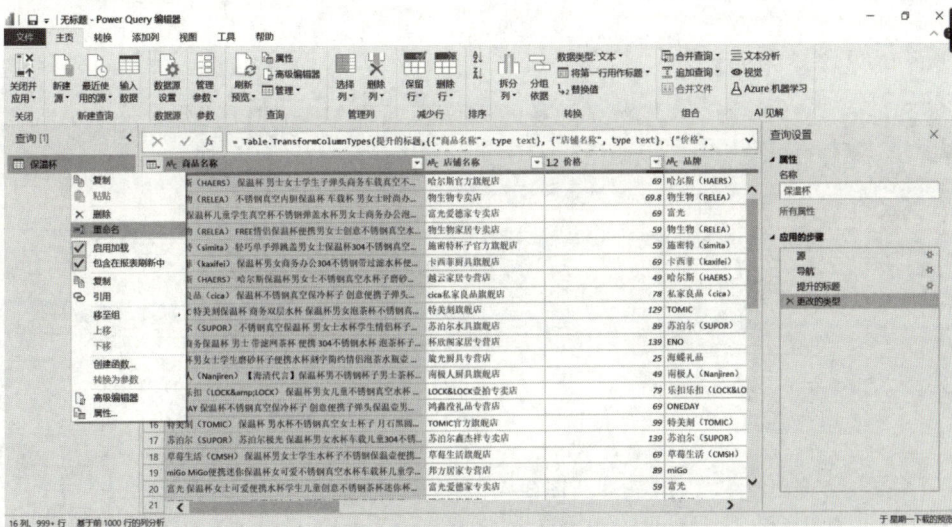

图 3-2 重命名表

（二）复制表

可以对加载到 Power Query 编辑器中的表进行复制操作,从而起到备份的作用。在"查询"窗格中右击要复制的表,点击"复制",如图 3-3 所示,然后在窗格空白处右击选择"粘贴",就能看见复制的表,该表和源表的内容相同。

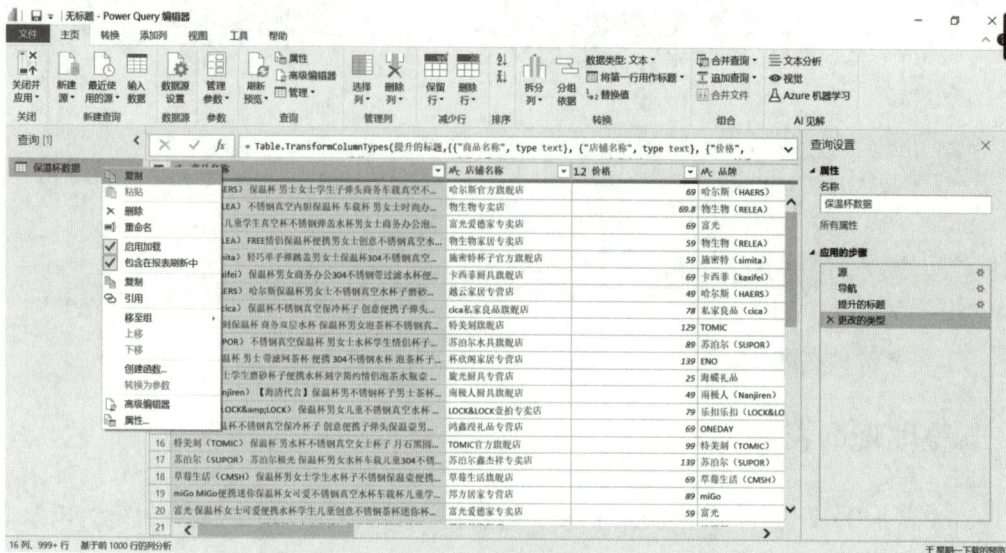

图 3-3　复制表

（三）创建、删除表

在 Power Query 编辑器中可以直接创建表。选择"主页"选项卡中的"输入数据"即可创建表,进入"创建表"窗口,在"列 1"上输入字段名,下面输入数据,如果需要增加列则点击列右侧的"*"。输入完数据后在窗口下面"名称"处设置表名,如图 3-4 所示,点击"确定"按钮即可创建表。

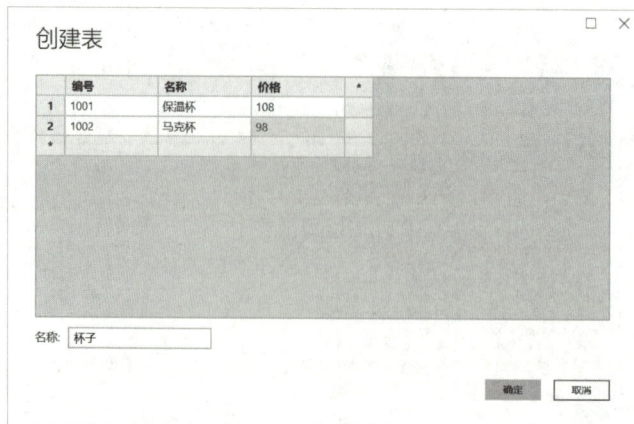

图 3-4　创建表

表创建好后,可在"查询"窗格下面查看到该表,通过选择表并右击可选择"删除"（见图 3-5）从而删除表。如果要同时删除多张表,可按住 Ctrl 键选中多张表,然后右击,在弹出的快捷菜单中单击"删除"命令。

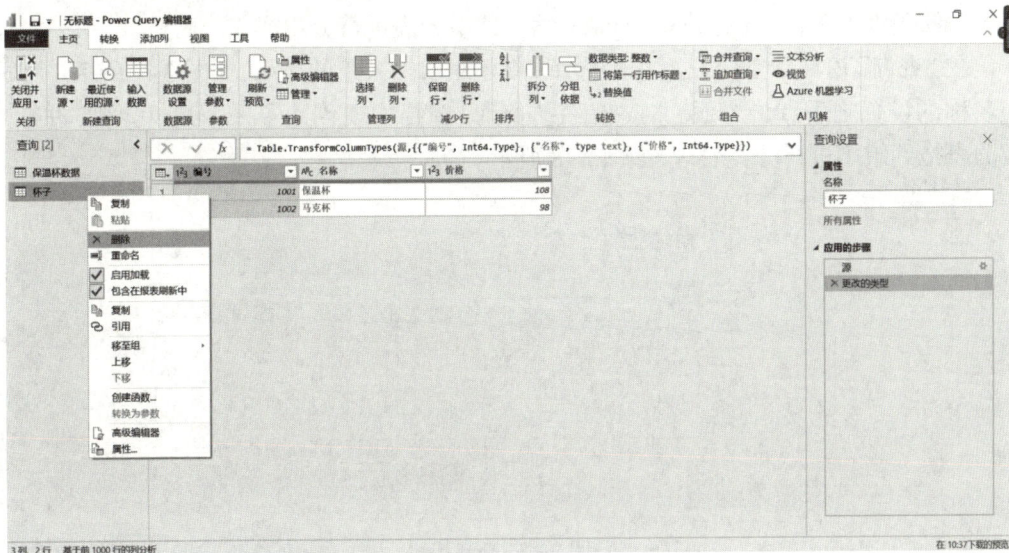

图 3-5　删除表

(四)移动表的位置

如果需要调整"查询"窗格中表的位置,可在表名上右击并选择"上移"或"下移"来完成,也可使用鼠标拖动方式来完成。

若在"查询"窗格中右击要移动的表,在弹出的快捷菜单中单击"下移"命令,随后该表将下移一个位置。选择"上移"命令则可将表上移,如图 3-6 所示。

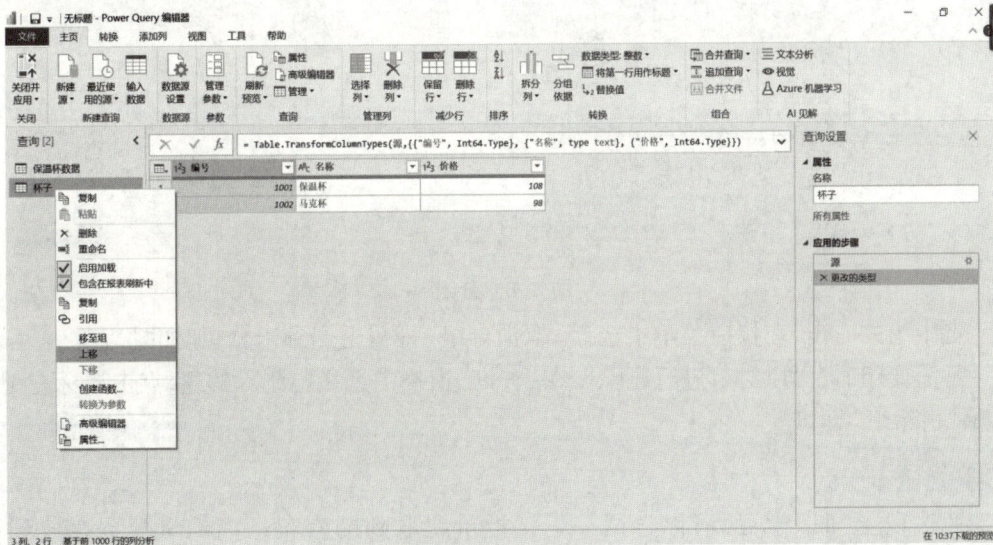

图 3-6　移动表

若点选要移动的表并按住鼠标左键不放,拖动至需要移动到的位置,也可实现移动。

（五）分组

为便于查看表，可以对 Power Query 编辑器中的表进行分组操作。

在"查询"窗格中空白位置右击选择"新建组"，输入组的名称，如图 3-7 所示。完成组名称的设置之后点击"确定"按钮，在"查询"窗格中便创建了一个组，可将要进行归类的表拖到组中进行分类管理，如图 3-8 所示。

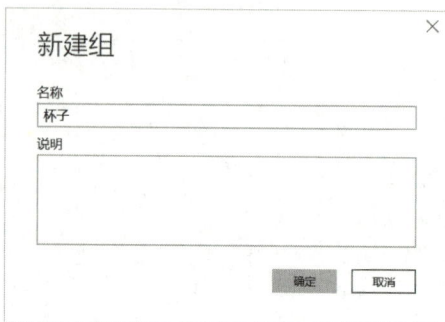

图 3-7　新建组

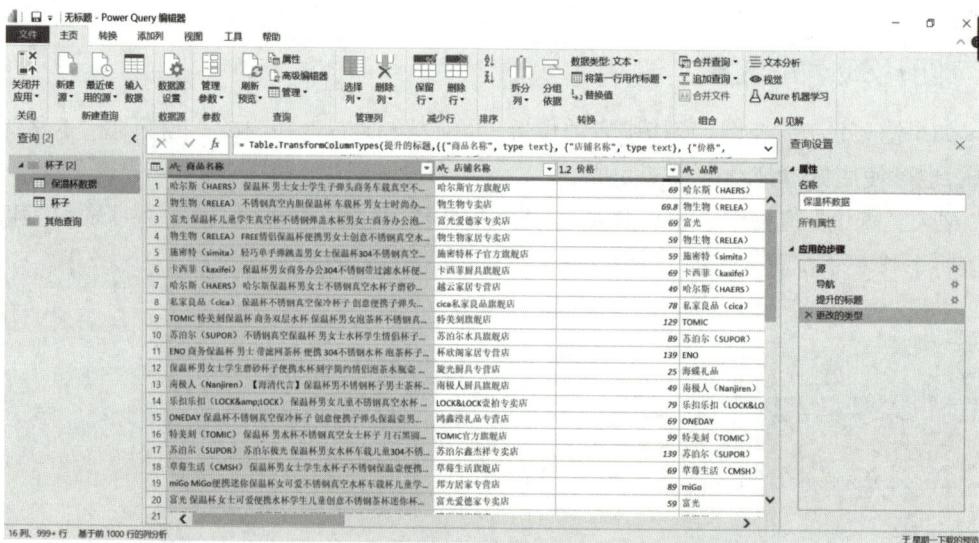

图 3-8　分组

选中组并右击，在快捷菜单中选择"取消分组"即可返回到未分组时的状态。

不需要组时，可以对组进行删除。在"查询"窗格中选择要删除的组，点击鼠标右键，选择"删除组"即可。

【任务尝试】

通过以上知识学习，请你尝试一下将批量爬取到的汽车厂商销量数据存放到 4 张表中。

【任务拓展】

请对表明汽车厂商销量的 4 张数据表进行分组归类。

任务二　清理格式不规则数据

【任务描述】

　　小张把获取到的数据表进行整理后,发现表中数据还存在一些问题,如有些数据是左对齐的,有些是右对齐的,有些数据列好像本身无多大用处。对于这些问题,小张是否要去处理呢?

【任务知识】

　　源数据中如果存在不规则的数据,例如存在类型不正确、含有错误值、字母大小写不符合要求等问题,就需要对数据进行清理操作。

一、类型转换

(一)更改类型

　　当表中数据类型不正确时,需要对类型进行更改。以"兰花"数据表为例,从"日期"列字段左侧图标可以看出数据类型是"整数",需要将其转换为"日期"。选择"日期"列,右击选择"更改类型"中的"日期"即可,如图3-9所示。

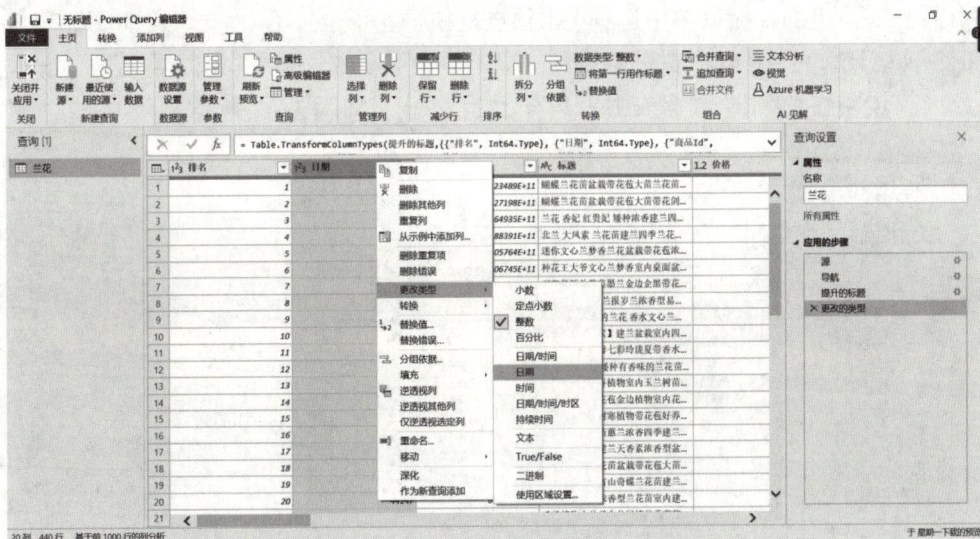

图3-9　更改数据类型

(二)转换

　　通过转换可将文本中小写字母转换为大写字母,也可将大写字母转换为小写字母,还能将首字母转换为大写等。选择要转换的列,右击选择"转换"中的"每个字词首字母大写",如图 3-10 所示。

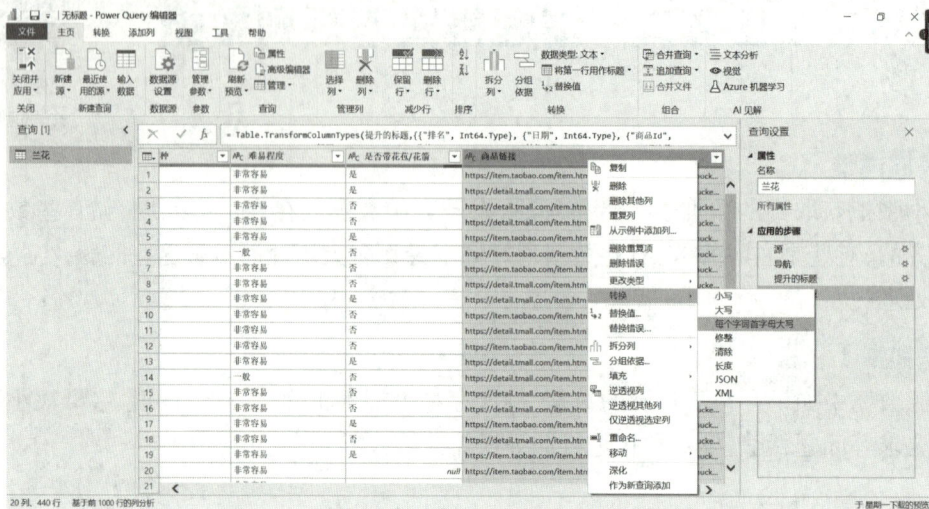

图 3-10　转换

二、删除与替换

（一）删除重复项与错误值

当源数据中存在重复项和错误值时,可以对其进行删除操作。选中要删除的列,右击列标题,在弹出的快捷菜单中选择"删除重复项"即可。选择"商家"列,可以在 Power Query 编辑器窗口左下角状态栏中看到一共有 440 行,右击选择"删除重复项",发现还有 222 行,说明在"兰花"数据表中一共有 222 个商家,如图 3-11 所示。

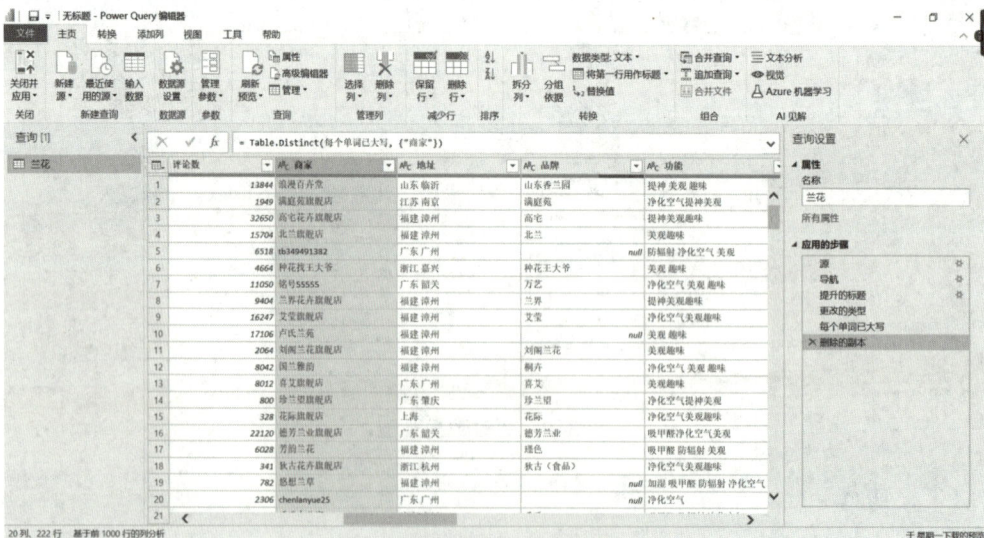

图 3-11　删除重复项

如果发现表中有错误值(显示为"Error"),则选择要删除错误值的列标题右击,在弹出的快捷菜单中选择"删除错误"即可。

(二)替换值

"替换值"操作类似于 Word 中的"替换",选择要替换值的列右击,在弹出的快捷菜单中选择"替换值",或者从"主页"选项卡的功能区中选择"替换值"命令。在"兰花"数据表中将"品牌"列中为"null"的数据值替换为空:单击"品牌"列,右击选择"替换值",在"替换值"窗口中"要查找的值"处输入"null",在"替换为"处不输入数据,如图 3-12所示。

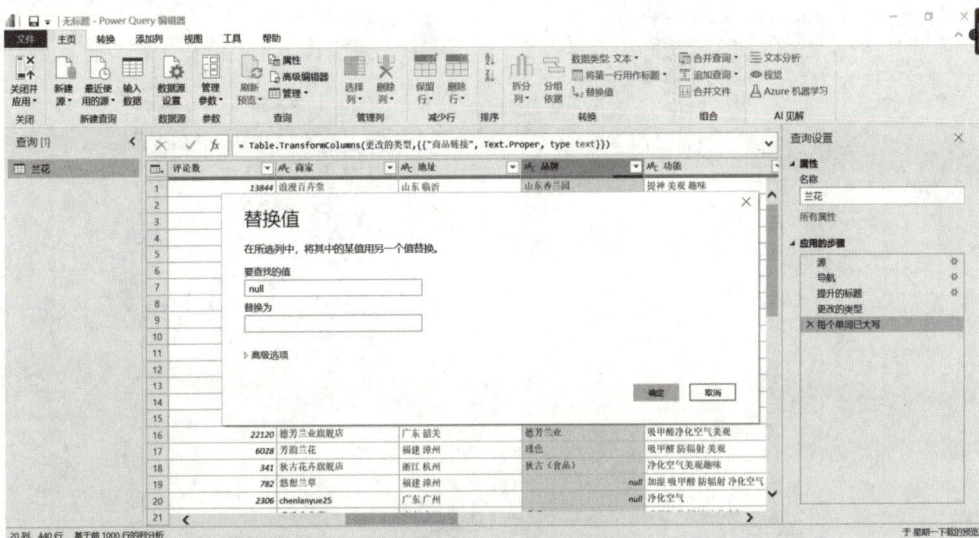

图 3-12 替换值

点击"确定"按钮,则"品牌"列中为"null"的值都替换为空了,如图 3-13 所示。

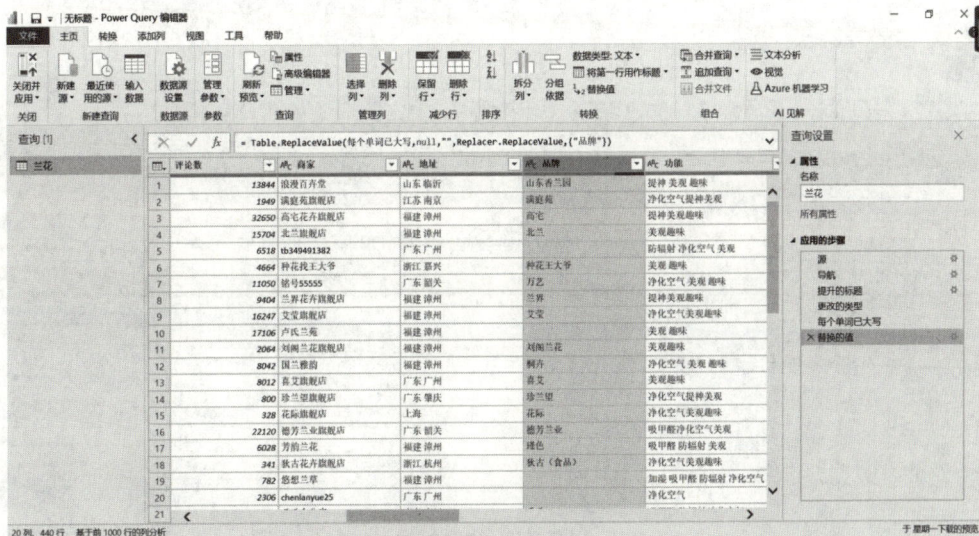

图 3-13 替换为空

59

三、提升标题与填充

（一）将第一行作为标题

在源数据中，经常会看到表格不规范的情况，有些表第一行为表名，有些表第一行为空，字段名没有出现在首行。在 Power BI 中可以很好地解决这种问题。

以"货物"表为例，打开表后可看见字段名不正确，需要进行调整。选择"转换"选项卡下的"将第一行用作标题"，如图 3-14 所示。

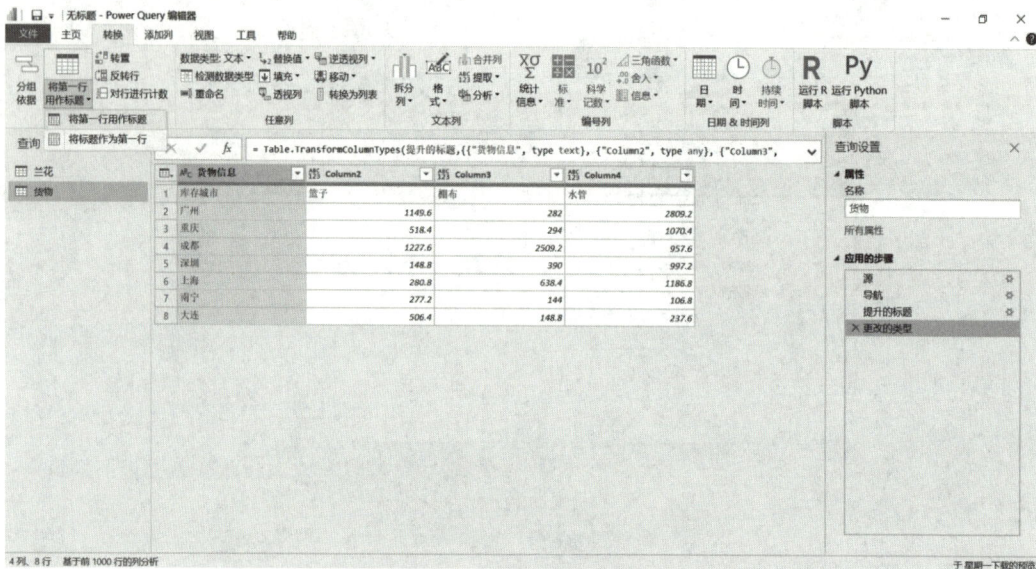

图 3-14 选择"将第一行用作标题"

完成转换后，第一行就转换成货物表的标题行了，如图 3-15 所示。

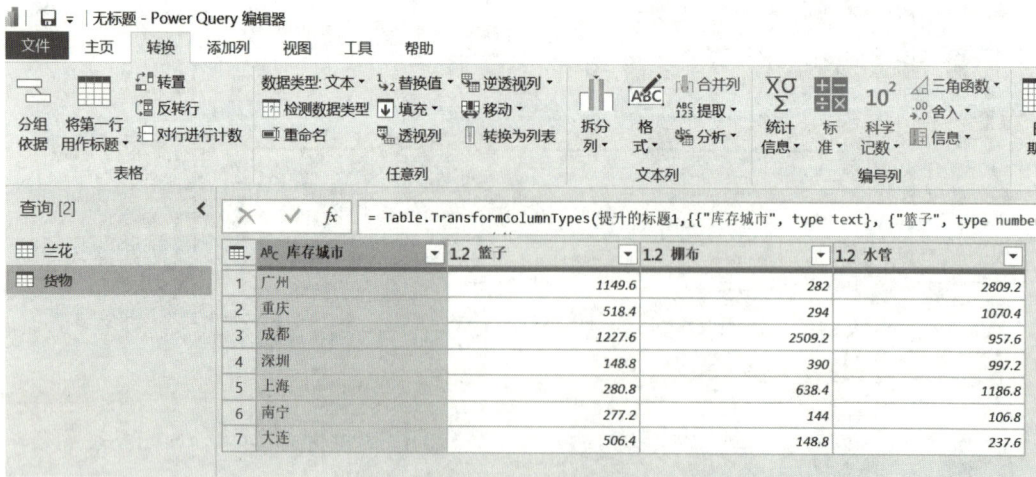

图 3-15 提升标题

（二）为相邻的单元格填充数据

当源数据中有空值(null)存在时或在源表中由合并而产生空值时,可通过填充功能为相邻单元格填充数据。

以"衣服"表为例,从表中可以看到"产品类别"列中的数据很多是空值,如图 3-16 所示,在原 Excel 表中其实为已合并的数据。

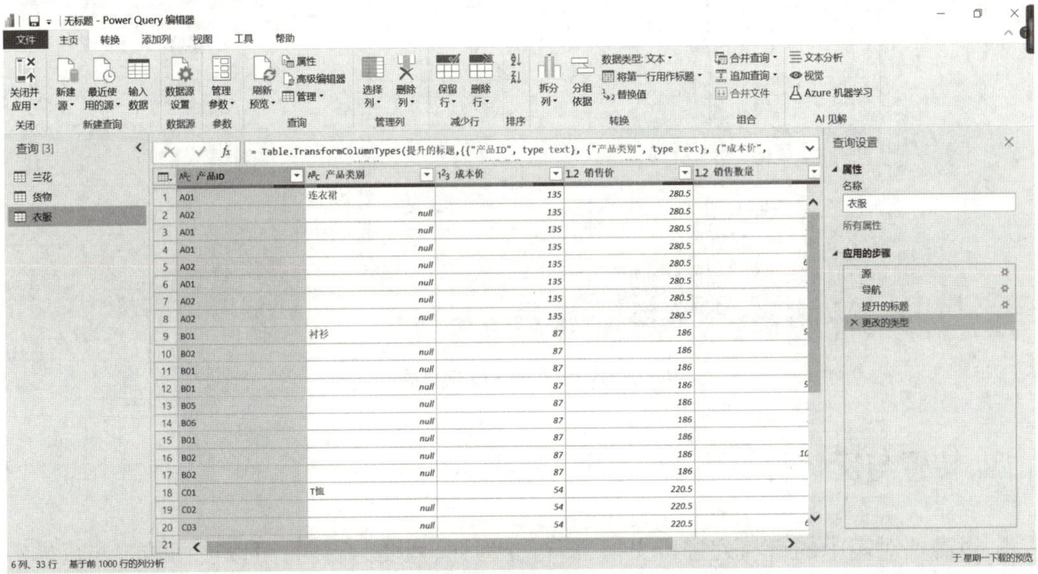

图 3-16　"衣服"表

选中"产品类别"列,右击并在快捷菜单中选择"填充"中的"向下",如图 3-17 所示。

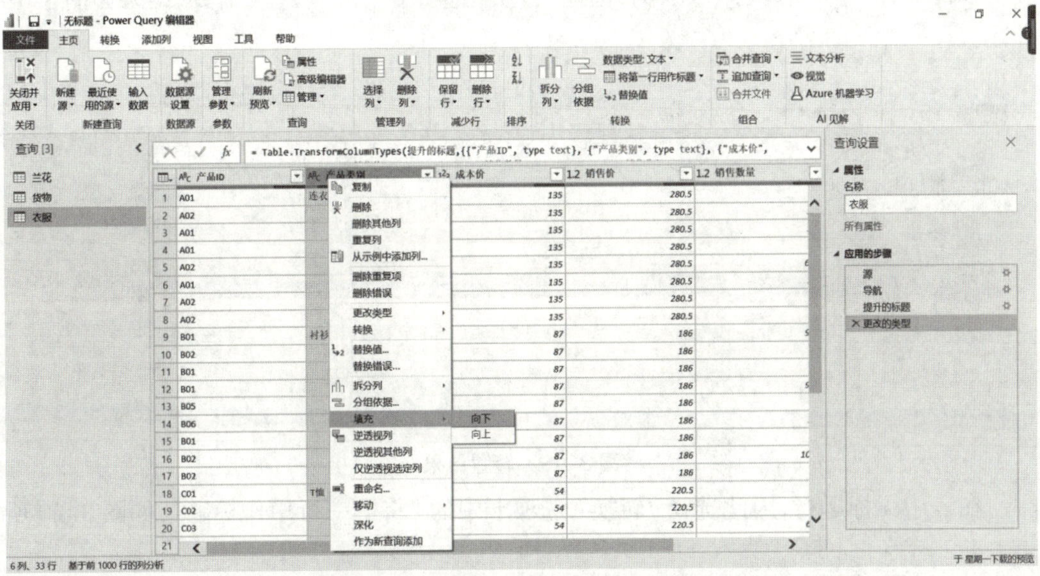

图 3-17　选择"填充"中的"向下"

填充完成后，"产品类别"列中的各类别分别往下进行了填充，如图3-18所示。

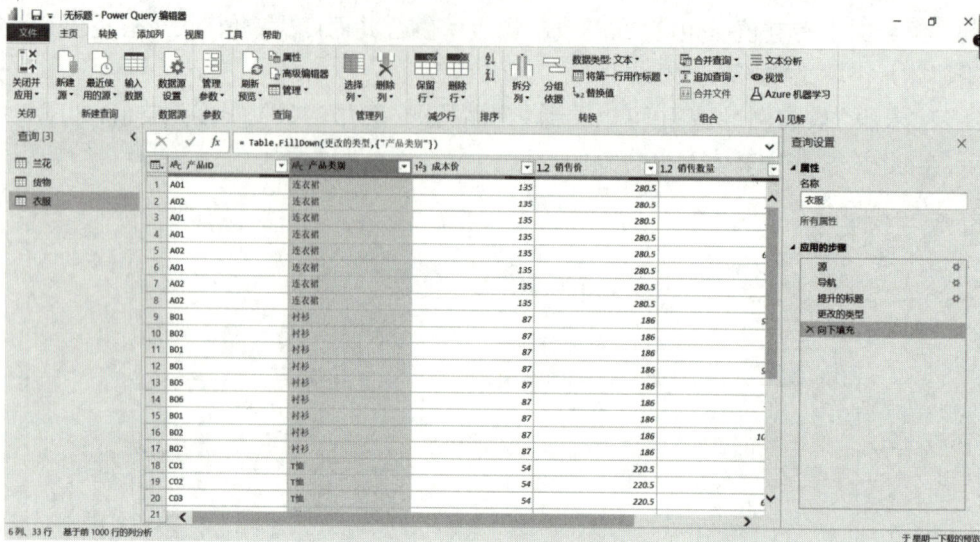

图3-18　向下填充结果

四、转置与反转行

当需要对表中的行与列进行交换，即行变为列、列变为行时，可以使用转置与反转行功能来实现。

（一）转置

以图3-14中的"货物"表为例，选择"转换"选项卡中的"转置"命令，结果如图3-19所示。

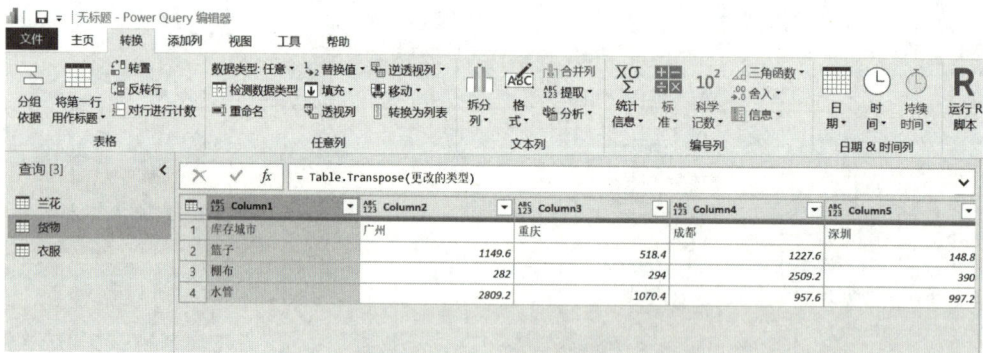

图3-19　转置结果

在表中无标题行，因此选择"转换"选项卡中的"将第一行用作标题"，如图3-20所示。

注意：对表进行转置的前提是表中第一行为无用行，以便转置后存在正确的标题；如果无此行而进行转置将会破坏转置后的标题行，此时可以往表中新增一行再转置。

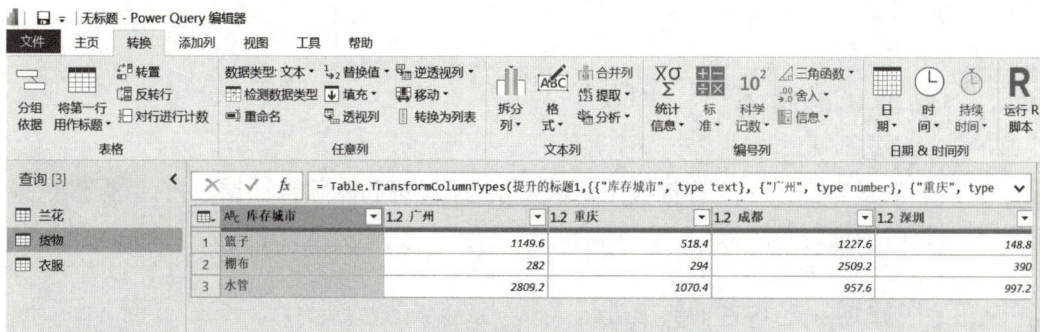

图 3-20   提升标题

(二)反转行

利用"反转行"功能可以将列中的数据按行进行反转,即最后一行移到第一行,倒数第二行移到第二行,依次类推。图 3-20 中的"货物"表反转行结果如图 3-21 所示。

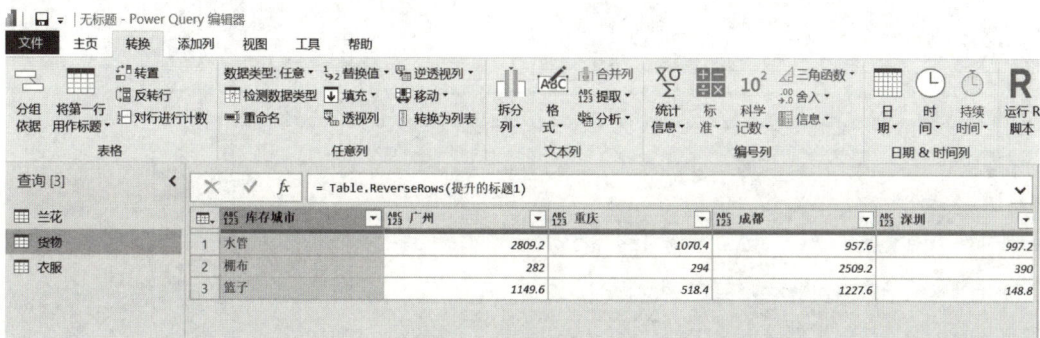

图 3-21   反转行结果

【任务尝试】

通过以上知识学习,请你尝试一下对汽车厂商销量数据进行格式清洗。

【任务拓展】

请思考,在进行数据清洗时如果操作步骤有误,应该如何返回之前的步骤,以及如何在之前的步骤中增加新步骤。

任务三   行列数据操作

行列数据操作

【任务描述】

小张对电动车销量数据进行了基本的清洗后,发现售价列中的数据是文本型的区间值,如果要按售价进行筛选,以及按售价进行排序,该怎么操作呢?

【任务知识】

一、行数据基本操作

行数据的基本操作主要有查看整行数据信息、保留和删除行数据、对行数据进行排序以及对行数据进行筛选等。

（一）查看整行数据信息

当编辑器中的列较多，不能完全显示某行所有列中的数据值时，通常通过拖动滚动条可以查看被遮挡的行列数据信息。如果想快速、精准地查看某行中所有列中的数据信息，则可通过选中要查看行的行号来实现。如图 3-22 所示，打开"兰花"数据表，选择第 6 行，在数据编辑区下面会显示出这行所有列的数据值。

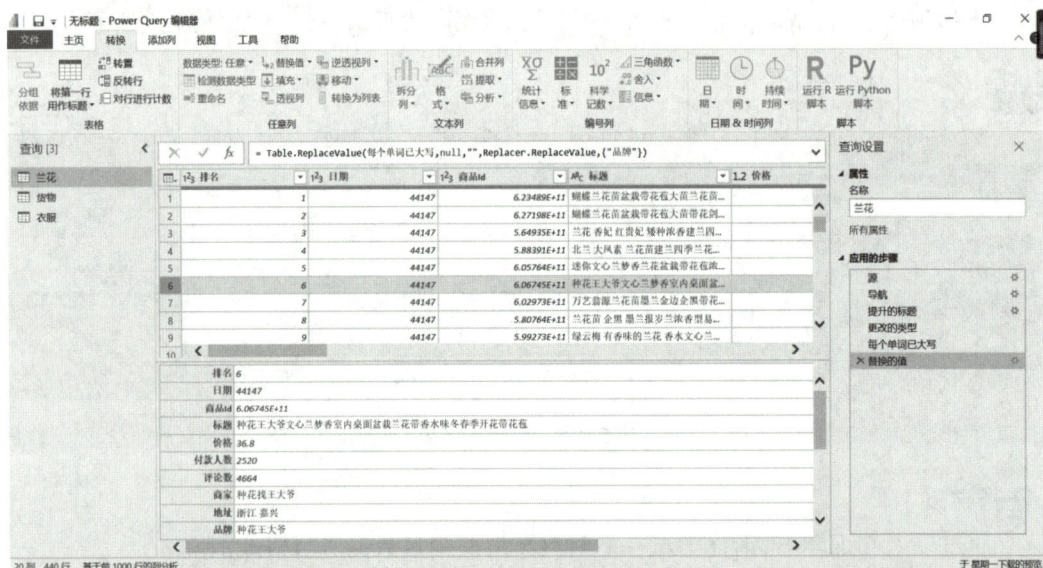

图 3-22　查看行数据

（二）保留行数据

在数据导入编辑器后，如果只想要某些行数据，则可通过保留行数据操作来实现。保留行数据时可以选择保留排在前面的行、保留最后几行、保留指定范围的行、保留重复项等。

在"主页"选项卡中单击"保留行"，选择"保留最前面几行"，如图 3-23 所示。

在"保留最前面几行"窗口中输入要保留的行数，点击"确定"按钮，如图 3-24 所示。

在保留行数中输入"10"，结果如图 3-25 所示，整张表中的数据只保留了前 10 行。

如果要保留后面几行、指定范围的行、重复项及错误，操作与保留最前面几行的操作一样。通常在使用保留行之前可以进行排序操作，先将需要保留的行排序，再对其进行保留。排序操作将在后面内容中进行介绍。

图 3-23　保留行选项

图 3-24　"保留最前面几行"窗口

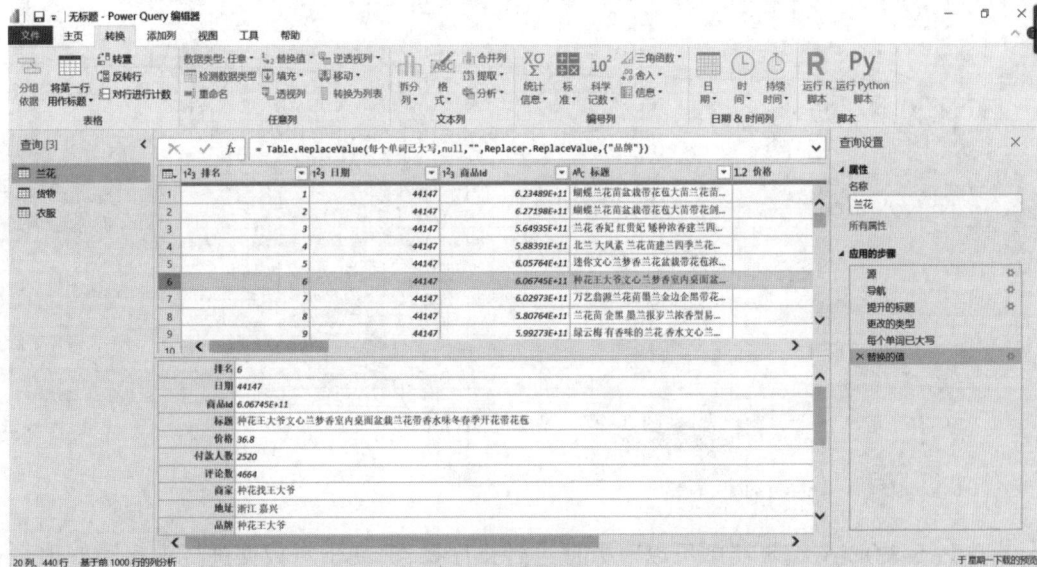

图 3-25　保留前 10 行

（三）删除行数据

删除行数据的操作与保留行数据操作类似，删除行数据选项主要有删除排在前面的行、删除最后几行、删除间隔行、删除重复项、删除空行、删除错误等。

以删除间隔行为例，从"主页"选项卡中选择"删除行"，单击"删除间隔行"，在"删除间隔行"窗口中输入"要删除的第一行""要删除的行数""要保留的行数"，如图 3-26 所示。

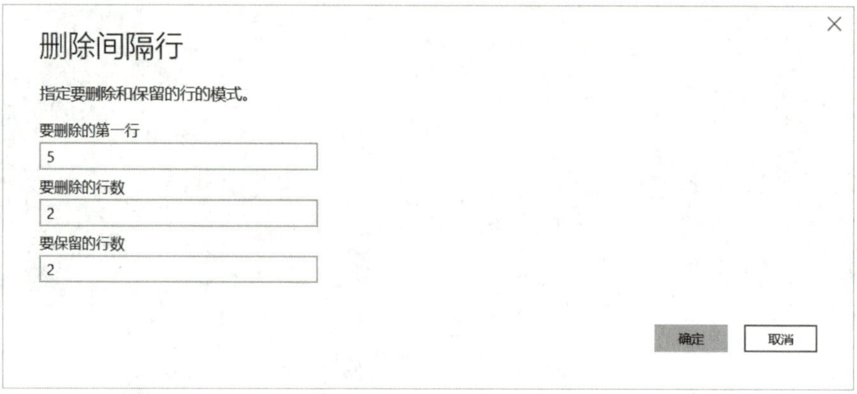

图 3-26 "删除间隔行"窗口

设置删除从第 5 行开始，每次删除 2 行，保留 2 行，删除结果如图 3-27 所示。从图 3-27 中可见，第 5、6 行被删除，第 7、8 行被保留，第 9、10 行被删除，第 11、12 行被保留，依次进行间隔删除。

	1²₃ 排名	1²₃ 日期	1²₃ 商品Id	AB_C 标题	1.2 价格
1	1	44147	6.23489E+11	蝴蝶兰花苗盆栽带花苞大苗兰花苗...	
2	2	44147	6.27198E+11	蝴蝶兰花苗盆栽带花苞大苗带花剑...	
3	3	44147	5.64935E+11	兰花 香妃 红贵妃 矮种浓香建兰四...	
4	4	44147	5.88391E+11	北兰 大凤素 兰花苗建兰四季兰花...	
5	7	44147	6.02973E+11	万艺翁源兰花苗墨兰金边企黑带花...	
6	8	44147	5.80764E+11	兰花苗 企黑 墨兰报岁兰浓香型易...	
7	11	44147	6.25815E+11	兰花苗建兰荷瓣七彩玲珑夏带香水...	
8	12	44147	6.24784E+11	建兰四季兰 中矮种有香味的兰花苗...	
9	15	44147	6.28662E+11	兰花盆栽易活耐寒植物带花苞好养...	
10	16	44147	5.6551E+11	德芳兰业兰花苗蕙兰浓香四季建兰...	
11	19	44147	6.28947E+11	【含苞待放】富山奇蝶兰花苗建兰...	
12	20	44147	6.06931E+11	四季开花盆栽浓香型兰花苗室内建...	
13	23	44147	6.20729E+11	兰花苗 建兰四季兰帝王妃 浓香型...	
14	24	44147	5.97714E+11	北兰花土专用君子兰建兰松树皮...	
15	27	44147	6.0088E+11	翁源兰花苗带花花苞墨兰盆栽企黑浓...	
16	28	44147	6.18479E+11	超香 兰花【仙山红】名贵花卉绿植...	
17	31	44147	6.1317E+11	四季蝴蝶兰花苗盆栽室内阳台客厅...	

图 3-27 删除间隔行结果

（四）排序

在 Power Query 编辑器中可以对数据进行排序操作，便于对数据进行观察和整理。排序分为升序和降序。以"兰花"数据表中的排名为例，对排名进行降序操作。单击"排名"字段右侧三角形按钮，选择"降序排序"，如图 3-28 所示。

图 3-28 选择"降序排序"

选择"降序排序"后点击"确定"按钮,结果如图 3-29 所示,"排名"列数据按从大到小的顺序进行了排列,相应行数据即可对应查看。

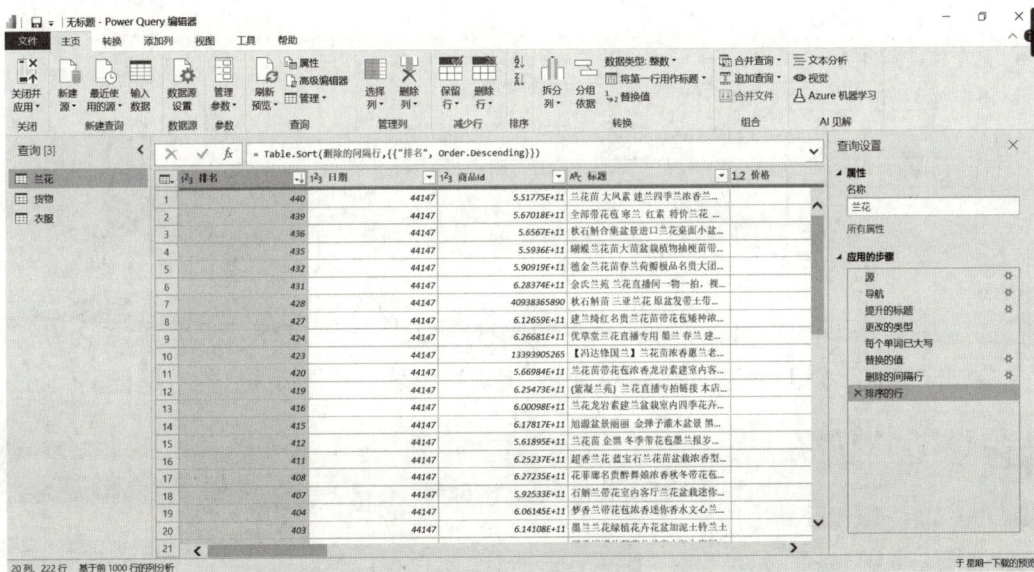

图 3-29 排序结果

(五)筛选

筛选时可以指定要筛选的数据行,也可以根据条件进行筛选,如图 3-30 所示。

以条件筛选为例,筛选出排名在 100~115 范围内的数据。选择"排名"字段,点击右侧三角形按钮,从"数字筛选器"中选择"介于",弹出"筛选行"窗口,如图 3-31 所示。

图 3-30   筛选

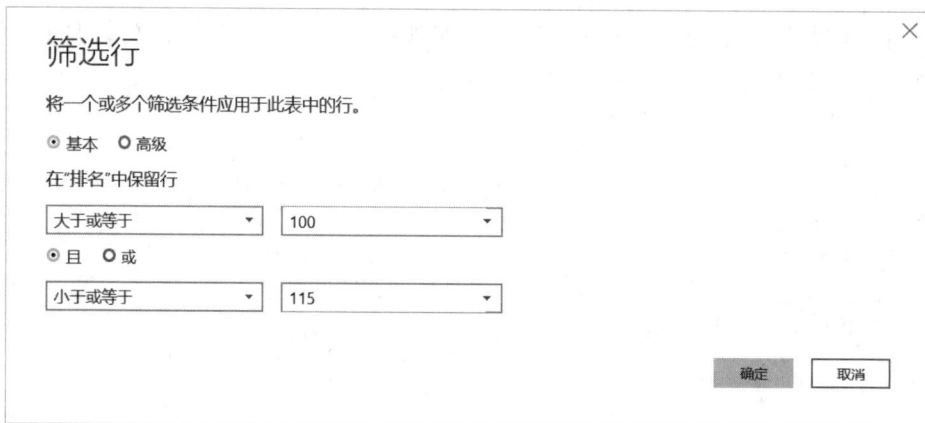

图 3-31   "筛选行"窗口

点击"确定"按钮,结果如图 3-32 所示,编辑器中显示的是筛选后的数据行。

图 3-32   筛选结果

如果要对多列进行筛选,则可以使用"高级"选项来实现。在"数字筛选器"中任意选择一种条件,进入"筛选行"窗口,点选"高级",如图3-33所示,分别填写"柱""运算符""值",以及设置条件之间的关系"和/或"。

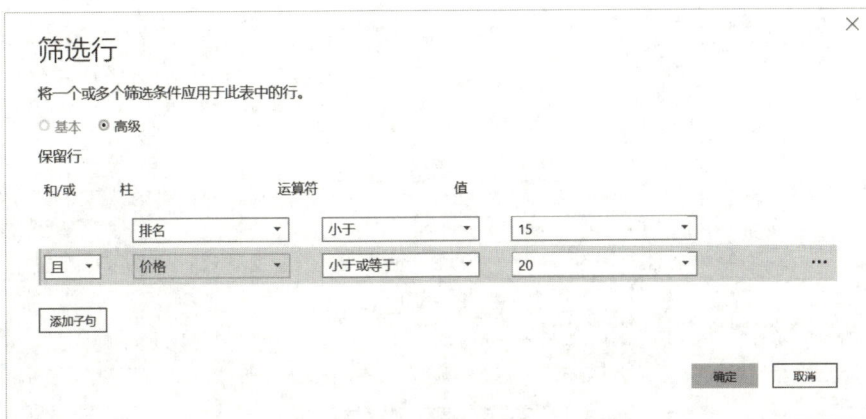

图3-33 高级筛选

点击"确定"按钮后,结果如图3-34所示,可以看到,结果中的"排名"和"价格"字段值都是满足条件的。

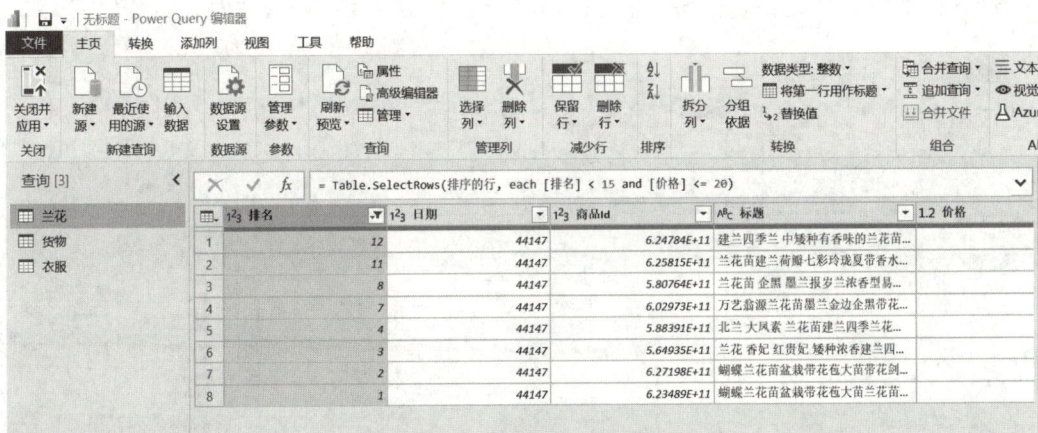

图3-34 高级筛选结果

如果要取消筛选,可以点击字段名右侧的三角形按钮,选择"清除筛选器"。

二、列数据基本操作

列数据的基本操作主要包括调整列宽、调整列位置、重命名列标题、合并和拆分列、从列中提取文本数据、提取日期数据等。

(一)调整列宽

当列宽度不合适时,可将鼠标移动到两列中间,按住鼠标左键左右拖动来调整列宽,列宽调整后数据显示更完整,如图3-35所示。

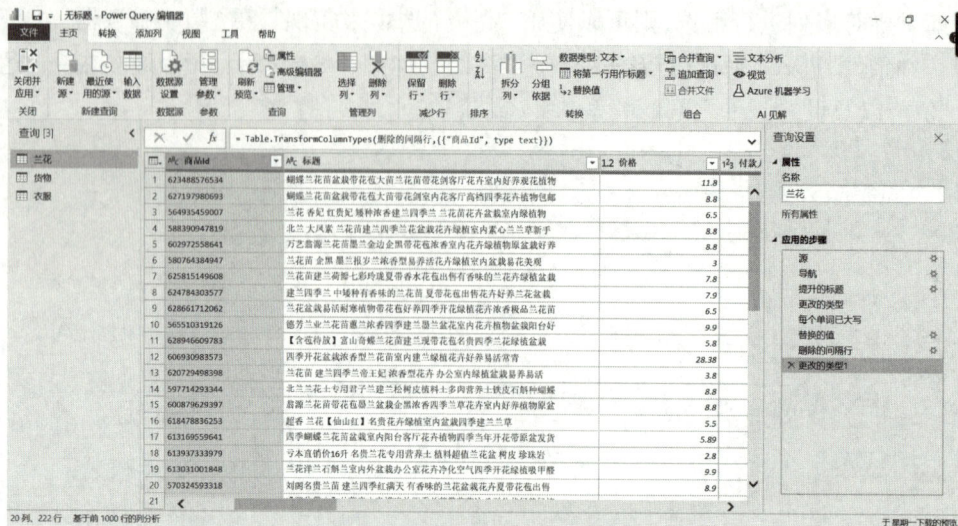

图 3-35 调整列宽结果

（二）调整列位置

如果需要调整列的前后顺序,可以选中要调整的列,按住鼠标左键拖动到要调整的位置即可,如图 3-36 所示,可将"价格"列调整到"付款人数"列的后面。

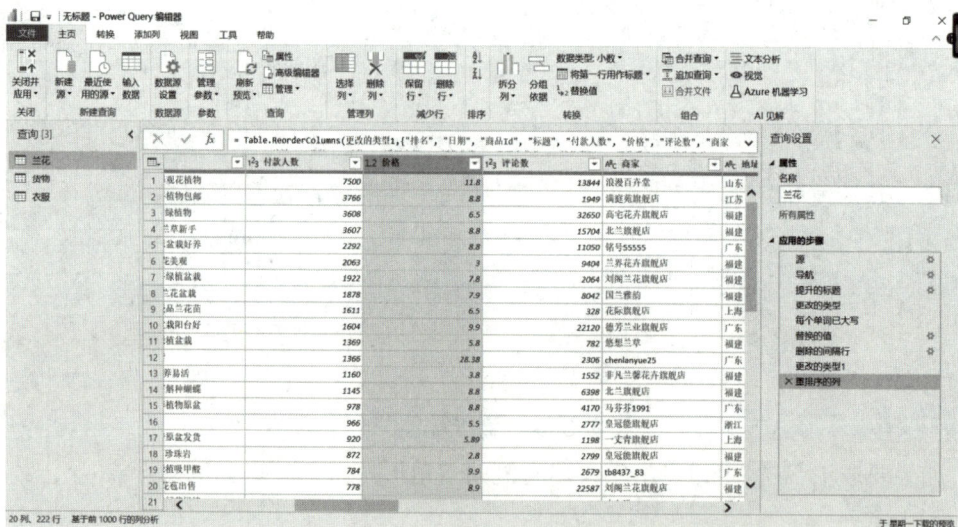

图 3-36 调整列的位置

（三）重命名列标题

列标题的重命名只需双击列标题,输入新的标题即可实现,如图 3-37 所示,将"标题"字段更改为"商品名称"。

（四）合并列

合并列是将多列数据合并在一起组成一个新的列。以"兰花"数据表为例,将"商家"

和"地址"两列进行合并,形成新的一列"商家 地址"。首先按住 Ctrl 键选中"商家"和"地址"两列,然后将鼠标光标移到"商家"列,单击鼠标右键,选择"合并列",如图 3-38 所示。

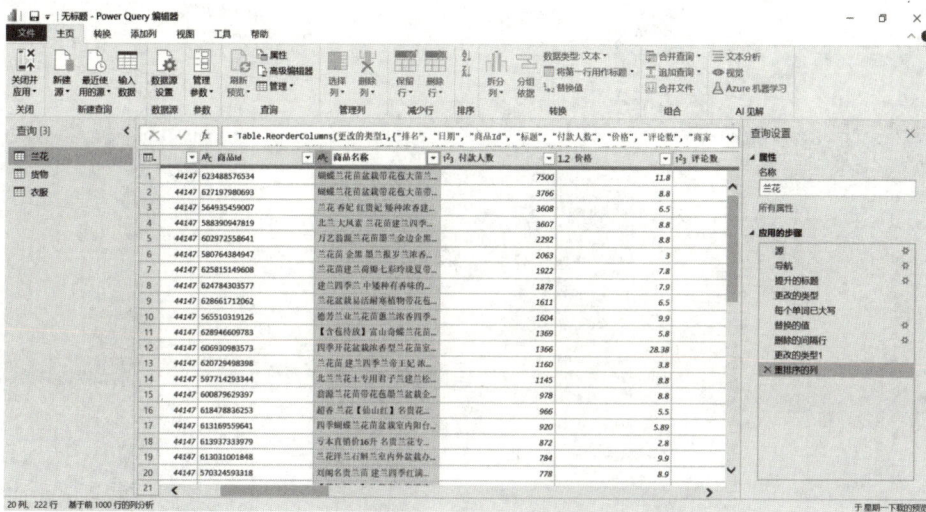

图 3-37　重命名列标题

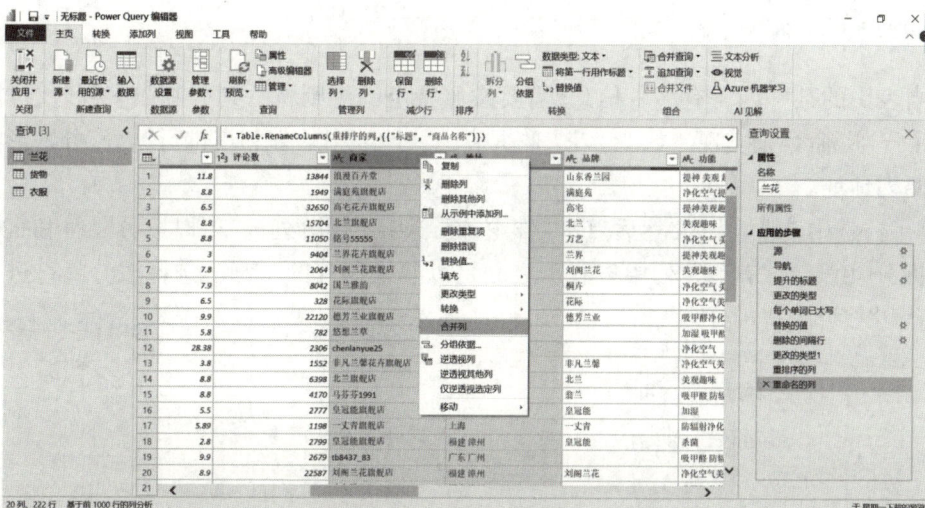

图 3-38　选择"合并列"

选择"合并列"后,在"合并列"窗口中填写"分隔符"和"新列名",如图 3-39 所示。

图 3-39　"合并列"窗口

　　填写完成后，点击"确定"按钮，结果如图 3-40 所示，将"商家"和"地址"列进行了合并，形成"商家 地址"列。

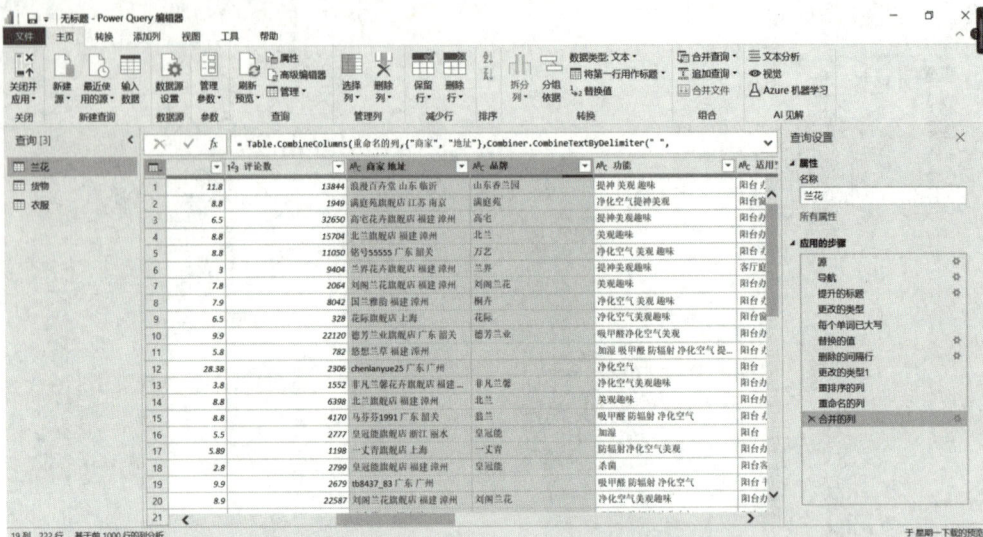

图 3-40　合并列结果

（五）拆分列

　　当表中的某一列含有多种信息，需要按照特定的规则将一列分割成多列时，可以使用"拆分列"命令来实现。如"兰花"数据表中将地址中的省和市进行拆分，分别形成省和市两列地址。

　　首先，选中"地址"列，然后点击鼠标右键，选择"拆分列"。可以按分隔符和字符数进行拆分，由于在"地址"列中省和市之间是以空格隔开的，因此，选择按分隔符进行拆分，打开"按分隔符拆分列"窗口，如图 3-41 所示。

图 3-41　"按分隔符拆分列"窗口

选择拆分的分隔符和拆分位置，点击"确定"按钮，结果如图 3-42 所示，形成了两列地址。

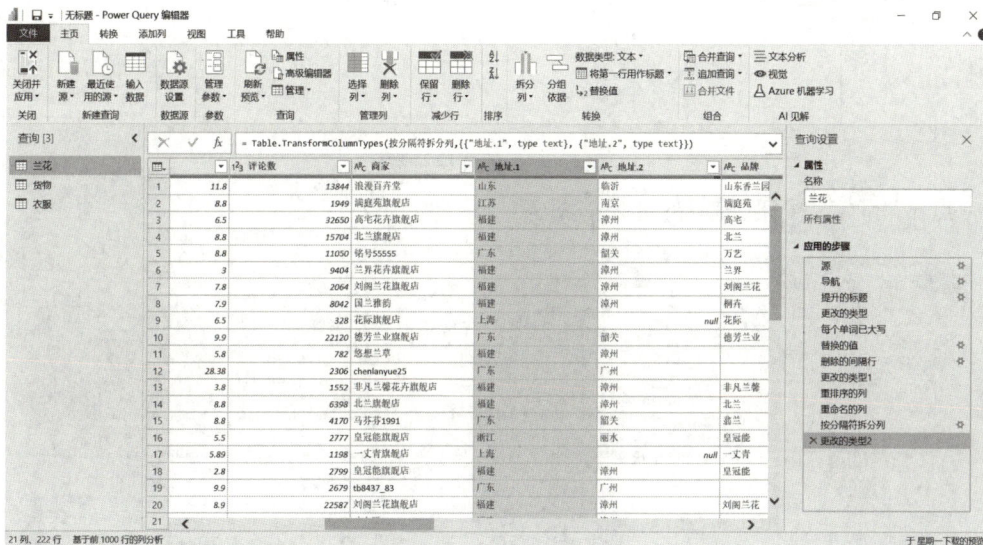

图 3-42　拆分列结果

（六）从列中提取文本数据

文本数据提取是指从某列中提取指定文本，可以根据范围来提取，也可以按首尾字符数来提取，提出后列中的值将变为提取的字符。以"兰花"数据表为例，要提取"日期"列中的年份，先选择"日期"列，从"转换"选项卡中选择"提取"命令中的"首字符"，如图 3-43 所示。

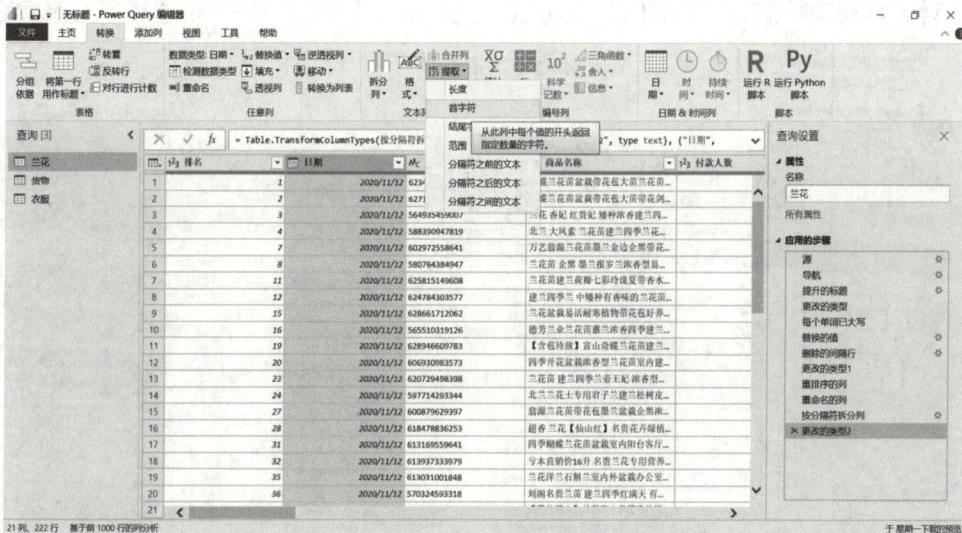

图 3-43　提取命令

在弹出的"提取首字符"窗口中输入"4"（日期中的年份占用 4 个字符），如图 3-44 所示。

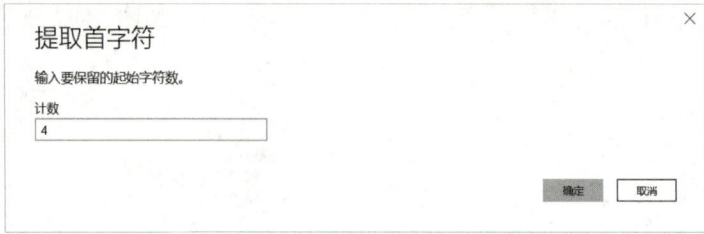

图 3-44　设置字符数

点击"确定"按钮，提取的结果如图 3-45 所示。

图 3-45　提取结果

对于日期型数据，要提取年份，也可从"转换"选项卡中的"日期"中选择"年"来实现，如图 3-46 所示。

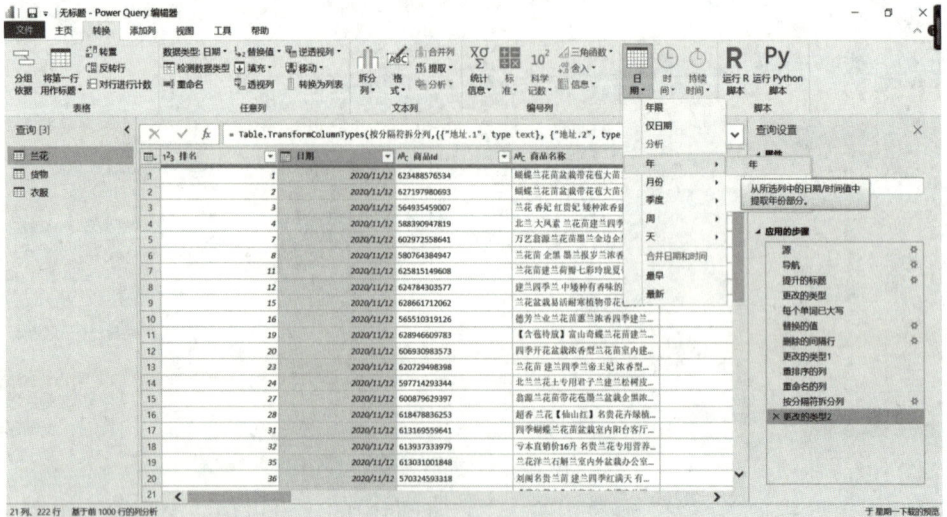

图 3-46　选择"年"

（七）添加重复列

添加重复列即把现在的列进行复制。当需要对某列进行某种操作，担心会破坏这列时，可以先进行添加重复列操作。以"兰花"数据表为例，对"排名"列进行添加重复列操作。

选中"排名"列，从"添加列"选项卡中选择"重复列"，或者选中"排名"列后右击选择"重复列"（见图3-47），结果如图3-48所示，添加的重复列出现在最后一列。

图 3-47　选择"重复列"

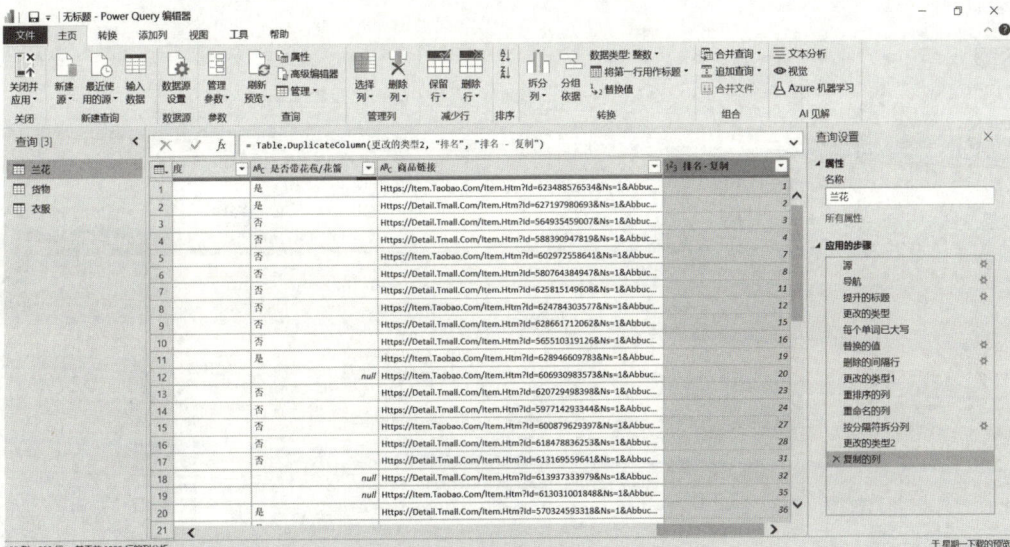

图 3-48　添加重复列结果

（八）添加条件列

当需要通过某种关系运算来生成新列时，可通过添加条件列功能来实现，效果类似于在 Excel 中应用 IF 函数的效果。以"兰花"数据表为例，添加三个条件，分别是"前 10 名""11～20 名""20 名以上"。从"添加列"选项卡中选择"条件列"，弹出"添加条件列"窗口，设置如图 3–49 所示。

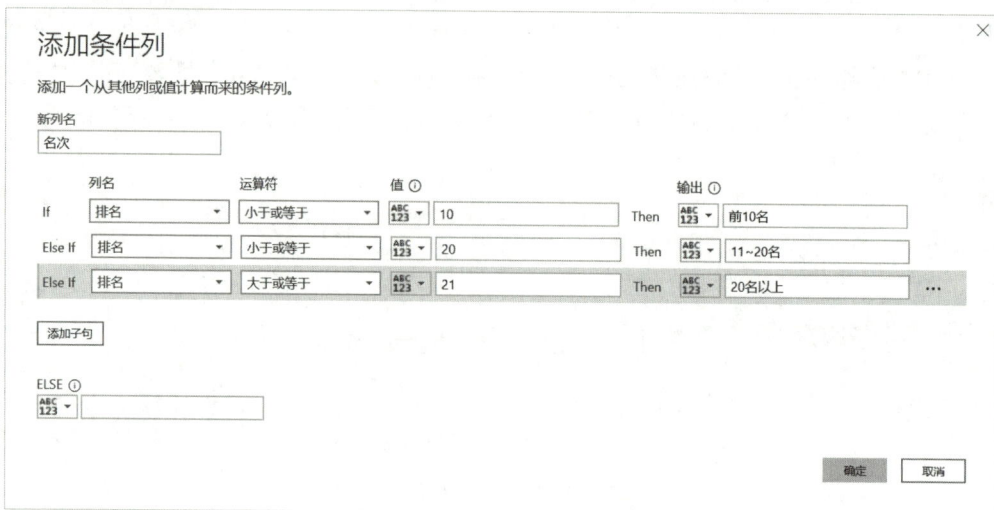

图 3–49   "添加条件列"窗口

点击"确定"按钮，结果如图 3–50 所示，被添加的列出现在最后一列。

（九）添加自定义列

利用添加自定义列操作可以根据已有的列通过一些复杂的运算来生成新的列。以"兰花"数据表为例，计算销售收入。在"添加列"选项卡中选择"自定义列"。

图 3–50   添加条件列结果

在"新列名"处输入"销售收入",在"自定义列公式"处输入公式:双击右侧"可用列"中的"付款人数",再输入"*",再双击"可用列"中的"价格",建立公式"= [付款人数]*[价格]",如图 3-51 所示。

图 3-51　自定义列公式

点击"确定"按钮,结果如图 3-52 所示,在表中最后一列为创建的自定义列"销售收入"。

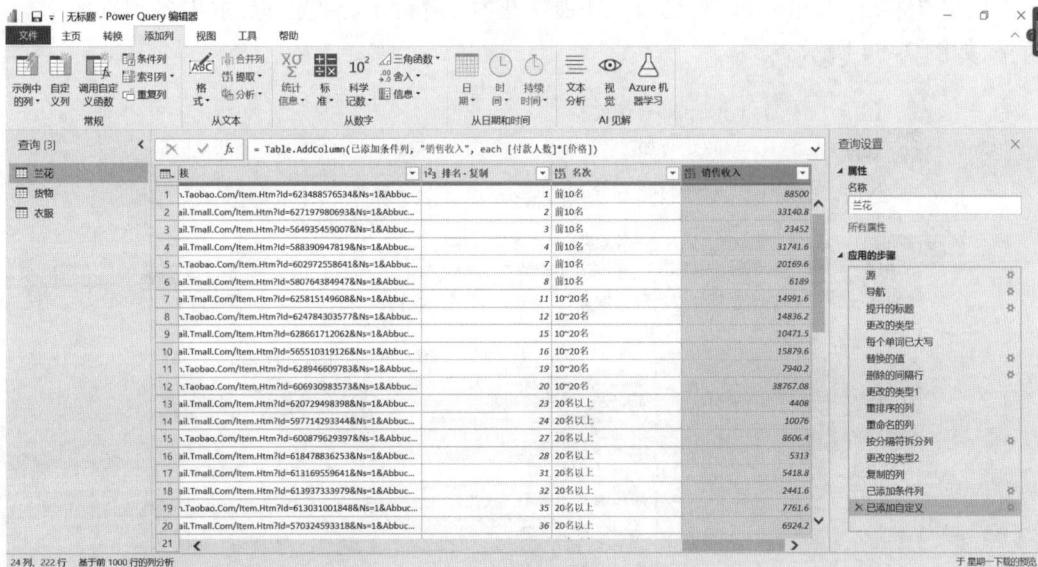

图 3-52　添加自定义列结果

三、行列数据的高级应用

除前面介绍的基本操作外,还可以对行列数据进行高级应用操作,主要包括分类汇总、合并和追加查询、一维表和二维表相互转换等。

（一）分组依据

与 Excel 中的分类汇总一样，利用 Power Query 编辑器中的"分组依据"功能可对表格数据进行分类汇总计算，即以表中的某个字段为分类依据对需要汇总的字段进行操作。

以"兰花"数据表为例，按"是否含花盆"计算平均价格。选中"是否含花盆"列，从"主页"选项卡中选择"分组依据"，弹出"分组依据"对话框，在"分组依据"对话框中选择分类字段"是否含花盆"，在"新列名"中输入"平均价格"，在"操作"中选择"平均值"，在"柱"中选择"价格"，如图 3-53 所示。

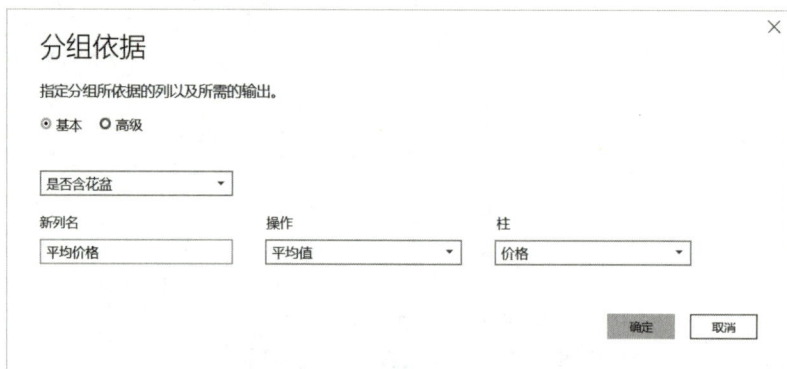

图 3-53　"分组依据"对话框设置

点击"确定"按钮后，可见已按"是否含花盆"进行了分类汇总，求出各类别的平均价格，如图 3-54 所示。

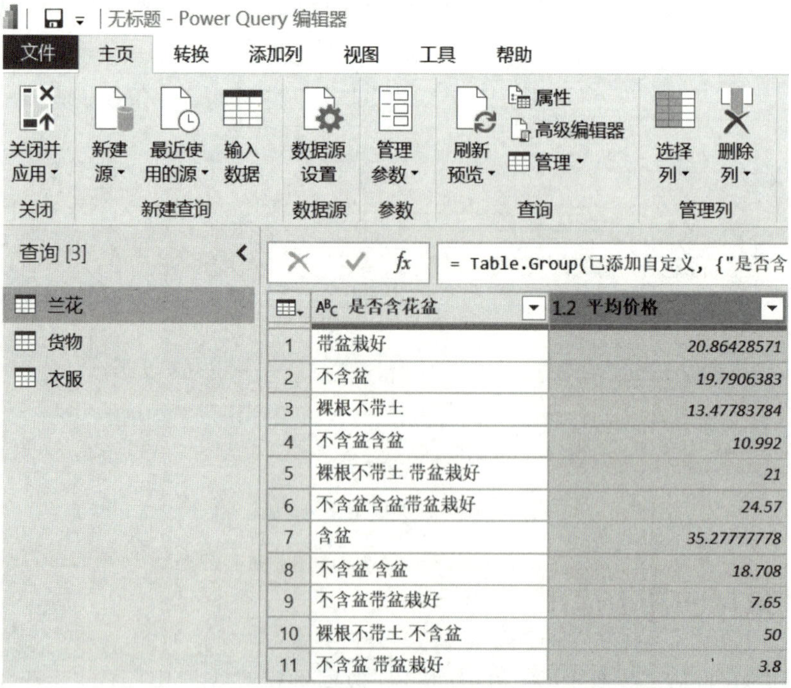

图 3-54　分类汇总结果

(二)合并查询

利用合并查询功能可以在本表中通过查询的功能添加另一张表中的数据,效果类似于在 Excel 中使用 VLOOKUP 查找函数的效果。合并查询的前提是两张表必须有相同字段。

以"订单表""商品表"为例,将"商品表"中的商品名称添加到"订单表"中。从"主页"选项卡中选择"合并查询",这里要通过两张表中的"商品编号"建立联接,因此在"订单表"中单击"商品编号",再在下拉框中选择"商品表",单击"商品编号","联接种类"处选择"左外部(第一个中的所有行,第二个中的匹配行)",如图 3-55 所示。

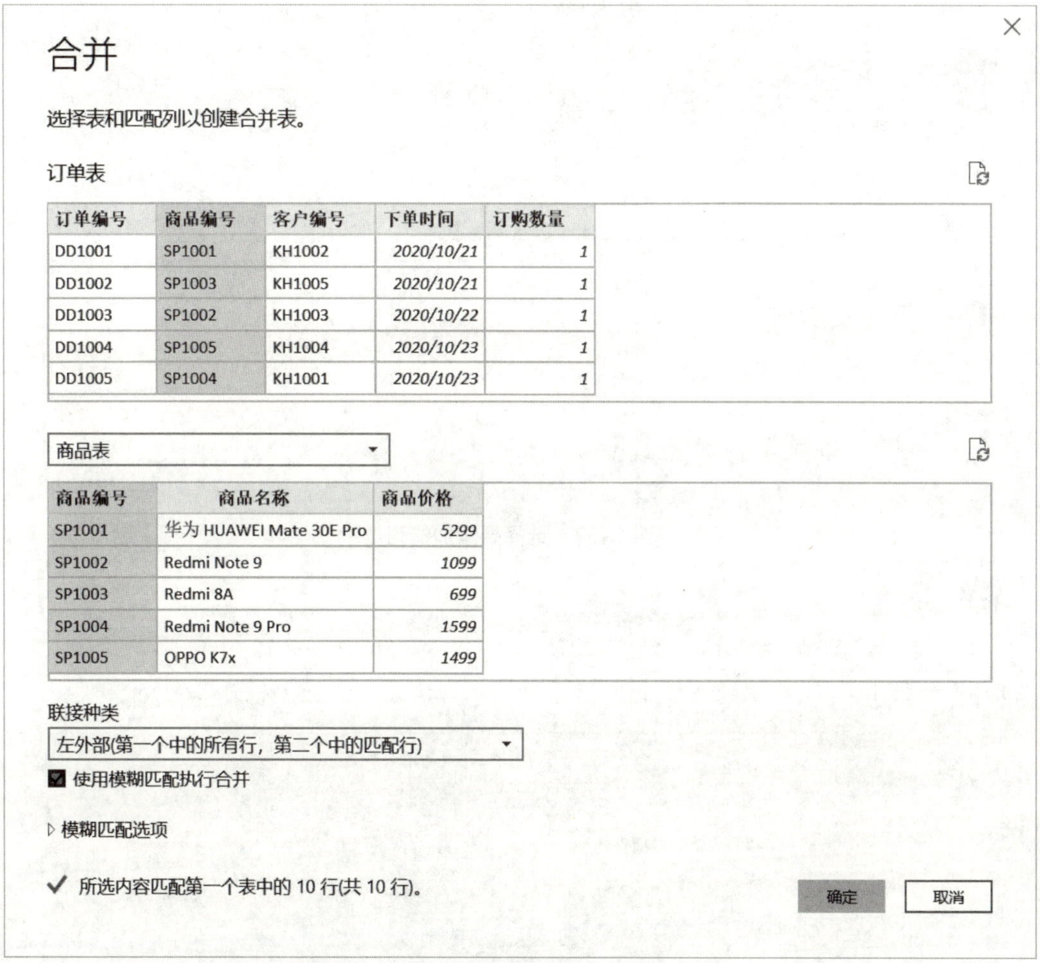

图 3-55　合并查询设置

点击"确定"按钮后,在表中最后一列出现合并列,如图 3-56 所示。

点击新列名"商品表"右侧按钮,选择要添加到表中的列,如图 3-57 所示。

选择"商品名称"和"商品价格"两项后,点击"确定"按钮,结果如图 3-58 所示。

图 3-56　合并查询结果

图 3-57　选择要添加的列

图 3-58　合并表结果

(三)追加查询

追加查询是为已有表追加同类型数据,进行追加查询前要确认两张表的列和类型是相同。例如,对两门课程数据进行合并,可以使用追加查询完成。与合并查询相比,追加查询是纵向追加,而合并查询是横向追加。

以"大数据"和"电子商务"工作表中的数据为例,把"电子商务"表的数据追加到"大数据"表中。打开两张表后,选中"大数据"表,从"主页"选项卡中选择"追加查询",弹出"追加"窗口,设置如图3-59所示。

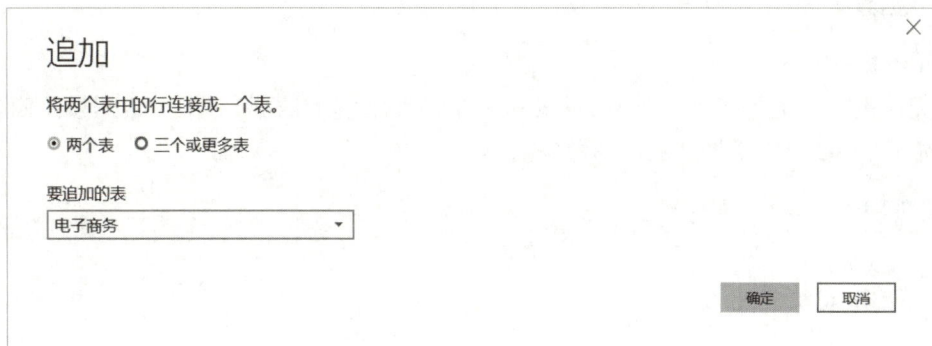

图3-59　追加查询设置

在"要追加的表"中选择要追加数据的表"电子商务",点击"确定"按钮,结果如图3-60所示。

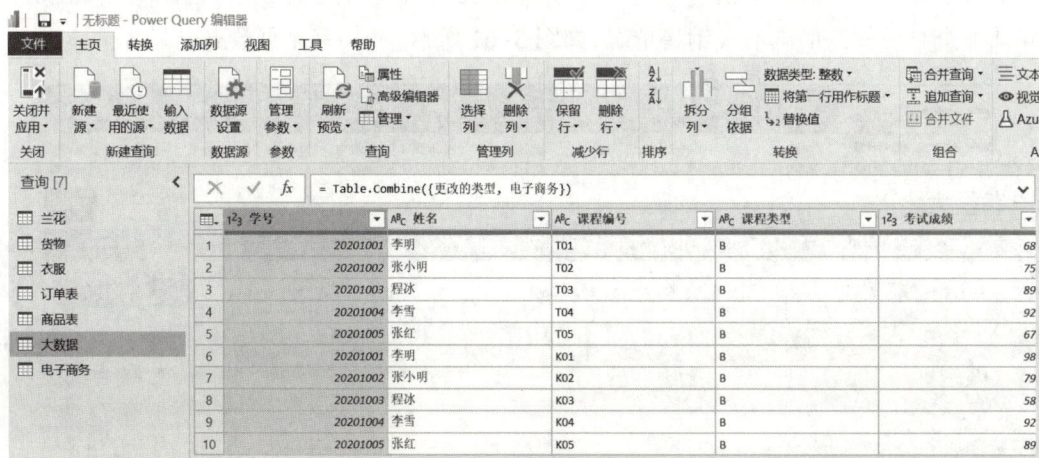

图3-60　追加查询结果

【任务尝试】

通过以上知识学习,请你尝试一下对电动车销量数据中的售价数据进行格式处理,以及按售价进行筛选和排序操作。

【任务拓展】

请将爬取到的电动车4页数据表追加到一个新表中。

项目实训　清洗电动车销量数据

【实训背景】

小张在前面学习了数据清洗的知识后,想对车主之家电动车销量数据进行彻底的清洗和数据管理,那小张应该做哪些操作? 如何完成呢?

【实训要求】

完成电动车数据表的追加查询,分析表中需要清洗的数据,对销量数据按厂商进行分类汇总,并找出销量最高的厂商数据。

【实训过程】

一、分页采集数据

(一)查找数据源

登录车主之家网页(https://www.16888.com/),选择"销量"栏目下的"汽车销量",在左侧分类中选择"电动车销量",选择日期为 2022 年 1 月至 6 月,在页面中会出现 2022 年前 6 个月各厂商的电动车销售情况,如图 3-61 所示,一共有 4 页数据。

图 3-61　电动车销量

(二)分页采集

使用 Web 方式分别采集这 4 页数据,数据源如表 3-1 所示。

表 3-1　数据源

页码	URL 地址
1	https://xl.16888.com/ev-202201-202206-1.html
2	https://xl.16888.com/ev-202201-202206-2.html
3	https://xl.16888.com/ev-202201-202206-3.html
4	https://xl.16888.com/ev-202201-202206-4.html

将采集后的数据分别呈现在 Power Query 中,对 4 个数据表进行重命名,如图 3-62 所示。

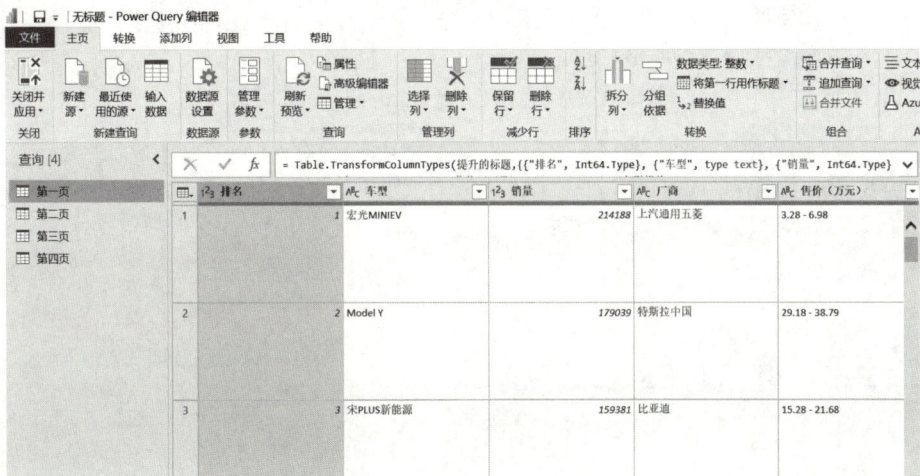

图 3-62　重命名数据表

二、数据清洗

(一)追加数据

在采集完成后,获取到了 4 张数据表,为方便数据清洗,需要将 4 张数据表合并到一张新表中,这时可使用追加查询操作,将 4 张表中的数据追加到一张新表中。选择"第一页"数据表,选择"主页"菜单中的"追加查询",下拉"追加查询"列表选择"将查询追加为新查询",如图 3-63 所示。

在追加查询窗口中选择"三个或更多表",将 4 张表全部添加到要追加的表当中,如图 3-64 所示。

点击"确定"按钮,当出现"要求与数据隐私有关的信息"提示时点击"继续"按钮,在对话框中勾选"忽略此文件的隐私级别检查",如图 3-65 所示,点击"保存"按钮。

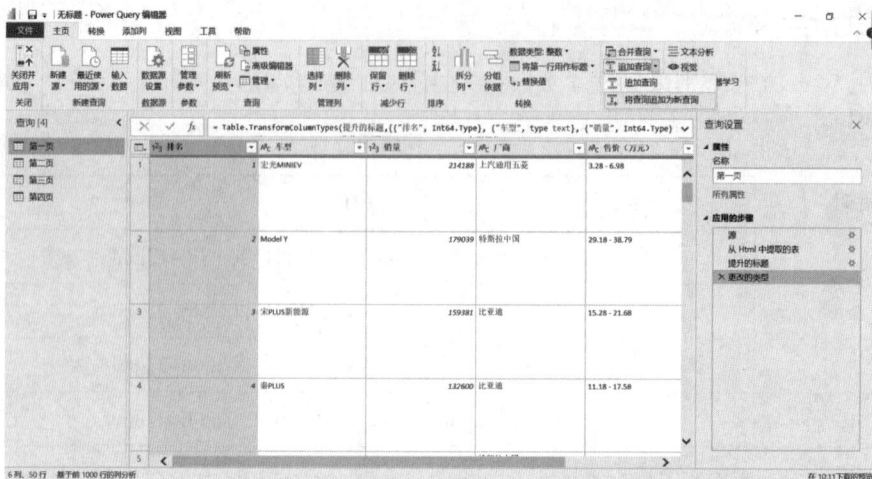

图 3-63　选择"将查询追加为新查询"

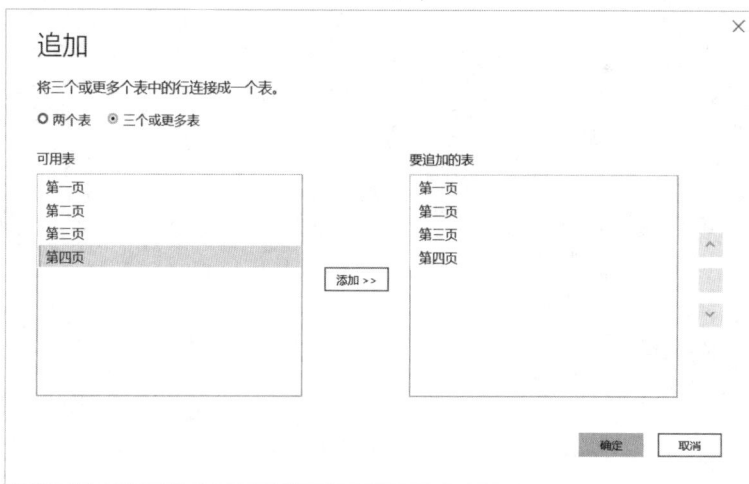

图 3-64　添加要追加的表

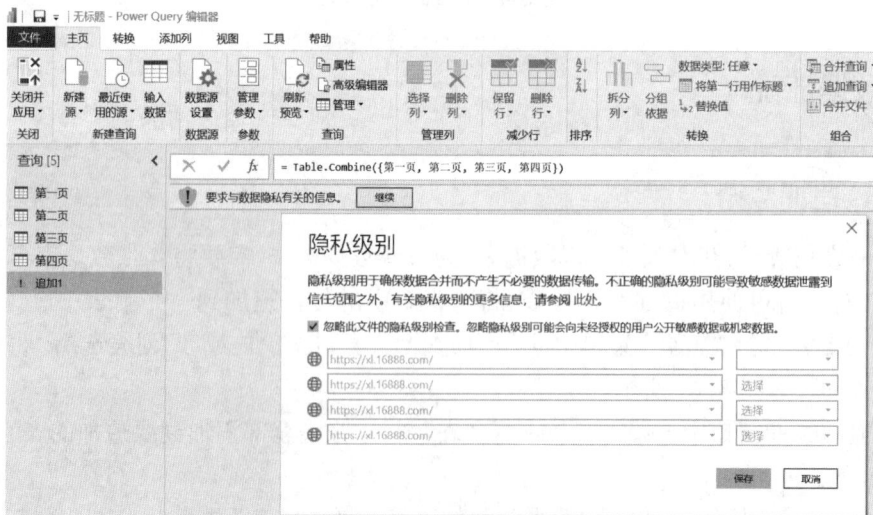

图 3-65　隐私设置

点击"确定"按钮,4张表中的数据就被追加到了一张新表中,将新表"追加1"重命名为"电动车销量",如图3-66所示。

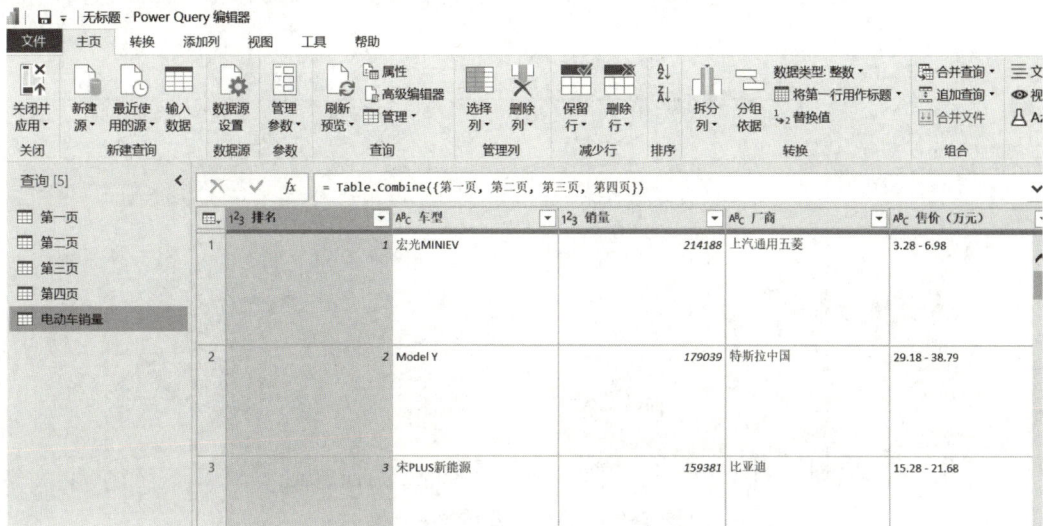

图3-66　重命名新表为"电动车销量"

(二)调整格式

在"售价(万元)"列中发现这列的值为文本型,并且是区间值,为便于以后使用价格数据,应将其进行拆分,拆分后的数据类型应该为数值型。选择"售价(万元)"列按分隔符"-"进行拆分,设置如图3-67所示。

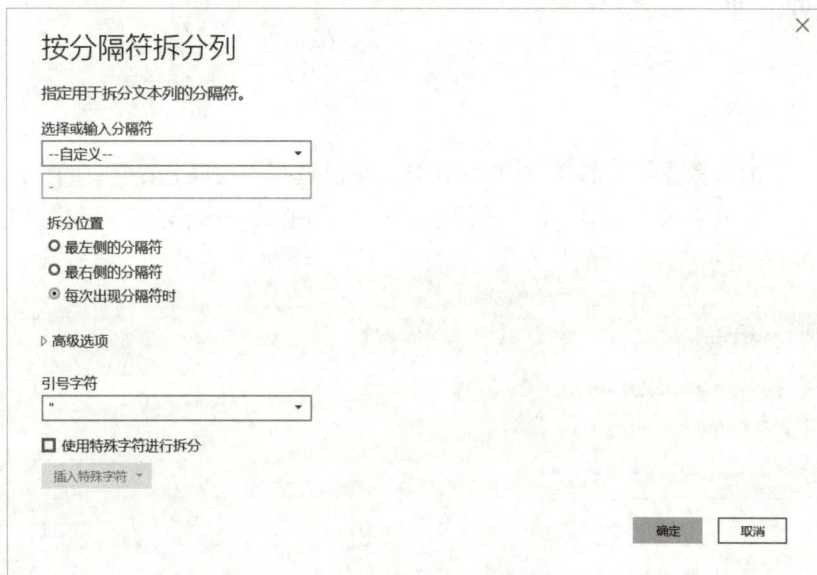

图3-67　拆分列设置

点击"确定"按钮完成拆分列,拆分后的结果分为低价和高价两列,将此两列分别命名为"最低价"和"最高价",如图3-68所示。

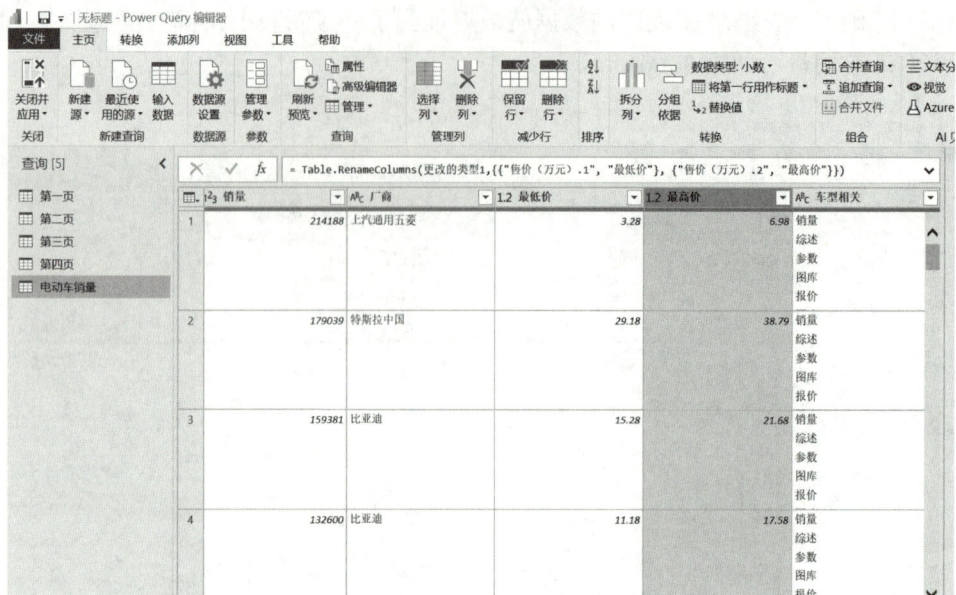

图 3-68　拆分列及重命名结果

　　在"销量"列中显示的数字是右对齐的，默认为数值型数据。为便于后面统计数据，要确保这列的数据为数值型。选择"销量"列，单击鼠标右键选择"更改类型"，查看数据类型，若此列值为"整型"，则不用更改，若为"文本"则应更改为"整型"。

　　在"车型相关"列中发现本列数为无意义数据，与以后的数据分析没有直接关联，在此可以将其删除。

三、数据管理

（一）分组依据

　　对电动车销量数据按厂商类别进行分类汇总。选择"主页"菜单中的"分组依据"，在对话框中设置分组类别为"厂商"，新列名为"厂商销量"，操作为"求和"，"柱"为"销量"，如图 3-69 所示。

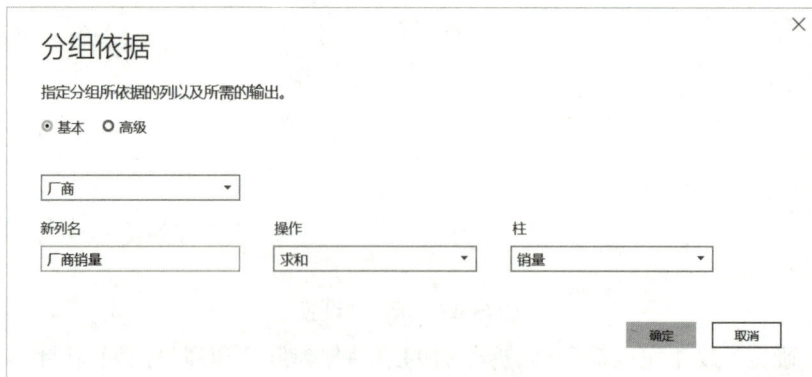

图 3-69　分组依据设置

点击“确定”按钮，结果如图 3–70 所示。

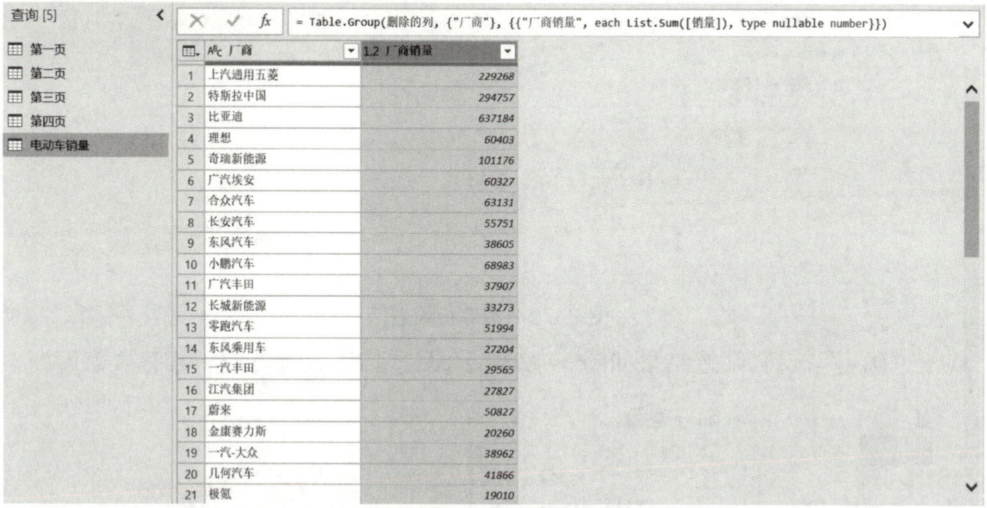

	厂商	厂商销量
1	上汽通用五菱	229268
2	特斯拉中国	294757
3	比亚迪	637184
4	理想	60403
5	奇瑞新能源	101176
6	广汽埃安	60327
7	合众汽车	63131
8	长安汽车	55751
9	东风汽车	38605
10	小鹏汽车	68983
11	广汽丰田	37907
12	长城新能源	33273
13	零跑汽车	51994
14	东风乘用车	27204
15	一汽丰田	29565
16	江汽集团	27827
17	蔚来	50827
18	金康赛力斯	20260
19	一汽-大众	38962
20	几何汽车	41866
21	极氪	19010

图 3–70　汇总结果

（二）排序

在通过分组依据操作完成了各厂商的销量数据的汇总后，可通过排序查看销量排名。选择“厂商销量”列，点击右侧下拉按钮，选择“降序排序”，结果如图 3–71 所示。从结果可见，比亚迪为所有厂商中销量最高的，销量为 637184 辆，第二名为特斯拉中国。

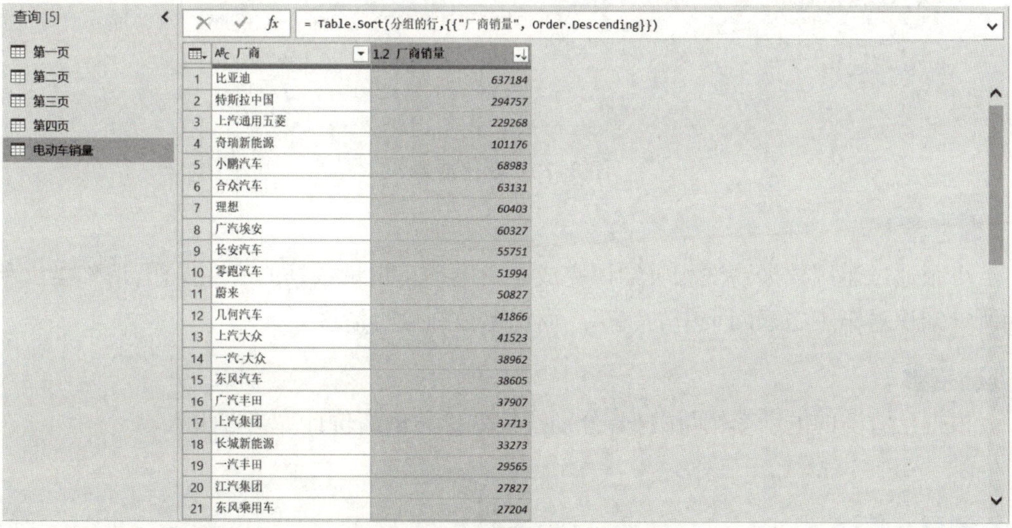

	厂商	厂商销量
1	比亚迪	637184
2	特斯拉中国	294757
3	上汽通用五菱	229268
4	奇瑞新能源	101176
5	小鹏汽车	68983
6	合众汽车	63131
7	理想	60403
8	广汽埃安	60327
9	长安汽车	55751
10	零跑汽车	51994
11	蔚来	50827
12	几何汽车	41866
13	上汽大众	41523
14	一汽-大众	38962
15	东风汽车	38605
16	广汽丰田	37907
17	上汽集团	37713
18	长城新能源	33273
19	一汽丰田	29565
20	江汽集团	27827
21	东风乘用车	27204

图 3–71　厂商销量降序排名结果

（三）筛选

从厂商销量数据可见总共 87 家厂商，现在需从这 87 家厂商中找出平均月销量在 10000 辆以上的厂商。选择“厂商销量”列，点击右侧下拉按钮，在“数字筛选器”中选择“大于”，在对话框中输入“60000”，如图 3–72 所示。

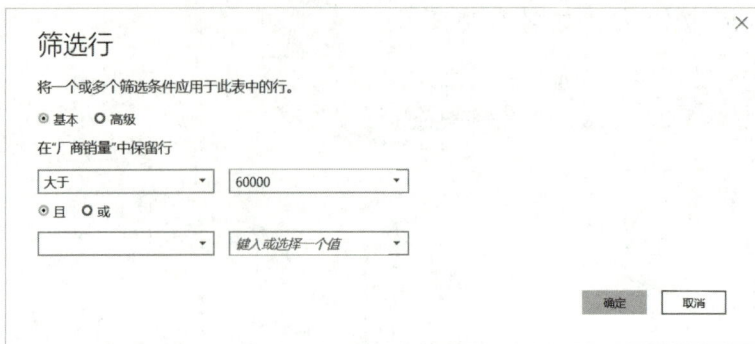

图 3-72　筛选行设置

点击"确定"按钮，筛选结果如图 3-73 所示，月平均销量过万的一共有 8 家厂商。

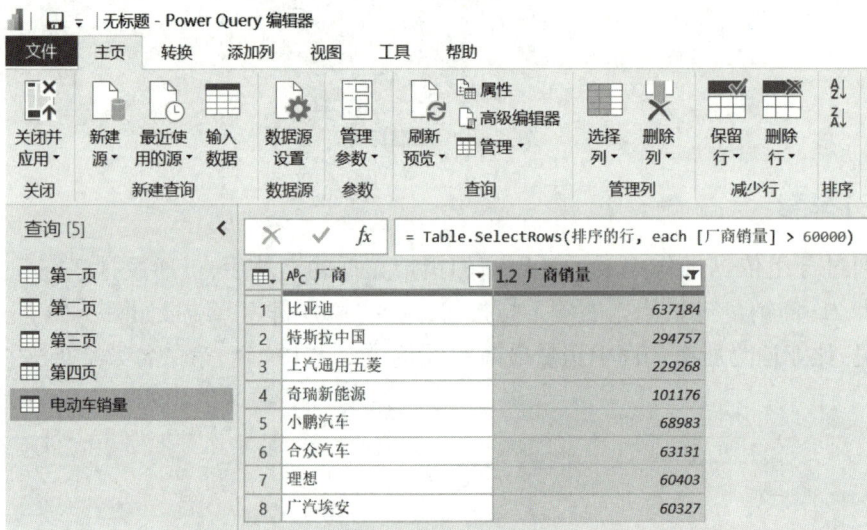

图 3-73　筛选结果

【实训尝试】

小张通过运用数据清洗相关知识完成了对电动车销量数据的清洗操作，请你尝试利用所学知识对车主之家网页中的汽车厂商销量数据进行清洗。

【实训拓展】

根据已清洗的电动车销量数据，分别按最低价和最高价计算销售收入。

✏ 项目三测验

一、单选题

1.（　　）在 Power BI 中作为一个插件，为 BI 专业人士以及其他用户提供了一个无缝的数据发现、数据转换体验。

A. Power Pivot

B. Power View

C. Power Map

D. Power Query

2. 在 Power Query 编辑器中,选择"主页"选项卡中的"输入数据"即可以(　　　)。

A. 重命名表
B. 复制表
C. 创建表
D. 删除表

3. 以下不是列数据的基本操作的是(　　　)。

A. 调整列宽
B. 调整列位置
C. 重命名列标题
D. 重命名表

4. 以下不是行列数据高级应用操作的是(　　　)。

A. 分类汇总
B. 合并和追加查询
C. 一维表和二维表相互转换
D. 删除表

二、多选题

1. 在 Power Query 编辑器中可以对查询表进行(　　　)、移动,以及通过组对查询表进行归类管理。

A. 重命名
B. 复制
C. 创建
D. 删除

2. 在 Power Query 编辑器中可以进行(　　　)操作。

A. 替换
B. 转换
C. 删除行
D. 更改类型

3. 行数据的基本操作主要有(　　　)。

A. 查看整行数据信息
B. 保留和删除行数据
C. 对行数据进行排序
D. 对行数据进行筛选

4. 保留行数据时可以选择(　　　)。

A. 保留排在前面的行
B. 保留最后几行
C. 保留指定范围的行
D. 保留重复项

5. 删除行数据的操作与保留行数据操作类似,删除行数据选项主要有(　　　)。

A. 删除排在前面的行
B. 删除最后几行
C. 删除间隔行
D. 删除重复项

三、判断题

1. 在 Power BI 中,数据的编辑与整理是使用 Power Query 编辑器来完成的,该编辑器能让数据变得更加规范,为数据的可视化打好基础。(　　　)

2. 为了直接标识表的内容,可在 Power Query 编辑器中对表进行重命名操作。(　　　)

3. 复制操作是在"查询"窗格中右击要复制的表,点击"复制",然后在窗格空白处右击选择"粘贴"。(　　　)

4. 表创建好后,可在"查询"窗格下面查看到该表,通过选择表并右击可选择"删除"从而删除表。(　　　)

5. 如果要同时删除多张表,可按住 Ctrl 键选中多张表,然后右击,在弹出的快捷菜单中单击"删除"命令即可。(　　　)

6. 点选要移动的表并按住鼠标左键不放，拖动至需要移动到的位置，不可以实现移动。（　　）

7. 不需要组时，可以对组进行删除。在"查询"窗格中选择要删除的组，点击鼠标右键，选择"删除组"即可。（　　）

8. 当表中数据类型不正确时，需要对类型来进行更改。（　　）

9. 当源数据中存在重复项和错误值时，可以对其进行删除操作。选中要删除的列，右击列标题，在弹出的快捷菜单中选择"删除重复项"即可。（　　）

10. 当需要对表中的行与列进行交换，即行变为列、列变为行时，可以使用转置与反转行功能来实现。（　　）

11. 在 Power Query 编辑器中可以对数据进行排序操作，便于对数据进行观察和整理。排序分为升序和降序。（　　）

12. 筛选时可以指定要筛选的数据行，也可以根据条件进行筛选。（　　）

四、填空题

1. 在 Microsoft Power BI 中附带了具备查询编辑功能的插件（　　），利用该功能可以连接到数据源并能实现数据的调整和转换。

2. 可以对加载到 Power Query 编辑器中的表进行（　　）操作，从而起到备份的作用。

3. 如果需要调整"查询"窗格中表的位置，可在表名上右击并选择（　　）或"下移"来完成，也可使用鼠标拖动方式来完成。

4. 对 Power Query 编辑器中的表进行（　　）操作时，在"查询"窗格中空白位置右击选择"新建组"，输入组的名称即可。

5. 通过（　　）可将文本中小写字母转换为大写字母，也可将大写字母转换为小写字母，还能将首字母转换为大写等。

6. 当源数据中有空值（null）存在时或在源表中由合并而产生空值时，可通过填充功能为相邻单元格（　　）数据。

7. 利用（　　）功能可以将列中的数据按行进行反转，即最后一行移到第一行，倒数第二行移到第二行，依次类推。

8. 在数据导入编辑器后，如果只想要某些行数据，则可通过（　　）数据操作来实现。

五、操作题

对"保温杯"数据表（扫码获取）中的数据进行清洗操作。

"保温杯"数据表

项目四
数据建模

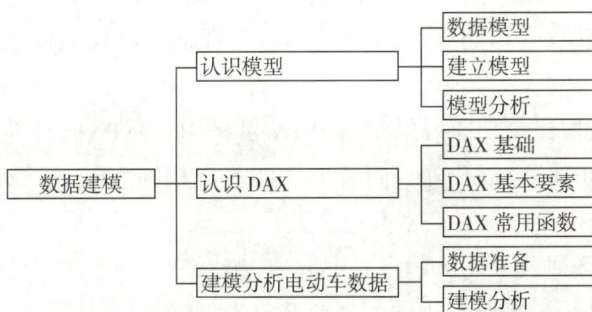

```
                                          ┌─ 数据模型
                            ┌─ 认识模型 ───┼─ 建立模型
                            │              └─ 模型分析
                            │
                            │              ┌─ DAX 基础
  数据建模 ──────────────────┼─ 认识 DAX ──┼─ DAX 基本要素
                            │              └─ DAX 常用函数
                            │
                            │                       ┌─ 数据准备
                            └─ 建模分析电动车数据 ───┴─ 建模分析
```

◎ 核心目标

职业能力

1. 能理解数据模型的基本概念，掌握多表关系的建立方法；
2. 能理解 DAX 各类函数，能灵活运用函数建模计算；
3. 能根据学习需要查阅相关资料。

职业素养

1. 养成主动查找、分析、解决问题的习惯；
2. 具备善于思考、吃苦耐劳、勇于攻坚的精神。

任务一 认识模型

认识模型

【任务描述】

小张在前面的学习中已经完成了电动车销量数据的获取，现在想获取汽车厂商人气（关注度）和销量情况，这就需要从人气排行和电动车销量页面中分别获取数据，那如何分别获取人气和销量的数据呢？

【任务知识】

一、数据模型

在实际数据分析应用中涉及的数据表往往不仅有一张，通常会有多张；根据分析的需求，在多张表之间建立合适的关系，使之可以像一张表一样灵活使用，这个过程称为数据建模。

Power BI 中的数据建模功能效果相当于 Excel 的 Power Pivot 插件使用效果（这个插件已内嵌到 Power BI Desktop 中了），两者的功能基本相同。"pivot" 有"透视"的意思，Power BI 的数据建模也和透视有许多共通之处。

Excel 中的数据透视表只能从单张表中取数，如果想把其他表中的数据也放进来，只能先利用 VLOOKUP 函数把其他表的数据合并过来，然后再把这个字段放到透视表中。这只适用于数据非常简单的情况；如果数据量大或者维度很多，用透视表就无法满足需求了。

利用 Power BI 可以突破这个限制，从多张表格、多种来源的数据中，根据不同的维度、不同的逻辑来聚合分析数据；而提取数据的前提是将这些数据表建立关系，这个建立关系的过程就是数据建模。

二、建立模型

以"商品表""订单表""客户表"为例,为三张表建立关系模型。在 Power BI 中导入这三张表,清洗完成后,在 Power BI Desktop 窗口左侧"模型"中可以看到三张表已自动建立关系,如图 4-1 所示。如果没有自动建立关系,则可以通过"建模"选项卡中的"管理关系"新建模型来实现。

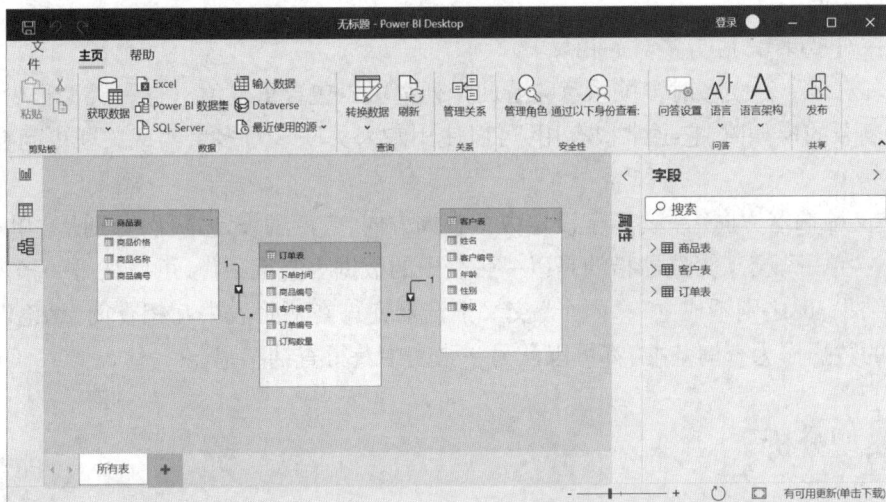

图 4-1　自动建立模型

从三张表中可见,商品表和订单表存在建立关系的"商品编号","客户表"与"订单表"存在建立关系的"客户编号"。对已建立的关系,可以双击两表间的关系线进行修改。打开的"编辑关系"窗口如图 4-2 所示。

图 4-2　"编辑关系"窗口

在"编辑关系"窗口中可以选择要建立关系的表，以及对应的关系。每个模型关系都由基数类型定义。一共有四个基数类型选项，表示"从"和"到"相关列的数据特征。"一"侧表示该列包含唯一值；"多"侧表示该列可以包含重复值。"基数"处设置的是两个连接字段的对应关系，分为多对一、一对一和一对多、多对多。

● 一对一（1∶1）：两张表是一对一的关系，列中的每个值在两张表中都是唯一的。

● 多对一（*∶1）：这是最常见的类型，代表一张表中的关系列有重复值，而在另一张表中是单一值。

● 一对多（1∶*）：与多对一相反。

● 多对多（*∶*）：多对多关系意味着两个列都可以包含重复值。这种类型很少使用，在设计复杂的模型时，它通常很有用，可以使用它来关联多对多事实或关联更高粒度的事实。

"交叉筛选器方向"主要用于设定数据查询方向，有两种设定选择，分别是"单一"和"两个"。"单一"交叉筛选器指的是以一张表中的数据为查询条件，可以从另一张表中获取查询结果，反之则不成立。"两个"交叉筛选器允许在两张表中互相查询，无论以哪一张表中的数据作为查询基准，都可以从另一张表中获得查询结果。

三、模型分析

在为上文提到的三张表建立模型后，查看一下每笔订单所售卖的商品情况。选择 Power BI Desktop 左侧窗口中的报表图标，切换到"报表"状态。再从"可视化"面板中选择"表"类型，将"订单表"中的订单编号和"商品表"中的商品名称拖放到"值"中，结果如图 4-3 所示。

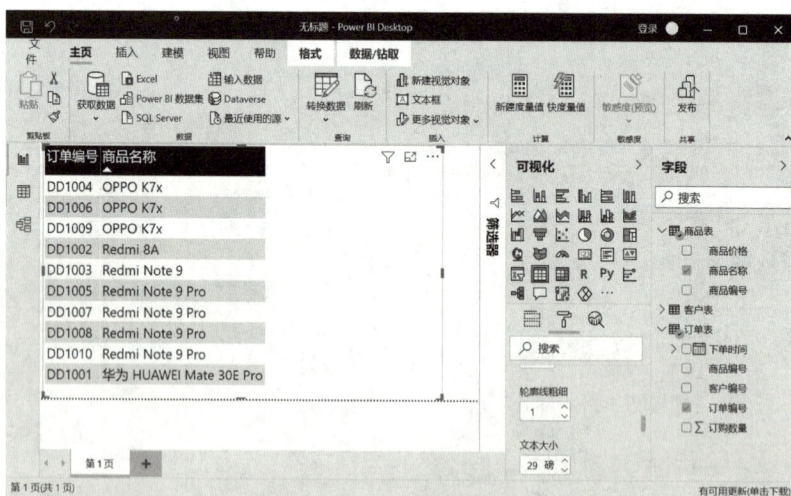

图 4-3 模型分析结果

【任务尝试】

学习了数据模型后，请你尝试一下为电动车销量表和人气排行表建立模型，获取销量和人气数据。

【任务拓展】

请根据电动车销量表计算所有电动车的总销量。

任务二　认识 DAX

【任务描述】

小张获得了电动车销量数据,想对这些数据环比情况进行分析,那应该怎么来实现呢?

【任务知识】

一、DAX 基础

(一)DAX 概念

DAX 是公式或表达式中可用于计算并返回一个或多个值的函数、运算符或常量的集合。DAX 全称 data analysis expressions,可以把它称作编程式数据分析语言,其功能是进行数据分析,即查询和运算。其中,最重要的是 DAX 函数,这里将以 DAX 函数为主介绍 DAX。

DAX 函数与 Excel 函数类似,但又存在本质的不同。Excel 用于处理静态数据,而 DAX 用于实现对数据的动态分析,它没有 Excel 中的单元格概念,取而代之的是上下文关系。在 DAX 中不再使用行列坐标来确定位置,而是以某一值所在的前后左右行文内容来确定位置。在 DAX 函数中传入的参数都是列或者表,不再是单元格。由于没有单元格的束缚,列中数据可不断增减,而 DAX 能准确地计算,从而实现动态数据的分析处理。

(二)计算列与度量值

在数据导入 Power BI 后,可使用 DAX 以创建计算列或者度量值方式来进行数据分析。计算列是在表中固有的列,类似于 Excel 中添加的列;而度量值是虚拟列,它本身不存在于表中,只是在制作可视化图表的时候可以使用度量值计算相应的结果。

计算列可以用于创建表与表间的关系,可作为参数被其他函数使用。但度量值不能用来创建表间关系,它不是真实的列。度量值无法在切片器中使用,不能用于在矩阵图中创建行,另外,有些函数的参数也不能使用度量值。

度量值只有放到图表中才会执行计算,而计算列在创建后就会把整列数据存储在文件中,增大文件的容量,当行数较少时可能感觉不到差别,然而如果表有几百万行,那就意味着使用计算列将增加几百万行的数据。因此,能用度量值的时候尽量用度量值,而不优先使用计算列。

（三）上下文

DAX 的运算依赖上下文,上下文分为行上下文(row context)和筛选上下文(filter context)。

行上下文指的是当前行的内容。行上下文的应用范围不局限于当前一张表。如果两张表之间建立了关联关系,则通过该关联关系就可形成一个跨表的行上下文。

如图 4-4 所示,"订单表"中每一行的销售额都是当前行的订购数量与"商品表"中的商品价格的乘积,即在"订单表"中计算销售额需确定当前行的订单编号,在订单编号所在行找到订购数量,再用这个订单编号去"商品表"中查找,找到这个订单编号后就返回这个编号所在行的商品价格,然后用"订单表"中的订购数量与"商品表"中的商品价格数据进行运算。

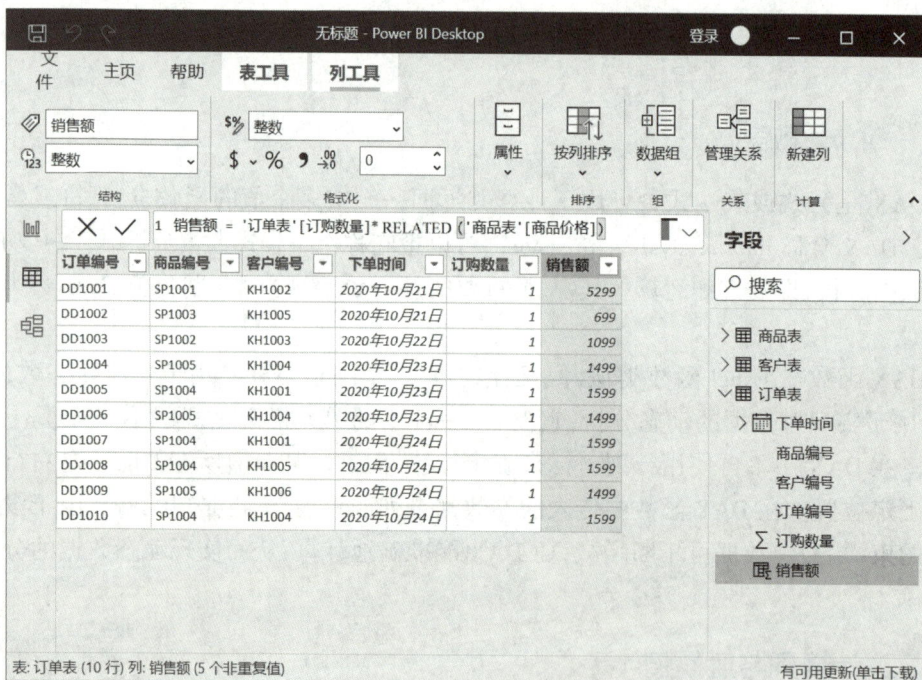

图 4-4 行上下文示例

由于"商品表"与"订单表"已经建立了关系,因此在这里创建计算列时可以直接使用表中的字段。这里调用了 RELATED 函数,其作用是以已创建好的关系去获得另一张表中字段的值。计算列公式如下:

销售额 =

`'订单表'[订购数量]*RELATED('商品表'[商品价格])`

公式中表需要用单引号引上,表中字段用中括号括上。

筛选上下文是指将原始数据按照一定规则进行筛选,然后将提取出来的结果作为环境变量带入函数中使用。

通过设定筛选上下文,可以灵活改变函数的运算范围,实现数据的分类分析处理。如图 4-5 所示,要计算出编号为 "SP1005" 的商品销售总额,可创建度量值公式:

总销售额 =

```
SUMX(
  FILTER('订单表','订单表'[商品编号]="SP1005"),
  '订单表'[销售额]
)
```

公式中,FILTER 是筛选器,即从订单表中筛选出商品编号为 "SP1005" 的数据,此筛选结果为一张新的表。SUMX 的作用是对参数中满足 FILTER 条件的商品编号的销售额求和。

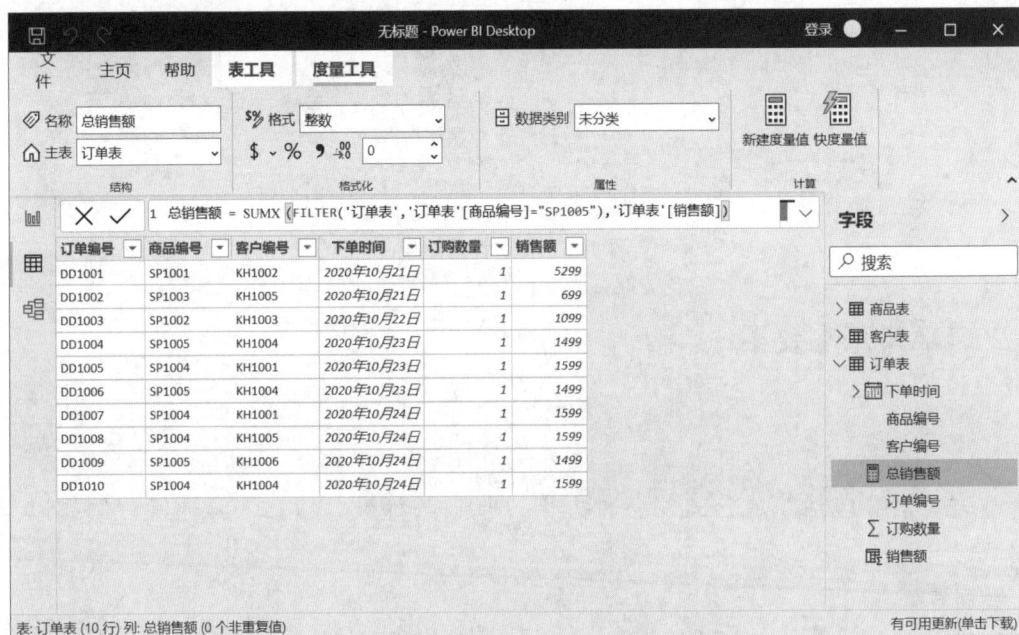

图 4-5　筛选上下文示例

度量值创建好后不像计算列那样可以直接在表中呈现结果,需要在图表中设置后呈现。切换到报表视图,选择 "表" 图形,字段值设置为 "订单编号" "商品编号" "总销售额",此时的 "总销售额" 即为刚才创建的度量值,结果如图 4-6 所示,从图中可见只计算了满足条件的销售额。

DAX 的行上下文和筛选上下文共同作用于函数运算并对结果产生影响。在分析行上下文对函数结果的影响时要以当前行中的数据为研究基准,而分析筛选上下文对函数结果的影响时则要从筛选出的子表单入手进行。

当创建计算列时,DAX 会自动为其定义行上下文关系,即计算列中的每个值都受到其所在行数据的影响。而当使用度量值创建报表时,其运算都是基于表单中其他条件生成的筛选上下文而进行的。通常,上下文中会用到 FILTER、ALL、CALCULATE 函数。

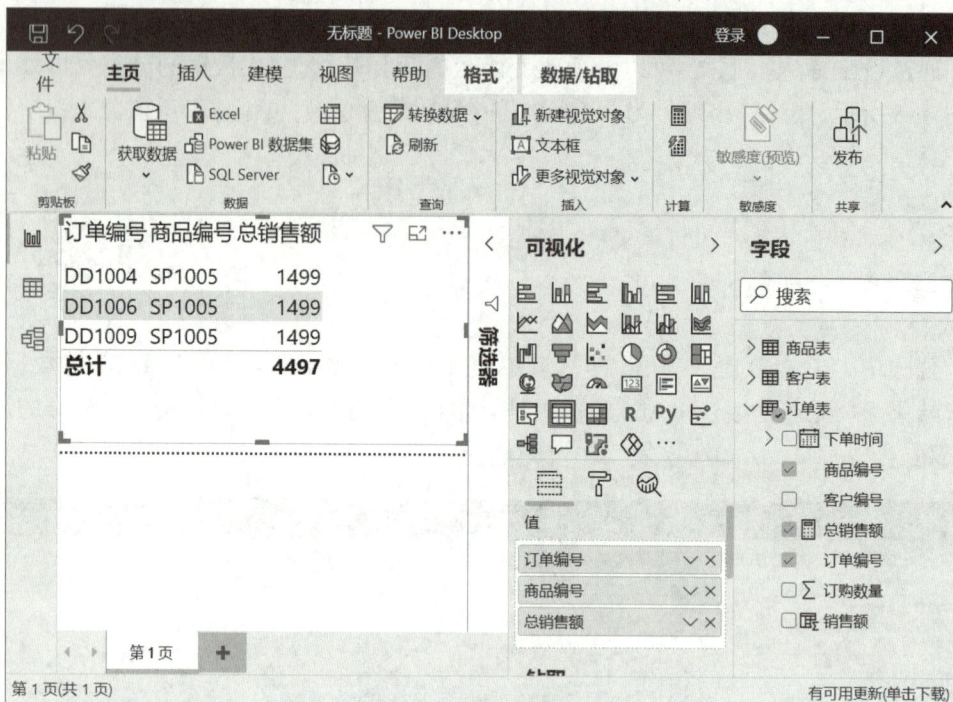

图 4-6　筛选计算结果

二、DAX 基本要素

（一）语法结构

DAX 语法包括组成公式的各种元素，即名称、等号、表达式、函数等。例如以下公式：

销售额 =

'订单表'[订购数量]*RELATED('商品表'[商品价格])

在此公式中，"销售额"为计算列或度量值的名称。"'订单表'[订购数量]*RELATED（'商品表'[商品价格]）"为表达式，"RELATED（'商品表'[商品价格]）"为函数，其中"RELATED"为函数名，括号里面的内容为参数。

其中：

- 表名用单引号''引着，例如'订单表'。
- 表中字段用中括号[ ]括着，例如[订购数量]。
- 度量值也是用中括号[ ]。
- 引用字段始终要包含表名，以和度量值区分开。

（二）运算符

DAX 中运算主要有四则运算、比较运算、连接运算、逻辑运算四种，其运算符如表4-1 所示。

表 4-1　运算符

类型	符号	意义	实例
四则运算	+	加法	1+1=2
	–	减法	2–1=1
	*	乘法	2*2=4
	/	除法	4/2=2
比较运算	=	相等	7–2=5 结果为 TRUE
	<>	不等于	1<>2 结果为 TRUE
	<	小于	3<2 结果为 FALSE
	<=	小于等于	2<=（True+1）结果为 TRUE
	>	大于	3>2 结果为 TRUE
	>=	大于等于	"AB">=BLANK（）结果为 TRUE
连接运算	&	字符串连接符	"H"&"E" 结果为 "HE"
逻辑运算	&&	逻辑与	TRUE&&FALSE 结果为 FALSE
	‖	逻辑或	TRUE‖FALSE 结果为 TRUE

（三）数据类型

从数据源将数据导入 Power BI Desktop 时,系统会自动进行数据类型转换,但有些情况下并不能自动转换。例如,对于文本型的日期或数字数据,系统没能自动转换,在使用 DAX 函数时就不会正常工作。因此,获取适用于列的正确数据类型是有用并且重要的。

在 Power BI 中使用到的数据类型主要有整数、小数、文本、布尔、日期 / 时间、货币、空白 /NULL 类型。

文本:可以是字符串、数字或文本格式表示的日期。在 Power BI 中存储和查询数据的引擎不区分大小写。

日期 / 时间:表示日期和时间值。 实际上,日期和时间值都是以十进制数类型进行存储的,因此实际上可以进行转换。

布尔:结果为 TRUE 或 FALSE。

空白 /NULL 类型:结果为空或 NULL。可以使用 BLANK 函数创建空白类型数据,并使用 ISBLANK 逻辑函数对其进行测试。

三、DAX 常用函数

（一）聚合函数

聚合函数是通过数学运算方式合并数据中值的函数。数学运算有求和、求平均值、求最大值、计数等。常见的聚合函数有 SUM、AVERAGE、MIN、MAX 等,这些函数的用法与 Excel 中的函数用法一致。例如，在订单表中求所有商品的销售总额，可用下式：

销售总额 1 =

```
SUM(
    ' 订单表 ' [ 销售额 ]
)
```

结果如图 4-7 所示，"销售总额 1"中每行的数据值都是一样的，其计算的是"销售额"列的和，计算后将计算结果写到"销售总额 1"的每一行。

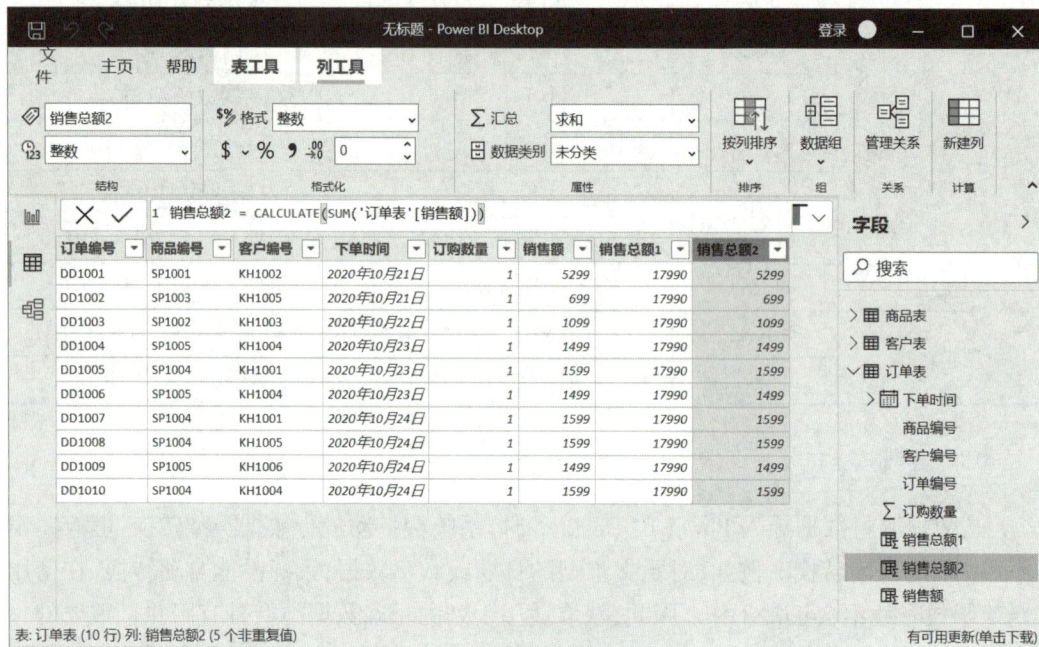

图 4-7　总销售额计算结果

在使用聚合函数时，函数本身不受行上下文的影响，其运算是对列进行操作，如果需要依据上下文内容进行计算，需要在其外面嵌套一个 CALCULATE 函数，将行上下文转换成筛选上下文，或使用度量值运算。

如图 4-7 所示，在计算"销售总额 2"时使用 CALCULATE 函数，计算出每一行的销售额，将结果写到"销售总额 2"的行中。

另外还有统计类的聚合函数，其运算方法与上面的聚合函数一样。统计类的聚合函数及其作用如下：

● COUNT：计数。

● COUNTROWS：计算行数。

● DISTINCTCOUNT：计算不重复值的个数。

（二）迭代函数

常用的迭代函数有 SUMX、AVERAGEX、MAXX、MINX、RANKX 等。这些迭代函数是与行上下文相关的，可以循环访问表的每一行，进行迭代计算。

1. SUMX 函数

SUMX 是扩展的求和函数,返回表中的每一行计算表达式的和,返回值为数字。

语法结构:

```
SUMX(表名,表达式)
```

SUMX 函数受上下文影响,函数执行分三步。第一步,因为是行上下文函数,所以会对表进行逐行扫描,创造行上下文。第二步,表达式在行上下文中执行运算,每一行执行表达式的计算,每一行都返回一个值。第三步,SUMX 记住了每一行返回的值,把所有的值加总起来求和。

以"杯子"表为例,先在 Power Query 中进行清洗,删除空行,再加载到 Power BI 中。

这里要计算出总的销售额,首先在数据视图中创建度量值"销售金额",然后在报表视图中使用"表"呈现视图结果,公式如下:

销售金额 =
```
SUMX(
  '杯子',
  '杯子'[销售价]*'杯子'[销售数量]
)
```

在这里 SUMX 函数对每一行的销售价与销售数量进行乘法运算,将计算出来的值计入"销售金额"列中,最后对"销售金额"列进行求和,结果为274151,如图 4-8 所示。

产品ID	产品类别	单号	销售日期	成本价	销售价	销售数量	销售金额
A01	保温杯	40401004	2020年5月1日	180	374	150	28050
A01	保温杯	20200504	2020年5月3日	90	187	36	6732
A01	保温杯	20200506	2020年5月6日	90	187	70	13090
A02	保温杯	20200502	2020年5月1日	90	187	78	14586
A02	保温杯	20200505	2020年5月2日	90	187	45	8415
A02	保温杯	20200508	2020年5月3日	90	187	56	10472
A02	保温杯	20200507	2020年5月7日	90	187	48	8976
B01	马克杯	40401023	2020年5月1日	116	248	83	10292
B01	马克杯	20200515	2020年5月2日	58	124	20	2480
B01	马克杯	20200509	2020年5月3日	58	124	63	7812
B02	马克杯	20200510	2020年5月1日	58	124	58	7192
B02	马克杯	40401033	2020年5月3日	116	248	119	14756
B05	马克杯	20200513	2020年5月1日	58	124	60	7440
B06	马克杯	20200514	2020年5月2日	58	124	78	9672
C01	啤酒杯	20200518	2020年5月2日	36	147	26	3822
C01	啤酒杯	20200522	2020年5月6日	36	147	36	5292
C02	啤酒杯	20200519	2020年5月2日	36	147	52	7644
总计		747419617		1794	4844	2103	274151

图 4-8　SUMX 函数计算结果

与 SUMX 函数相比,SUM 函数不受行上下文影响,因此无法实现行的运算。如果想用 SUM 函数求最终的销售金额,只能先新建计算列 [销售价]*[销售数量] 来计算出每一行的销售金额,再用 SUM(销售金额)计算出总的销售金额。由此可见,有了 SUMX 函数后方便了很多。

AVERAGEX、MAXX、MINX 函数与 SUMX 的语法格式和原理一样,AVERAGEX 函数功能是计算平均值,MAXX、MINX 是计算最大值与最小值,这里不再详细介绍。

2. RANKX 函数

RANKX 函数是排序函数,针对表参数中每一行,返回某个数字在数字列表中的排名,返回值为一个整数。

语法结构:

```
RANKX(<表>,<表达式>,[<值>],[<排序方式>],[<平局规则>])
```

说明:

● [ ]:括起来的部分为可选项。

● < 表 >:需要排序的表。

● < 表达式 >:排序的依据。该表达式必须能返回一个可以比较大小的单一数值,并且表达式中的参数列需要来自之前定义的 < 表 >,之后 RANKX 函数会将这个表达式的返回值作为每一行数据的排序标准。

● < 值 >:表示需要返回排名的 DAX 表达式,返回标量值。当此项省略时,用第二参数 < 表达式 > 代替。

● < 排序方式 >:表示按升序还是降序排列,ASC、1 或 TRUE 表示升序,DESC、0、FALSE 表示降序,默认是降序。

● < 平局规则 >:用于确定有相同值时的处理方式。处理方式有两种:一种是 Skip,另一种是 Dense。Skip 方式是,当有 N 个值相同的时候,紧邻下一个不同值的排序序号等于前面值的序号加 N。而 Dense 方式是,当有 N 个相同值时,紧邻下一个不同值的排序序号等于前面的序号加 1。默认情况下是 Skip 方式。

RANKX 函数与 SUMX 一样都受上下文影响,函数执行分三步。第一步,对表进行逐行扫描,创造行上下文。第二步,表达式在行上下文中执行运算,每一行执行表达式的计算,每一行都返回一个值。第三步,RANKX 记住了每一行返回的值,把计算出的值进行排序。

若 RANKX 函数出现全为 1 或某些不正常的排序结果,通常需在 < 表 > 外使用 ALL 函数清除上下文对结果的影响。也可在 < 表达式 > 部分使用 CALCULATE 函数将行上下文转换为筛选上下文。

以图 4-9 为例,在“杯子”表中,创建计算列用于对销售数量的排序,公式为:

销量排行 =

```
RANKX(
    '杯子',
    [ 销售数量 ]
)
```

1 销量排行 = RANKX('杯子',[销售数量])

单号	销售日期	产品ID	产品类别	成本价	销售价	销售数量	销量排行
20200501	2020年5月1日	A01	保温杯	90	187	50	24
20200502	2020年5月1日	A02	保温杯	90	187	78	7
20200503	2020年5月1日	A01	保温杯	90	187	100	1
20200504	2020年5月3日	A01	保温杯	90	187	36	30
20200505	2020年5月2日	A02	保温杯	90	187	45	27
20200506	2020年5月6日	A01	保温杯	90	187	70	10
20200507	2020年5月7日	A02	保温杯	90	187	48	26
20200508	2020年5月3日	A02	保温杯	90	187	56	20
20200509	2020年5月3日	B01	马克杯	58	124	63	14
20200510	2020年5月1日	B02	马克杯	58	124	58	19
20200511	2020年5月1日	B01	马克杯	58	124	20	36
20200512	2020年5月1日	B01	马克杯	58	124	63	14
20200513	2020年5月1日	B05	马克杯	58	124	60	16
20200514	2020年5月2日	B06	马克杯	58	124	78	7
20200515	2020年5月2日	B01	马克杯	58	124	20	36
20200516	2020年5月3日	B02	马克杯	58	124	69	12
20200517	2020年5月3日	B02	马克杯	58	124	50	24
20200518	2020年5月2日	C01	啤酒杯	36	147	26	32
20200519	2020年5月2日	C02	啤酒杯	36	147	52	23
20200520	2020年5月20日	C03	啤酒杯	36	147	45	27
20200521	2020年5月6日	C04	啤酒杯	36	147	89	2

图 4-9　销量排行

在计算列中能较好地完成 RANKX 排序操作，但在利用度量值时使用 RANKX 函数经常会出现一些错误，比如：

销量排序 =

```
RANKX(
    '杯子',
    [总销量]
)
```

其中“总销量”是事先创建好的度量值，用来作为排序的标准，总销量 = SUM('杯子'[销售数量])。

在报表视图中设置表之后，“销量排序”列结果全为 1，如图 4-10 所示。

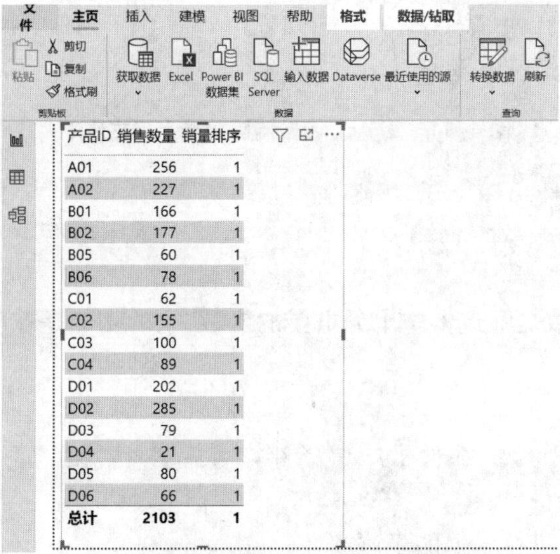

产品ID	销售数量	销量排序
A01	256	1
A02	227	1
B01	166	1
B02	177	1
B05	60	1
B06	78	1
C01	62	1
C02	155	1
C03	100	1
C04	89	1
D01	202	1
D02	285	1
D03	79	1
D04	21	1
D05	80	1
D06	66	1
总计	**2103**	**1**

图 4-10　排序结果全为 1 的情况

出现图 4-10 所示结果是因为“销量排序”度量值受到所在的筛选上下文的影响，这时需要用 ALL 清除筛选上下文对计算结果的影响，即：

销量排序 =

```
RANKX(ALL(
  '杯子'[产品 ID]),
  [总销量]
)
```

结果如图 4-11 所示，最下面出现的总计为 1 的排序结果可以忽略，也可以通过加入 IF 和 HASONEVALUE 函数来清除，即：

```
IF(HASONEVALUE(
  '杯子'[产品 ID]),
  (RANKX(ALL(
    '杯子'[产品 ID]),
    SUM(
      '杯子'[销售数量])))
)
```

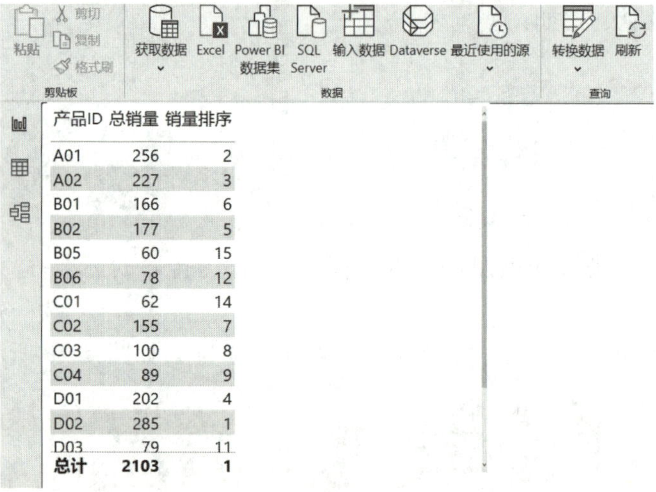

产品ID	总销量	销量排序
A01	256	2
A02	227	3
B01	166	6
B02	177	5
B05	60	15
B06	78	12
C01	62	14
C02	155	7
C03	100	8
C04	89	9
D01	202	4
D02	285	1
D03	79	11
总计	**2103**	**1**

图 4-11　用 ALL 函数清除筛选上下文影响

（三）筛选器函数

1. CALCULATE 函数

CALCULATE 函数是筛选器中十分重要的函数，它的功能是在已修改的筛选器上下文中计算表达式。

语法结构：

```
CALCULATE(<表达式>[,<条件 1>[,<条件 2>[, …]]])
```

说明：

- <表达式>：要进行求值的表达式。
- <条件 1> [, <条件 2> [, …]]：筛选条件，用于定义筛选器或筛选器修饰符函数的布尔表达式或表表达式。此项为可选项。

● 所有筛选条件的交集形成最终的筛选数据集合。

● 根据筛选出的数据集合执行第一个参数的聚合运算并返回运算结果。

以"杯子"表为例,求出各产品的销量情况。

首先,创建一个度量值:

各产品销量 =

```
SUM(
    '杯子'[销售数量]
)
```

接着,使用 CALCULATE 函数创建一个度量值"销量筛选"进行计算。

销量筛选 =

```
CALCULATE(
    [各产品销量]
)
```

在这个 CALCULATE 函数中只使用了第一个参数,筛选条件为空,因为没有内部筛选,所以完全依赖外部上下文,出来的结果也和原度量值一致。结果如图 4-12 所示。

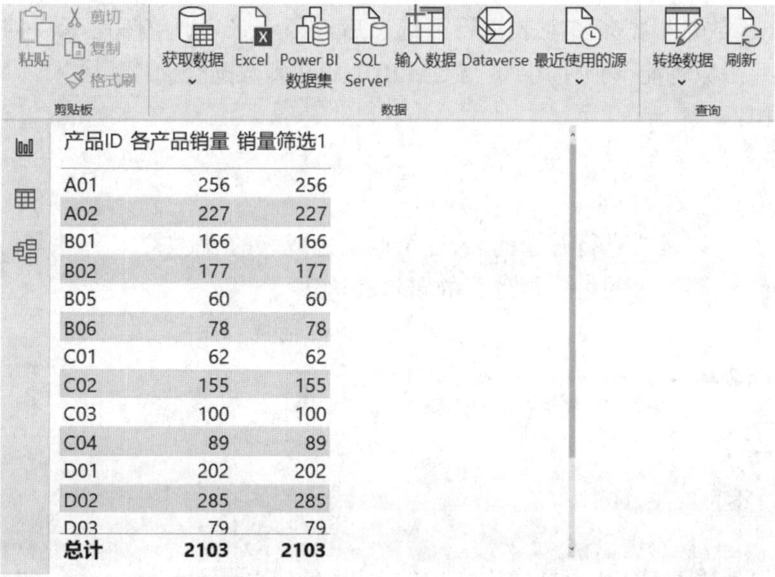

图 4-12　筛选条件为空的筛选结果

接下来看一下有筛选条件的情况。以"杯子"表为例,要筛选出杯子销售价格在 150 元以下的数据并求出各产品的销量情况。创建度量值"销量筛选 2":

销量筛选 2 =

```
CALCULATE(
    [各产品销量],
    '杯子'[销售价]<150
)
```

其结果如图 4-13 所示,从图中可见,前两种产品没有计算产品的销量,原因是这两种产品的销售价是不小于 150 元的。

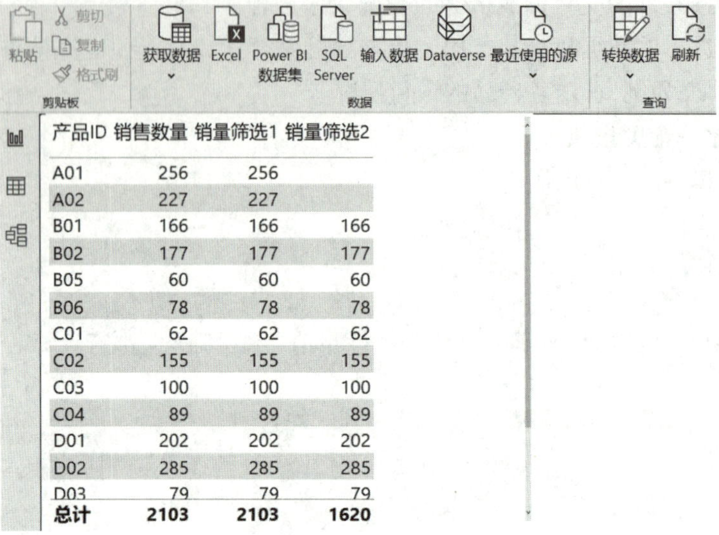

图 4-13　条件筛选结果

2. FILTER 函数

FILTER 函数是根据条件对表进行筛选然后返回一张表，用于表示另一张表或表达式的子集。此函数不能单独使用，可与 CALCULATE 函数配合使用。

语法结构：

```
FILTER(< 表 >,< 条件 >)
```

说明：

● < 表 >：可以是要进行筛选的表，还可以是生成表的表达式。

● < 条件 >：要为表的每一行计算的布尔表达式。

对应图 4-13 的 CALCULATE 函数，实现了条件筛选：

销量筛选 2 =

```
CALCULATE(
  [ 各产品销量 ],
  ' 杯子 '[ 销售价 ]<150
)
```

这里可以使用 FILTER 函数实现同样的效果，创建"销量筛选 3"：

销量筛选 3 =

```
CALCULATE(
  [ 各产品销量 ],
  FILTER(
    ' 杯子 ',
    [ 销售价 ]<150
  )
)
```

结果如图 4-14 所示。

产品ID	销售数量	销量筛选1	销量筛选2	销量筛选3
A01	256	256		
A02	227	227		
B01	166	166	166	166
B02	177	177	177	177
B05	60	60	60	60
B06	78	78	78	78
C01	62	62	62	62
C02	155	155	155	155
C03	100	100	100	100
C04	89	89	89	89
D01	202	202	202	202
D02	285	285	285	285
D03	79	79	79	79

图 4-14　FILTER 筛选结果

利用 CALCULATE 函数可实现基本的筛选;而通常在做筛选时会使用 CALCULATE 与 FILTER 配合,这样可以使用筛选功能更强大,特别是在做多表操作时。

3. ALL 函数

ALL 函数的功能是返回表中的所有行或列中的所有值,同时忽略可能已应用的任何筛选器。此函数对于清除表中所有行的筛选器以及创建针对表中所有行的计算非常有用。

语法结构:

```
ALL([<表>|<列1>[,<列2>[,<列3>[,…]]]])
```

说明:

● <表>:要清除筛选条件的表。

● <列1>[,<列2>[,<列3>[,…]]]:需要清除筛选条件的列。

ALL 函数的参数必须是对原始表的引用或对原始列的引用。不能将 ALL 函数与表表达式或列表达式一起使用。

4. ALLEXCEPT 函数

ALLEXCEPT 函数的功能是删除表中所有上下文筛选器,已应用于指定列的筛选器除外。

语法结构:

```
ALLEXCEPT(<表>,<列1>[,<列2>[,…]])
```

说明:

● <表>:要清除筛选条件的表。

● <列1>[,<列2>[,…]]:要保留筛选条件的列。

ALLEXCEPT 函数的第一个参数必须是对原始表的引用。所有后续参数必须是对原始列的引用。不能将表表达式或列表达式用于 ALLEXCEPT 函数。

以"杯子"表为例,除了"产品 ID"和"销售数量"列外,其他列都要进行清除筛选,创建度量值:

销量筛选 4 =

```
CALCULATE(
    [各产品销量],
    ALLEXCEPT(
        '杯子',
        '杯子'[产品 ID],
        '杯子'[销售数量]
    ),
    '杯子'[销售价]<150
)
```

结果如图 4-15 所示。

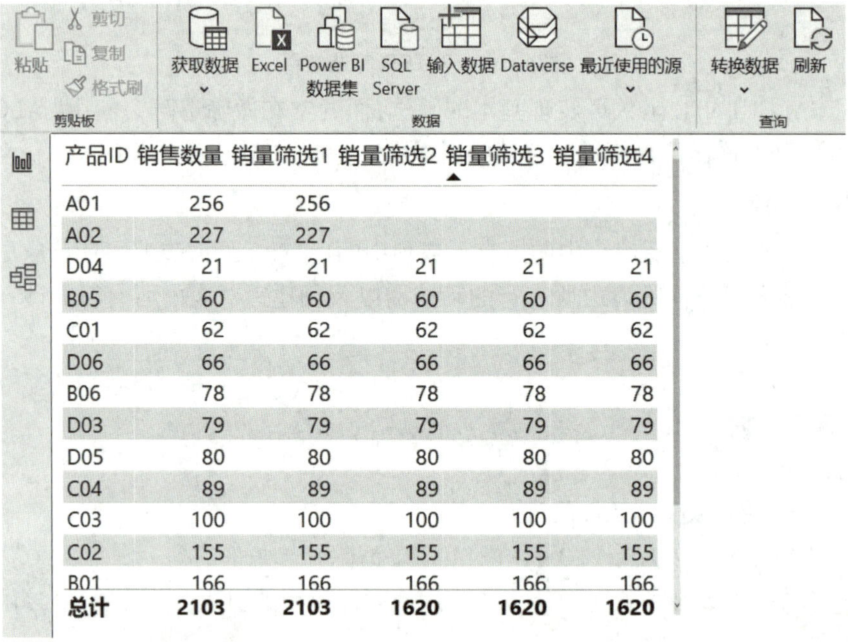

图 4-15 ALLEXCEPT 筛选结果

5. EARLIER 函数

EARLIER 函数是应用于行上下文的函数，其作用是遍历某列的每行获得每行的值。
语法结构：

```
EARLIER(< 列 >,< 数字 >)
```

说明：

● < 列 >：外层要引用的列。

● < 数字 >：定义从外层中的第几层去引用列。默认是 1，表示从与使用 EARLIER 函数所在上下文紧邻的一层（第一层）开始引用。此项为可选项。

●可以从当前行上下文中跳出，到外层行上下文去引用数据进行计算。

以"杯子"表为例，要计算每个产品的累计销量，则创建度量值：

累计销量 =

```
CALCULATE(
  SUM(
    '杯子'[销售数量]),
    FILTER(
      '杯子',
      SUMX(
        FILTER(
          '杯子',
          '杯子'[单号]<=EARLIER('杯子'[单号])
        ),
        '杯子'[销售数量]
      )
    )
)
```

结果如图 4-16 所示。

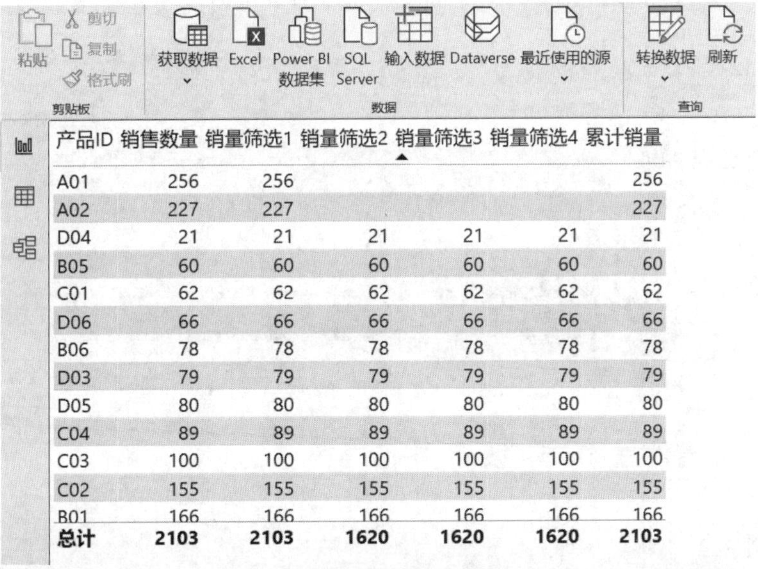

产品ID	销售数量	销量筛选1	销量筛选2	销量筛选3	销量筛选4	累计销量
A01	256	256				256
A02	227	227				227
D04	21	21	21	21	21	21
B05	60	60	60	60	60	60
C01	62	62	62	62	62	62
D06	66	66	66	66	66	66
B06	78	78	78	78	78	78
D03	79	79	79	79	79	79
D05	80	80	80	80	80	80
C04	89	89	89	89	89	89
C03	100	100	100	100	100	100
C02	155	155	155	155	155	155
B01	166	166	166	166	166	166
总计	**2103**	**2103**	**1620**	**1620**	**1620**	**2103**

图 4-16 累计销量计算结果

注意,这里不能直接写成:

```
SUMX(
  FILTER(
    '杯子',
    '杯子'[单号]<=EARLIER('杯子'[单号])
  ),
  '杯子'[销售数量]
)
```

这样会出现“EARLIER/EARLIEST 引用不存在的更早的行上下文”的错误,原因在于没有事先创建上下文。

（四）统计函数

1. SUMMARIZE 函数

利用 SUMMARIZE 函数可返回一个摘要表，显示对一组函数的请求总数。其功能是基于当前表及其关联表中的数据来创建筛选或聚合条件，再根据该条件对表中的数据进行计算并生成一张新的计算表。

语法结构：

```
SUMMARIZE(<表>,<表列1>[,<表列2>]…[,<新列名>,<表达式>]…)
```

说明：

● <表>：返回数据表的任何 DAX 表达式。

● <表列1>[,<表列2>]…：要用于根据列中的值创建摘要组的现有列的限定名称。此参数不能是表达式。此项为可选项。

● <表达式>：返回单个标量值的任何 DAX 表达式，该表达式将被计算多次（针对每行／上下文）。

以"杯子"表为例，从表中提取"产品 ID"列，则度量值为：

单列表 =

```
SUMMARIZE(
    '杯子',
    '杯子'[产品 ID]
)
```

结果如图 4-17 所示。

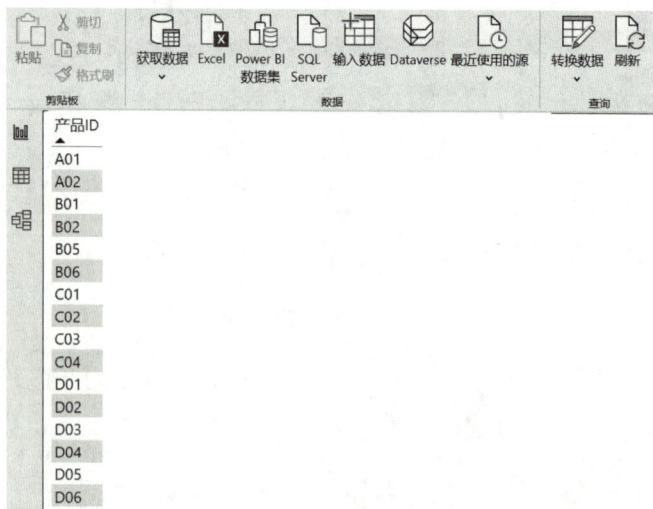

图 4-17 提取单列

2. SUMMARIZECOLUMNS 函数

SUMMARIZECOLUMNS 函数是返回一组组的摘要表，其功能与 SUMMARIZE 函数几乎相同。

语法结构：

```
SUMMARIZECOLUMNS(< 表列 1>[,< 表列 2>]…,[< 筛选表 >]…[,< 新列名 >,< 表达
式 >]…)
```

说明：

● < 表列 >:对原始表的完全限定的列引用(表 [列]),其返回的表中包含不同的值。
每个 < 表列 > 列都与后续指定的列交叉连接(不同的表)或自动共存(相同的表)。

● < 筛选表 >:添加到指定为 < 表列 > 参数的所有列的筛选上下文中的表表达式。
筛选器表中存在的值用于在执行交叉连接 / 自动共存之前进行筛选。

3. DIVIDE 函数

DIVIDE 函数表示分子分母相除的运算,使用 DIVIDE 函数时,必须传递分子和分母
表达式,或者传递一个表示替代结果的值 。

语法结构：

```
DIVIDE(< 分子 >,< 分母 >)
```

DIVIDE 函数可自动处理除数为零的情况。 如果无替代结果传入且分母为零或
BLANK,此函数返回 BLANK。 如果已有替代结果传入,则函数会返回替代结果而不是
BLANK。

以"杯子"表为例,要计算利润,则度量值为：

利润 =

```
DIVIDE(
  SUM(
    ' 杯子 ' [ 成本价 ]),
  SUM(
    ' 杯子 ' [ 销售价 ]
  )
)
```

结果如图 4-18 所示。

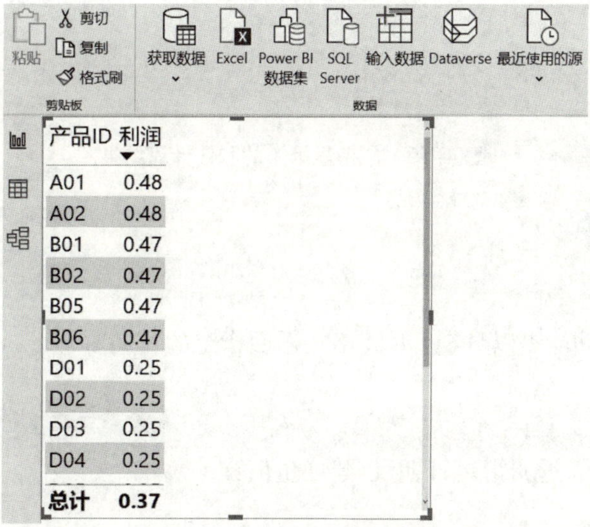

图 4-18　利润计算结果

4. TOPN 函数

TOPN 函数返回指定表的前 N 行。

语法结构：

```
TOPN(< 前 N 行 >,< 表 >,< 排序表达式 >,[< 排序 >[,< 排序表达式 >,[< 排序 >]]…])
```

说明：

● < 前 N 行 >：要返回的行数。 返回标量值的任何 DAX 表达式，该表达式将被计算多次（针对每行 / 上下文）。

● < 表 >：返回从中提取的前 N 行的数据表的任何 DAX 表达式。

● < 排序表达式 >：结果值用于对表进行排序并针对表的每行进行计算的任何 DAX 表达式。

● < 排序 >：默认值为 0(零)或 FALSE，进行降序排序。当省略此参数时，使用默认值。为 1 或 TRUE 则进行升序排序。

以 "产品销售" 表为例，若要求产品销量第一的总销量是多少，则建立度量值：

销量第 1 的和 =

```
SUMX(
  TOPN(
    1,
    ' 产品销售 ',
    ' 产品销售 '[ 销售数量 ]
  ),
  ' 产品销售 '[ 销售数量 ]
)
```

结果如图 4-19 所示。

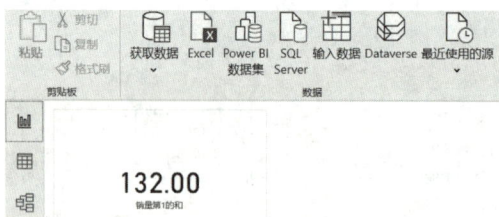

图 4-19   "销量第 1 的和" 计算结果

(五)日期函数

1. DATE 函数

DATE 函数的功能是以日期 / 时间格式返回指定的日期。

语法结构：

```
DATE(< 年 >,< 月 >,< 日 >)
```

如图 4-20 所示，返回指定日期，创建度量值：

返回日期 =

```
DATE(2022,1,2)
```

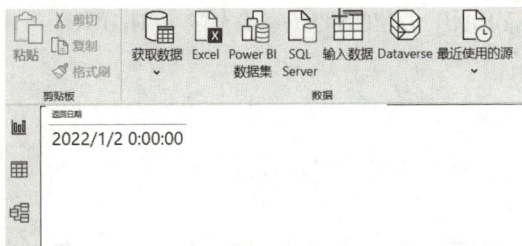

图 4-20 返回日期

2. DATEVALUE 函数

DATEVALUE 函数的功能是将文本格式的日期转换为日期 / 时间格式的日期。

语法结构：

```
DATEVALUE(文本日期)
```

将文本型的日期"2022-1-2"转换为日期型的日期,创建度量值：

日期转换 =

```
DATEVALUE(
    "2022-1-2"
)
```

结果如图 4-21 所示。

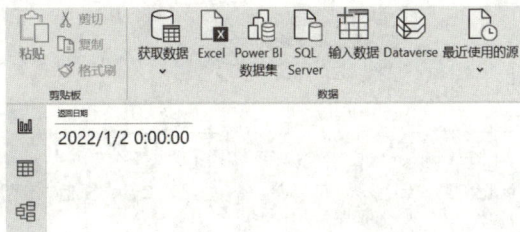

图 4-21 文本日期转换结果

3. NOW 函数

NOW 函数的功能是返回当前时间。

语法结构：

```
NOW( )
```

如图 4-22 所示,返回当前时间需创建度量值：

当前时间 =

```
NOW( )
```

图 4-22 当前时间

其他相关函数，像 YEAR（）、MONTH（）、DAY（）、HOUR（）、MINUTE（）、SECOND（）用法一样。

4. TOTALYTD 函数

TOTALYTD 函数可实现年初至今累计计算。

语法结构：

TOTALYTD(< 表达式 >,< 日期列 >, [< 筛选器 >]，[截止日期])

说明：

● < 表达式 >：返回标量值的表达式。

● < 日期列 >：包含日期的列。

☙ < 筛选器 >：应用于当前上下文的筛选器参数，可以是布尔表达式或表表达式。

● [截止日期]：带有日期的文本字符串，例如 "12-31"，用于定义年末日期。

以 "杯子" 表为例，要计算年初至今每个商品的销量情况，则创建度量值：

当前累计销量 =

```
TOTALYTD(
    SUM(
        ' 杯子 '[ 销售数量 ]
    ),
    ' 杯子 '[ 销售日期 ]
)
```

结果如图 4-23 所示。

产品ID	销售日期	销售数量	当前累计销量
A01	2020年5月1日	150	150
A01	2020年5月3日	36	186
A01	2020年5月6日	70	256
A02	2020年5月1日	78	78
A02	2020年5月2日	45	123
A02	2020年5月3日	56	179
A02	2020年5月7日	48	227
B01	2020年5月1日	83	83
B01	2020年5月2日	20	103
B01	2020年5月3日	63	166
B02	2020年5月1日	58	58
B02	2020年5月3日	119	177
B05	2020年5月1日	60	60
B06	2020年5月2日	78	78
C01	2020年5月2日	26	26
C01	2020年5月6日	36	62
总计		**2103**	**2103**

图 4-23　当前累计销量计算结果

5. SAMEPERIODLASTYEAR 函数

SAMEPERIODLASTYEAR 函数的功能是返回一张表,其中包含指定列中的日期在当前上下文中前一年的日期列。

语法结构:

```
SAMEPERIODLASTYEAR(< 日期列 >)
```

说明:

● < 日期列 >:含日期的一列。

SAMEPERIODLASTYEAR 函数通常与 CALCULATE 函数配合使用,返回同期数据。

以"产品销售"表为例,要返回同期数据值,则创建度量值:

同期销量 =

```
CALCULATE(
  SUM(
    ' 产品销售 '[ 销售数量 ]
  ),
  SAMEPERIODLASTYEAR(
    ' 产品销售 '[ 销售日期 ]
  )
)
```

结果如图 4-24 所示。

产品名称	销售日期	销售数量	同期销量
A01	2020年5月1日	45.00	
A01	2020年6月1日	90.00	
A01	2021年5月1日	83.00	45.00
A01	2021年6月1日	98.00	90.00
A02	2020年5月2日	70.20	
A02	2020年6月2日	116.00	
A02	2021年5月2日	83.00	70.20
A02	2021年6月2日	132.00	116.00
总计		**717.20**	**321.20**

图 4-24 同期数据返回结果

这里可以结合前面的 DIVIDE 函数来计算同比情况,创建度量值:

同比 =

```
DIVIDE(
  SUM(' 产品销售 '[ 销售数量 ])-[ 同期销量 ],
  [ 同期销量 ]
)
```

结果如图 4-25 所示,A01 产品在 6 月份销量同比增长 9%,5 月份同比增长 84%。

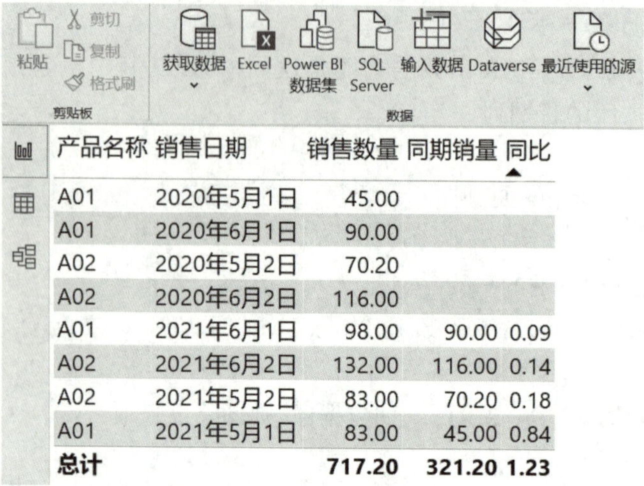

图 4-25 同比结果

6. PREVIOUSMONTH 函数

PREVIOUSMONTH 函数的功能是根据当前上下文中的列中的第一个日期返回一张表，此表包含上一月份所有日期的列。

语法结构：

```
PREVIOUSMONTH(< 日期列 >)
```

说明：

● < 日期列 >：含日期的一列。

PREVIOUSMONTH 函数通常与 CALCULATE 函数配合使用，返回上期数据。

以"产品销售"表为例，要计算上期的销售数据，则创建度量值：

上月销量 =

```
CALCULATE(
  SUM(
    '产品销售'[ 销售数量 ]),
  PREVIOUSMONTH(
    '产品销售'[ 销售日期 ]
  )
)
```

结果如图 4-26 所示。

与 SAMEPERIODLASTYEAR 函数类似，PREVIOUSMONTH 函数可以结合 DIVIDE 函数来使用，要求环比，创建度量值：

环比 =

```
DIVIDE(
  SUM('产品销售'[ 销售数量 ])-[ 上月销量 ],
  [ 上月销量 ]
)
```

结果如图 4-27 所示，A01 产品 2020 年 6 月 1 日销量环比增长 100%。

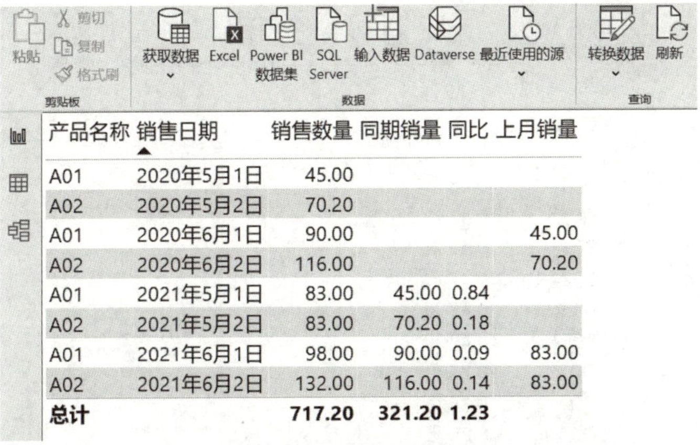

产品名称	销售日期	销售数量	同期销量	同比	上月销量
A01	2020年5月1日	45.00			
A02	2020年5月2日	70.20			
A01	2020年6月1日	90.00			45.00
A02	2020年6月2日	116.00			70.20
A01	2021年5月1日	83.00	45.00	0.84	
A02	2021年5月2日	83.00	70.20	0.18	
A01	2021年6月1日	98.00	90.00	0.09	83.00
A02	2021年6月2日	132.00	116.00	0.14	83.00
总计		**717.20**	**321.20**	**1.23**	

图 4–26　上月销量计算

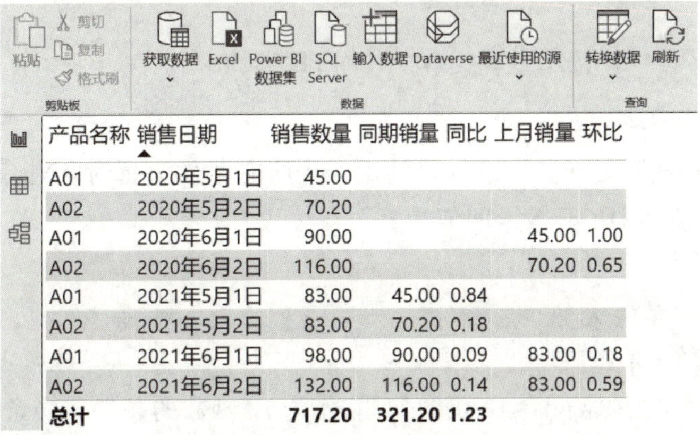

产品名称	销售日期	销售数量	同期销量	同比	上月销量	环比
A01	2020年5月1日	45.00				
A02	2020年5月2日	70.20				
A01	2020年6月1日	90.00			45.00	1.00
A02	2020年6月2日	116.00			70.20	0.65
A01	2021年5月1日	83.00	45.00	0.84		
A02	2021年5月2日	83.00	70.20	0.18		
A01	2021年6月1日	98.00	90.00	0.09	83.00	0.18
A02	2021年6月2日	132.00	116.00	0.14	83.00	0.59
总计		**717.20**	**321.20**	**1.23**		

图 4–27　环比结果

(六)逻辑函数

1. IF 函数

IF 函数是起判断作用的函数，先检查条件，如果为真，则返回第一个值，否则返回第二个值。

语法结构：

```
IF(<条件>,<值1>,[<值2>])
```

以“杯子”表中的“利润”列数据判断为例，利润大于 30% 时为高利润，否则为低利润。创建度量值：

利润高低 =

```
IF(
  [利润]>0.3,
  "高",
  "低"
)
```

结果如图 4–28 所示。

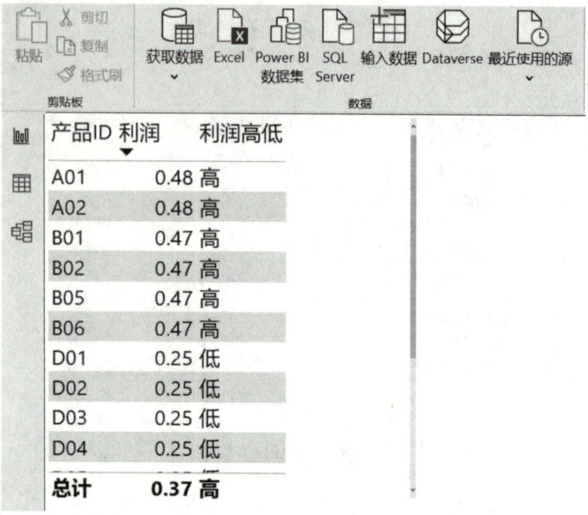

图 4-28 利润高低判断结果

2. AND、OR 函数

AND、OR 函数常在有多个条件时使用。当所有条件为真时 AND 函数返回值为真；当有一个条件为真时 OR 函数返回值为真。

语法结构：

```
AND(< 条件 1>,< 条件 2>)
OR(< 条件 1>,< 条件 2>)
```

AND 和 OR 函数通常配合 IF 函数使用，作为 IF 函数的条件。当条件间是且的关系时使用 AND 函数，是或的关系时使用 OR 函数。

NOT 函数也通常与 IF 函数一起使用。NOT 函数的功能是取反，当参数为真时，结果就为假。

以"杯子"表为例，判断利润高低，利润为 0 ~ 30% 为低利润，否则为高利润。创建度量值：

利润高低 =

```
IF(
  AND(
    [ 利润 ]>0,
    [ 利润 ]<0.3
  ),
  " 低 ",
  " 高 "
)
```

结果与图 4-28 一致。

【任务尝试】

在学习了 DAX 知识后，请你尝试一下帮助小张实现数据环比情况分析。

【任务拓展】
请求出 2022 年电动车销量月均 1 万辆以上的厂商。

项目实训　建模分析电动车数据

【实训背景】

小张在学习了数据建模的知识后准备对电动车销量数据进行建模分析,以便更深入地发现数据背后的意义。

【实训要求】

根据车主之家电动车销量数据,运用 Power BI 工具完成总销量、累计销量、环比、销量排名的数据分析。

【实训过程】

一、数据准备

(一)创建日期列

在车主之家网页中对电动车 2022 年 5 月和 6 月的销量数据分别进行爬取,获取到的数据分别放到"5 月销量"和"6 月销量"两张表中。然后在两张表中分别通过创建自定义列来添加日期列,如图 4-29 所示。5 月自定义日期列公式写成"=#date(2022,6,1)",6 月写成"=#date(2022,7,1)"。

(二)追加查询

将 5 月销量数据和 6 月销量数据追加到一个新表"5-6 月销量"中,如图 4-30 所示。

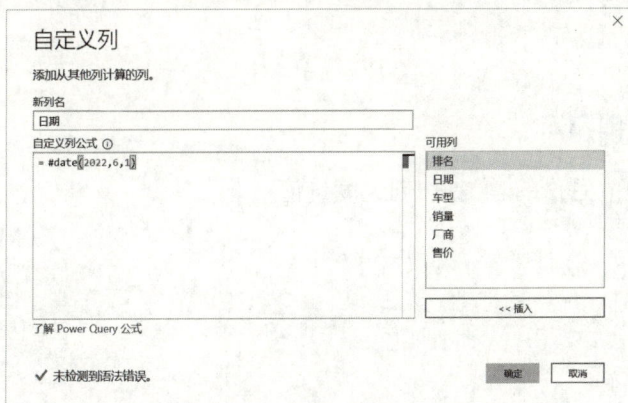

图 4-29　创建自定义列

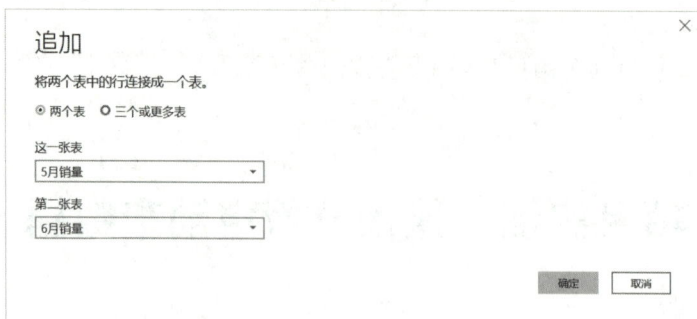

图 4-30　利用追加查询连接表

追加完成后，将"排名""销量"列转换为整数类型，将"日期"列转换为"日期"型，点击"关闭并应用"按钮，加载到 Power BI 中，切换到数据视图，如图 4-31 所示。

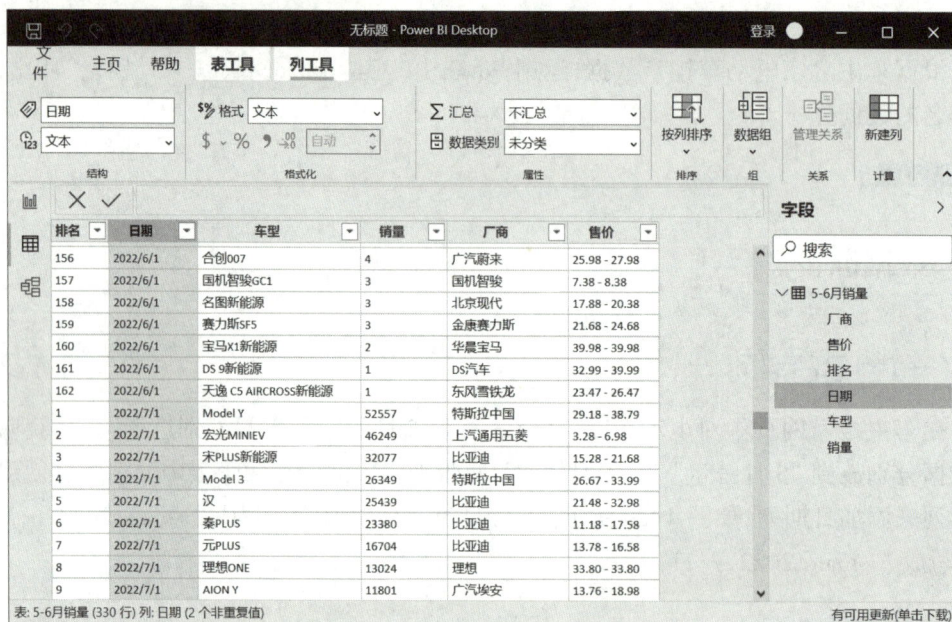

图 4-31　5—6 月销量报表

二、建模分析

(一)计算总销量

按厂商计算 5、6 月份的总销量，创建度量值：

总销量 =

```
SUMX(
    '5-6 月销量',
    '5-6 月销量'[销量]
)
```

结果如图 4-32 所示，总销量最高的是比亚迪汽车，总销量为 247945 辆。

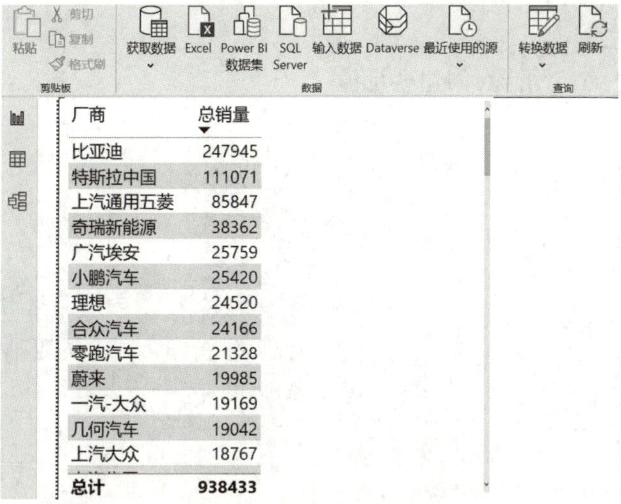

图 4-32　总销量计算结果

(二)计算累计销量

按厂商计算累计销量情况,创建度量值:

累计销量 =

```
TOTALYTD(
  SUM(
    '5-6 月销量 ' [ 销量 ]
  ),
  '5-6 月销量 ' [ 日期 ]
)
```

计算结果如图 4-33 所示。

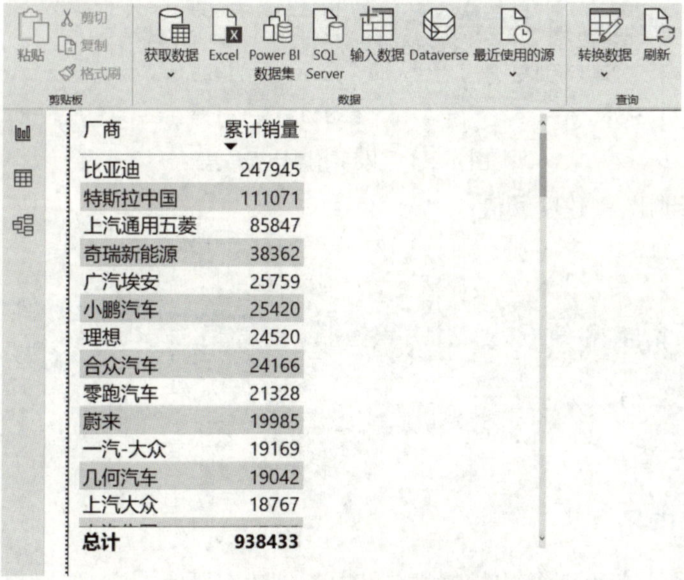

图 4-33　累计销量计算结果

（三）销量环比

首先，计算上月销量情况，创建度量值：

上月销量 =

```
CALCULATE(
  SUM(
    '5-6 月销量'[ 销量 ]
  ),
  PREVIOUSMONTH(
    '5-6 月销量'[ 日期 ]
  )
)
```

结果如图 4–34 所示。

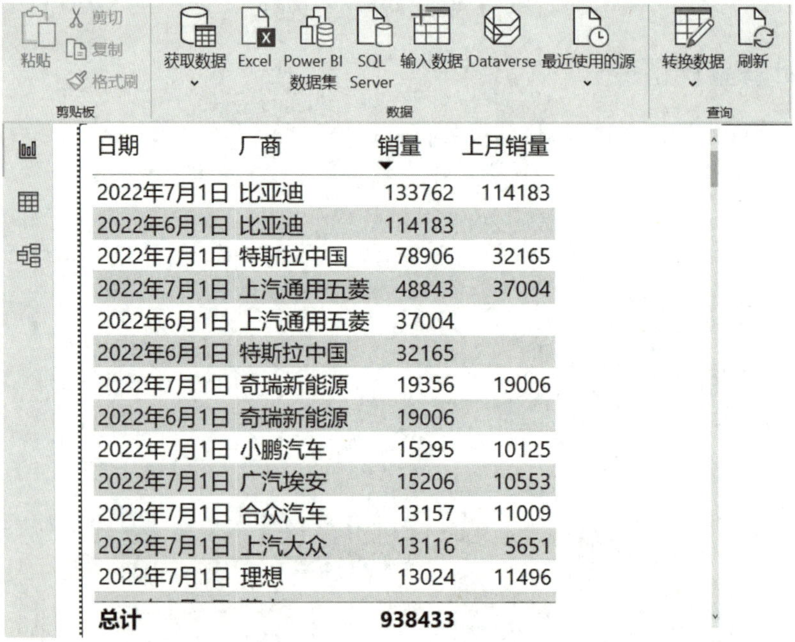

日期	厂商	销量	上月销量
2022年7月1日	比亚迪	133762	114183
2022年6月1日	比亚迪	114183	
2022年7月1日	特斯拉中国	78906	32165
2022年7月1日	上汽通用五菱	48843	37004
2022年6月1日	上汽通用五菱	37004	
2022年6月1日	特斯拉中国	32165	
2022年7月1日	奇瑞新能源	19356	19006
2022年6月1日	奇瑞新能源	19006	
2022年7月1日	小鹏汽车	15295	10125
2022年7月1日	广汽埃安	15206	10553
2022年7月1日	合众汽车	13157	11009
2022年7月1日	上汽大众	13116	5651
2022年7月1日	理想	13024	11496
总计		**938433**	

图 4–34　上月销量计算结果

然后，计算环比，创建度量值：

环比 =

```
DIVIDE(
  SUM('5-6 月销量'[ 销量 ])-[ 上月销量 ],
  [ 上月销量 ]
)
```

结果如图 4–35 所示。

（四）销量排名

根据 5、6 月份销量，计算出销量排名情况。创建度量值：

5-6 月排名 =

```
RANKX(
  ALL(
    '5-6 月销量'[厂商]),
  [总销量]
)
```

结果如图 4-36 所示，比亚迪汽车销量最高，为 247945 辆，排名第一。

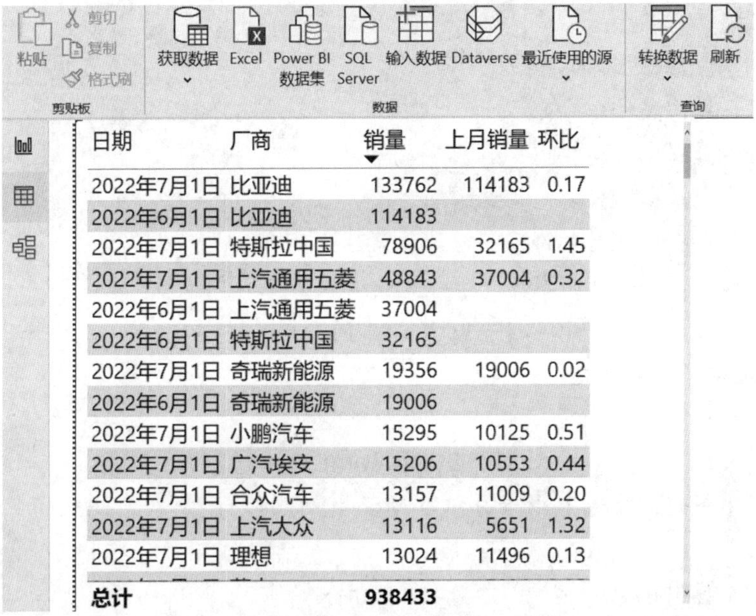

日期	厂商	销量	上月销量	环比
2022年7月1日	比亚迪	133762	114183	0.17
2022年6月1日	比亚迪	114183		
2022年7月1日	特斯拉中国	78906	32165	1.45
2022年7月1日	上汽通用五菱	48843	37004	0.32
2022年6月1日	上汽通用五菱	37004		
2022年6月1日	特斯拉中国	32165		
2022年7月1日	奇瑞新能源	19356	19006	0.02
2022年6月1日	奇瑞新能源	19006		
2022年7月1日	小鹏汽车	15295	10125	0.51
2022年7月1日	广汽埃安	15206	10553	0.44
2022年7月1日	合众汽车	13157	11009	0.20
2022年7月1日	上汽大众	13116	5651	1.32
2022年7月1日	理想	13024	11496	0.13
总计		**938433**		

图 4-35　环比结果

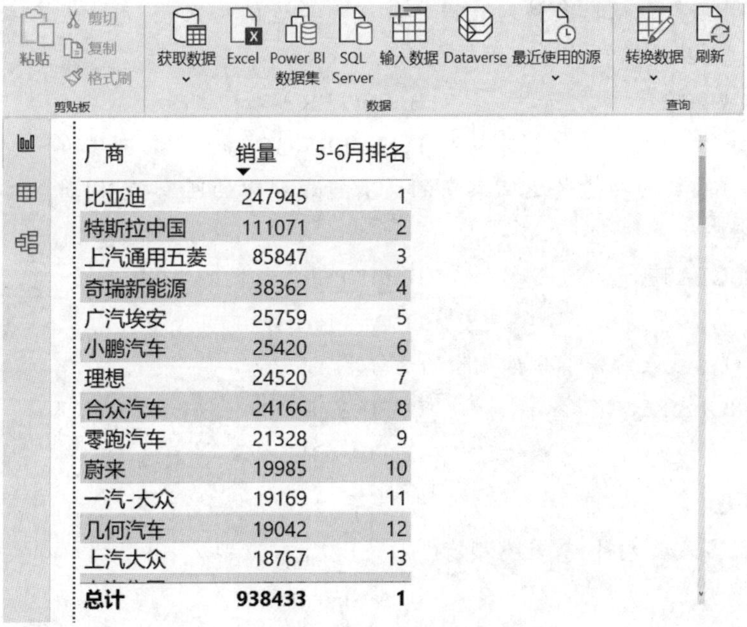

厂商	销量	5-6月排名
比亚迪	247945	1
特斯拉中国	111071	2
上汽通用五菱	85847	3
奇瑞新能源	38362	4
广汽埃安	25759	5
小鹏汽车	25420	6
理想	24520	7
合众汽车	24166	8
零跑汽车	21328	9
蔚来	19985	10
一汽-大众	19169	11
几何汽车	19042	12
上汽大众	18767	13
总计	**938433**	**1**

图 4-36　排名结果

【实训尝试】

请你试一试完成 2022 年前 6 个月的数据建模分析。

【实训拓展】

请根据车主之家 2022 年 6 月电动车销量数据完成同比分析。

✎ 项目四测验

一、单选题

1. 以下不是四则运算的是（   ）。

A. +   B. −   C. *   D. =

2. 以下不是比较运算的是（   ）。

A. <<   B. >   C. <=   D. =

3. （   ）函数返回表中的每一行计算表达式的和。

A. SUM   B. SUMX

C. COUNT   D. AVERAGE

4. 以下是排序函数的是（   ）。

A. RANKX   B. SUMX

C. COUNT   D. AVERAGE

5. （   ）函数是筛选器中十分重要的函数，它的功能是在已修改的筛选器上下文中计算表达式。

A. CALCULATE   B. SUMX

C. COUNT   D. AVERAGE

6. （   ）函数是根据条件对表进行筛选然后返回一张表，用于表示另一张表或表达式的子集。此函数不能单独使用。

A. CALCULATE   B. FILTER

C. COUNT   D. AVERAGE

7. （   ）函数的功能是返回表中的所有行或列中的所有值，同时忽略可能已应用的任何筛选器。

A. CALCULATE   B. FILTER

C. ALL   D. AVERAGE

8. （   ）函数表示分子分母相除的运算。

A. CALCULATE   B. FILTER

C. ALL   D. DIVIDE

二、多选题

1. 在建立多表关系时，基数类型有（   ）。

A. 一对多   B. 多对一

C. 多对多   D. 一对一

2. 以下是 DAX 聚合函数的有(　　　)。

A. SUM
B. MIN
C. AVERAGE
D. MAX

3. DAX 语法包括组成公式的各种元素,包括(　　　)。

A. 名称
B. 等号
C. 表达式
D. 函数

4. DAX 中运算主要有(　　　)。

A. 四则运算
B. 比较运算
C. 连接运算
D. 逻辑运算

5. 以下是逻辑函数的是(　　　)。

A. IF
B. AND
C. OR
D. NOT

三、判断题

1. Power BI 可以从多张表格、多种来源的数据中,根据不同的维度、不同的逻辑来聚合分析数据。(　　　)

2. "交叉筛选器方向"主要用于设定数据查询方向,有两种设定选择,分别是"单一"和"两个"。"单一"交叉筛选器指的是以一张表中的数据为查询条件,可以从另一张表中获取查询结果,反之则不成立。(　　　)

3. DAX 是公式或表达式中可用于计算并返回一个或多个值的函数、运算符或常量的集合。(　　　)

4. DAX 函数与 Excel 函数类似,但又存在本质的不同。Excel 用于处理静态数据,而DAX 用于实现对数据的动态分析,它没有 Excel 中的单元格概念,取而代之的是上下文关系。(　　　)

5. 度量值可以用于创建表与表间的关系,可作为参数被其他函数使用。(　　　)

6. 度量值只有放到图表中才会执行计算,而计算列在创建后就会把整列数据存储在文件中,增大文件的容量。(　　　)

7. 行上下文指的是当前行的内容。行上下文的应用范围不局限于当前一张表。(　　　)

8. TOTALYTD 函数可实现年初至今累计计算。(　　　)

9. SAMEPERIODLASTYEAR 函数的功能是返回一张表,其中包含指定列中的日期在当前上下文中前一年的日期列。(　　　)

10. PREVIOUSMONTH 函数的功能是根据当前上下文中的列中的第一个日期返回一张表,此表包含上一月份所有日期的列。(　　　)

四、填空题

1. 在实际数据分析应用中涉及的数据表往往不仅有一张,通常会有多张;根据分析的需求,在多张表之间建立合适的关系,使之可以像一张表一样灵活使用,这个过程称为(　　　)。

2. 在数据导入 Power BI 后，可使用 DAX 以创建计算列或者(　　　)方式来进行数据分析。

3. DAX 的运算依赖上下文，上下文分为行上下文和(　　　)。

五、操作题

1. 根据"产品销售"表(扫码获取)中的数据，使用 DAX 函数求出总销量。

2. 根据"保温杯"表(扫码获取)中的数据，求出每行数据的 DSR 平均分("商品评分""服务态度""物流速度"三列评分的平均值)。

"产品销售"表
与"保温杯"表

项目五
Power BI 可视化

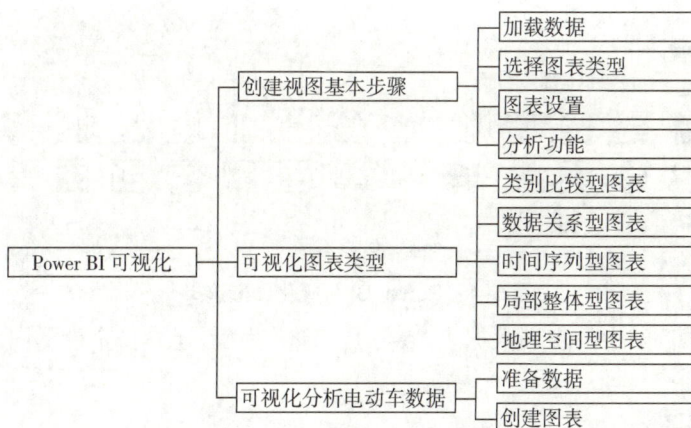

```
                                              ┌─ 加载数据
                          ┌─ 创建视图基本步骤 ─┤─ 选择图表类型
                          │                  ├─ 图表设置
                          │                  └─ 分析功能
                          │
                          │                  ┌─ 类别比较型图表
                          │                  ├─ 数据关系型图表
Power BI 可视化 ──────────┤─ 可视化图表类型 ─┤─ 时间序列型图表
                          │                  ├─ 局部整体型图表
                          │                  └─ 地理空间型图表
                          │
                          │                  ┌─ 准备数据
                          └─ 可视化分析电动车数据 ─┤
                                              └─ 创建图表
```

职业能力

1.熟悉可视化工具的工作过程；
2.掌握可视化视图的创建方法；
3.能进行可视化图表的创建和分析。

职业素养

1.养成用大数据思维去看待问题的习惯；
2.具备对事物进行分析的客观、敏感的职业思维。

任务一　创建视图基本步骤

创建视图基本步骤

【任务描述】

小张经过一系列的学习已经掌握了 Power BI 的各种功能，但是对创建可视化视图还不太熟悉。于是，小张想选择最常见的柱形图来熟悉 Power BI 可视化制作的界面功能和基本步骤。

【任务知识】

Microsoft Power BI 拥有 30 多个内置的可视化图形，如图 5-1 所示，涵盖了数据可视化中常用的条形图、柱状图、饼图、环形图，还可添加切片器、地图等图形，并且支持视觉对象拓展，如图 5-2 所示。视觉对象不仅可以通过"获取更多视觉对象"命令直接从官网上获取，还可以从官网上下载相应文件到本地，然后使用"从文件导入视觉对象"命令。

图 5-1　Power BI 可视化图形选择

接下来以项目四中的实训数据表"5—6 月销量"为例，建立一个柱形图。

一、加载数据

将清洗后的数据加载到 Power BI 中，如图 5-3 所示。

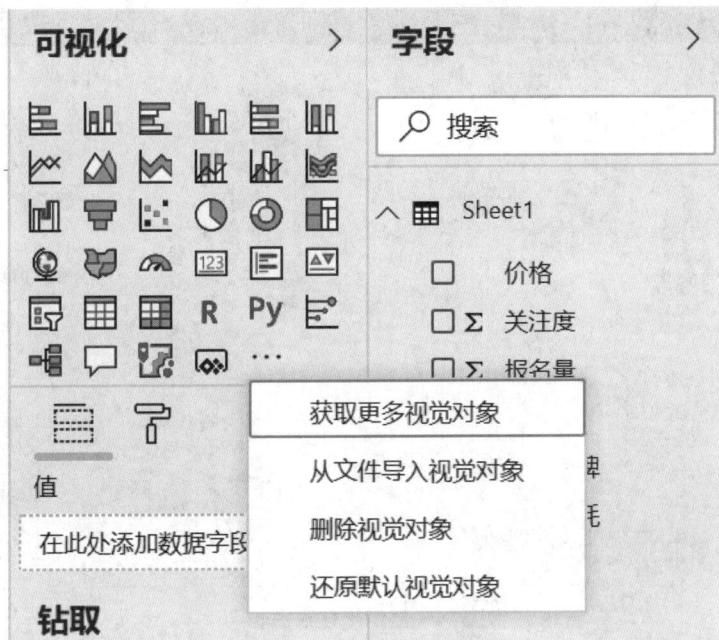

图 5-2　视觉对象拓展

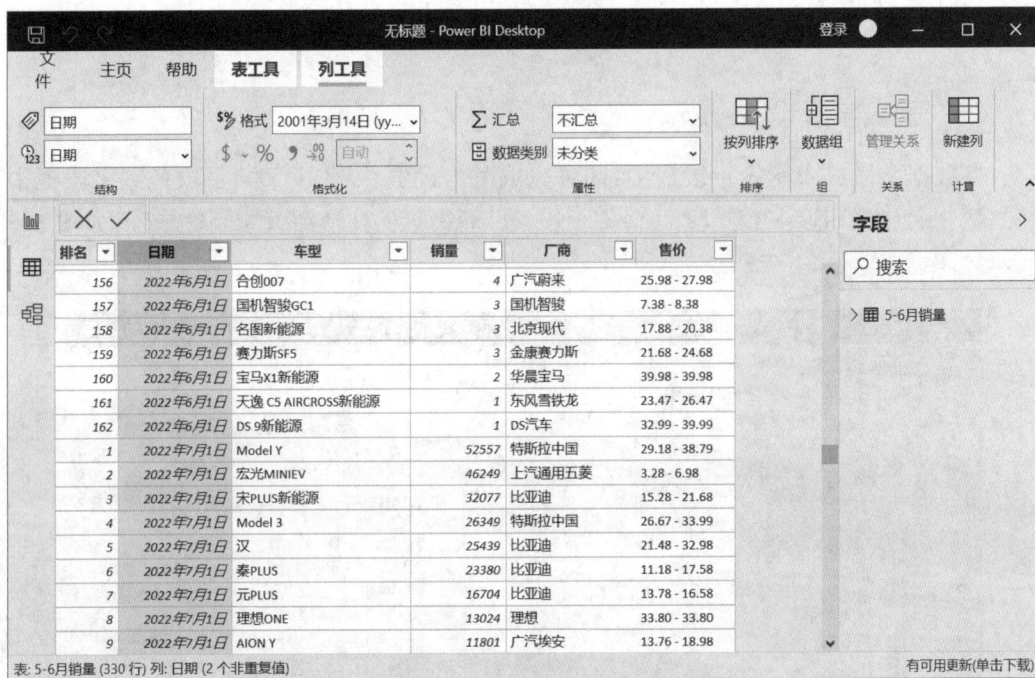

图 5-3　加载数据

二、选择图表类型

首先用鼠标点击画布的空白处,然后点击"可视化"面板上的堆积柱形图图标,此时画布上显示出一个柱形图的轮廓,如图 5-4 所示。

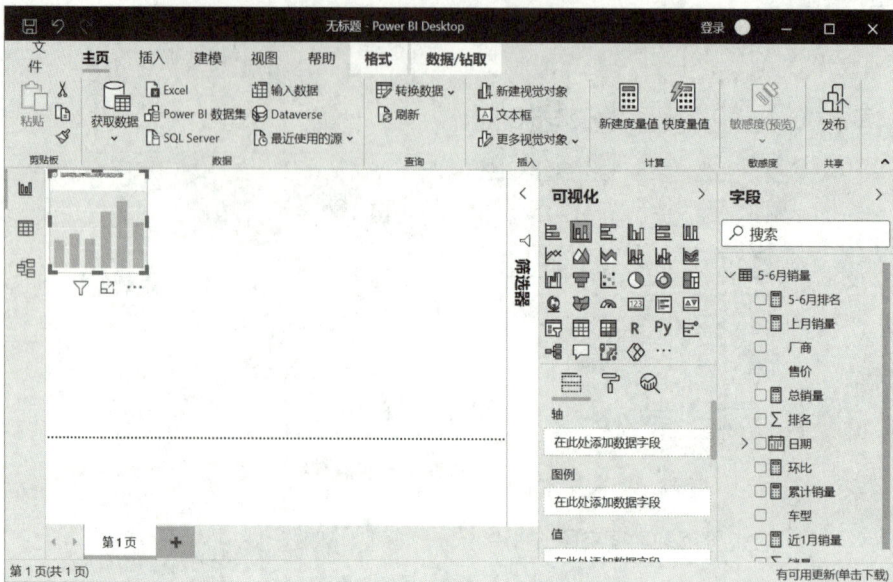

图 5-4　显示出柱形图轮廓

三、图表设置

（一）图表字段设置

将数据字段放入图表字段框中，即可完成基本设置。将"厂商"字段拖到字段框中的"轴"上，"销量"拖到"值"上，一个关于各个厂商销量的柱形图就绘制完毕了，如图 5-5 所示。

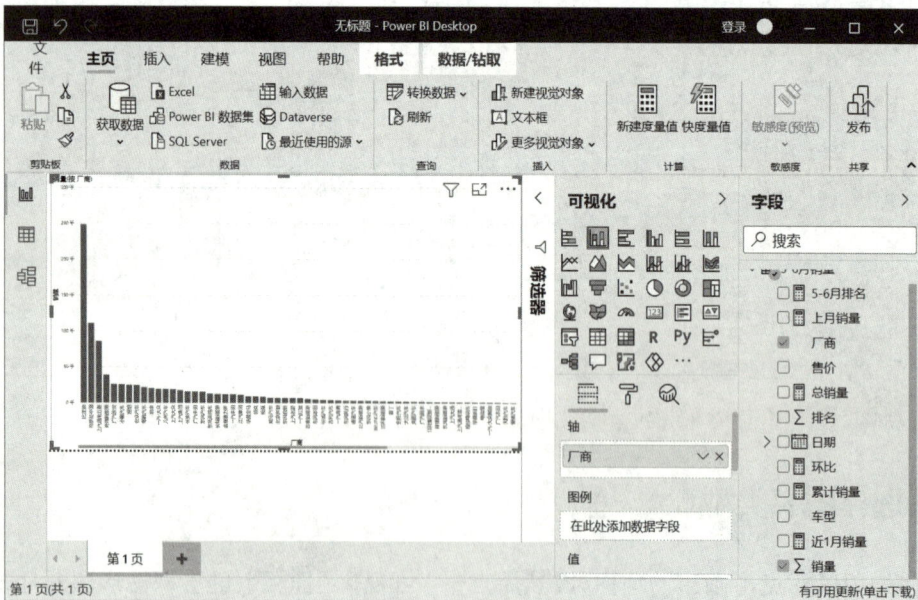

图 5-5　销量柱形图

如果想改换其他类型的可视化图形，在 Power BI 中可以很方便地切换。选中刚才制作的堆积柱形图，在"可视化"面板区域点击折线图图标，刚才的柱形图就可以变成折线图，如图 5-6。

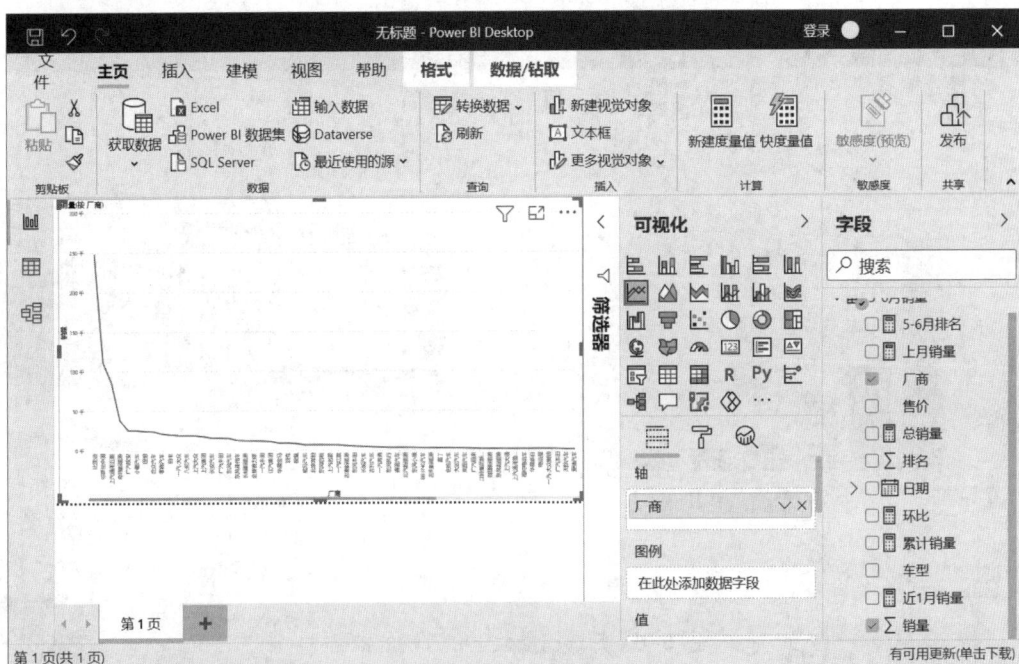

图 5-6　折线图

点击簇状条形图的图标，也可以变成条形图，如图 5-7 所示。

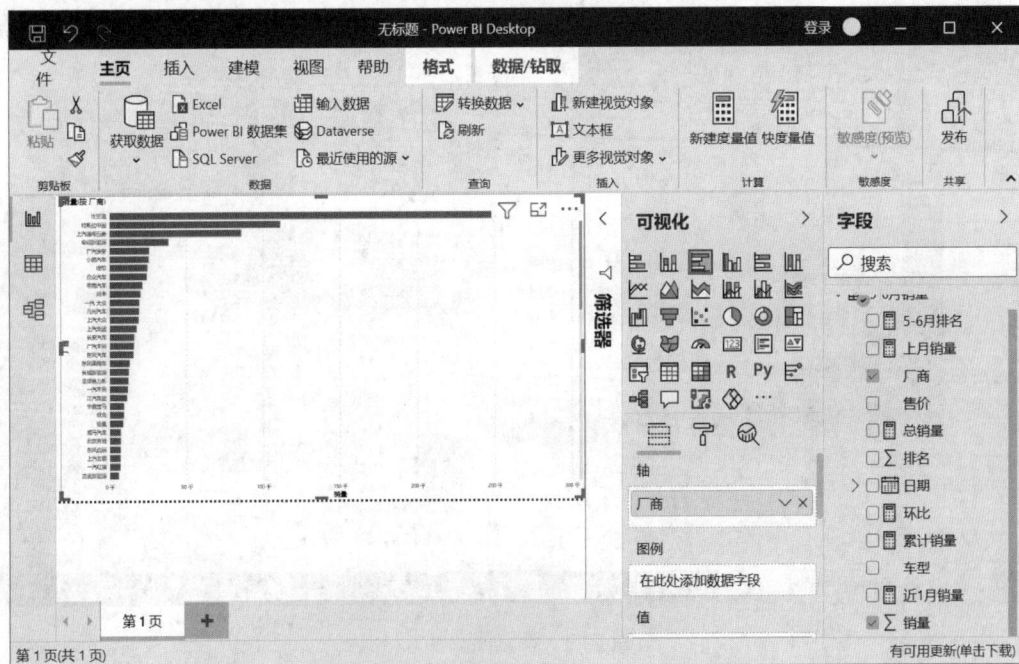

图 5-7　条形图

（二）图表格式设置

在图 5-5 所示的销量柱形图的基础上对图表进行调整。例如，可在筛选器中针对厂商进行筛选，选择"销量"在 2 万辆以上的数据，如图 5-8 所示。

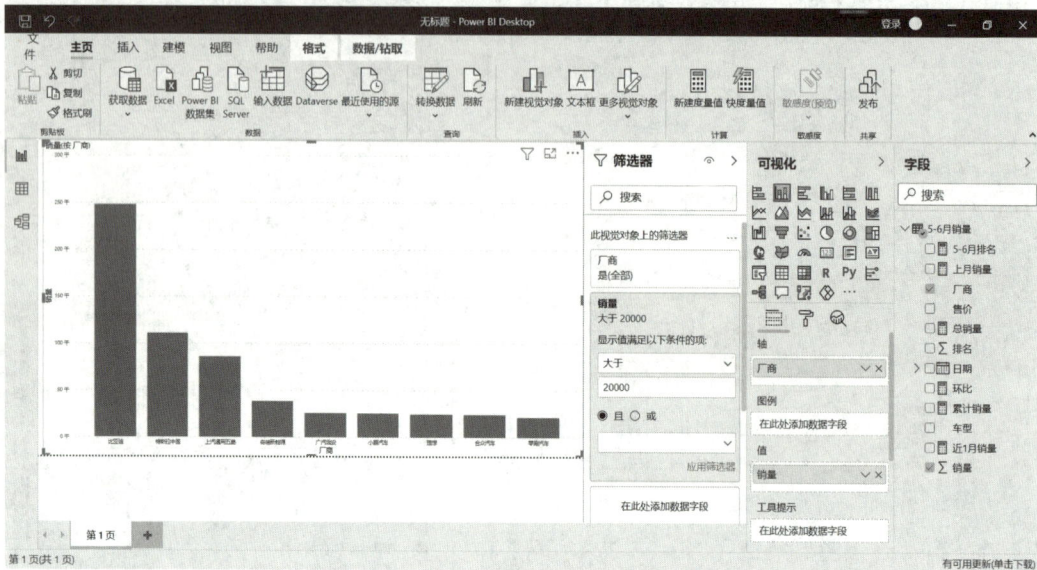

图 5-8　筛选销量大于 2 万辆的数据

点击"可视化"面板下的"格式"图标可修改柱形图的各种格式，如将"数据标签"打开，并设置"显示单位"为"无"，如图 5-9 所示。

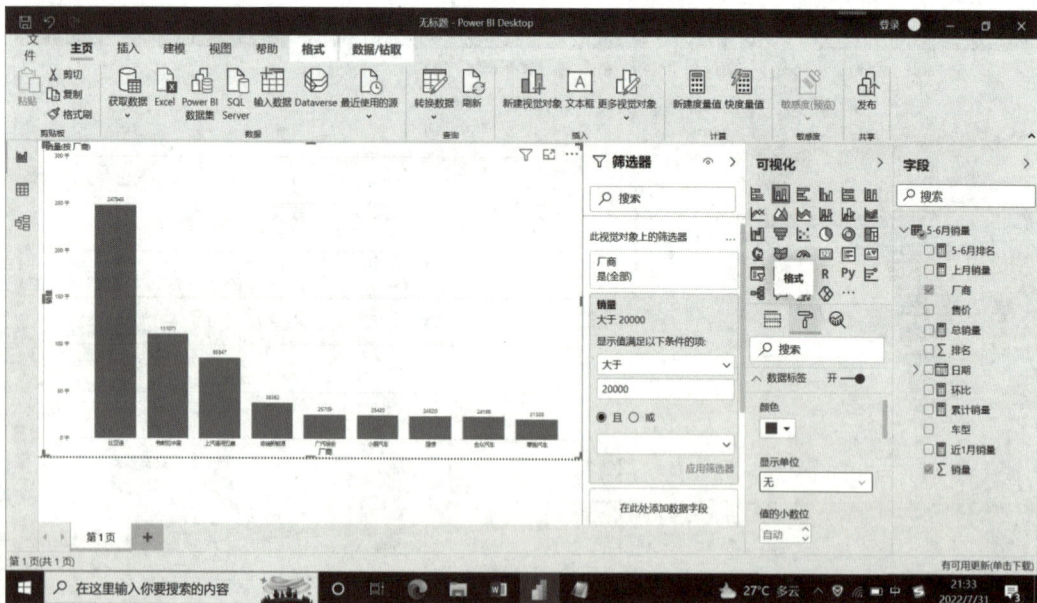

图 5-9　设置图表格式

同样，可以在"格式"选项卡下修改标题（调整 X 轴或 Y 轴的标题）、字号、颜色等。

此处选择将 X 轴与 Y 轴的标题字号适当调大,并将标题设置为居中。调整后的柱形图如图 5-10 所示。

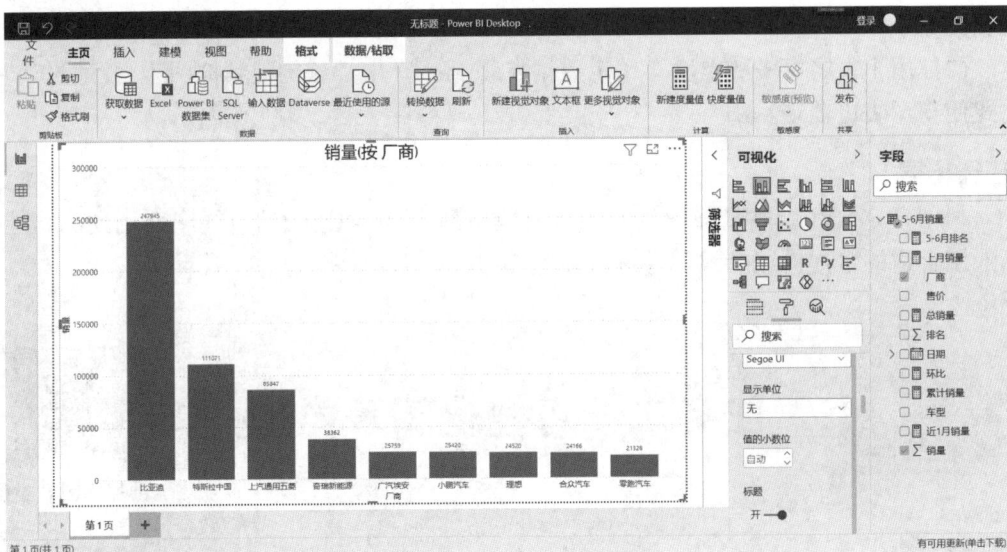

图 5-10　调整后的柱形图

四、分析功能

Power BI 可以为部分图表添加各种辅助线,如趋势线、最大值线、最小值线、均线等。此处在图 5-10 的基础上将图表设置为折线图,添加百分位数线。

点选"分析"图标后在其下选项中点击"百分位数线"再点击"添加"按钮即可添加。此处将"百分位数"改为 80%,颜色改为红色,效果如图 5-11 所示。

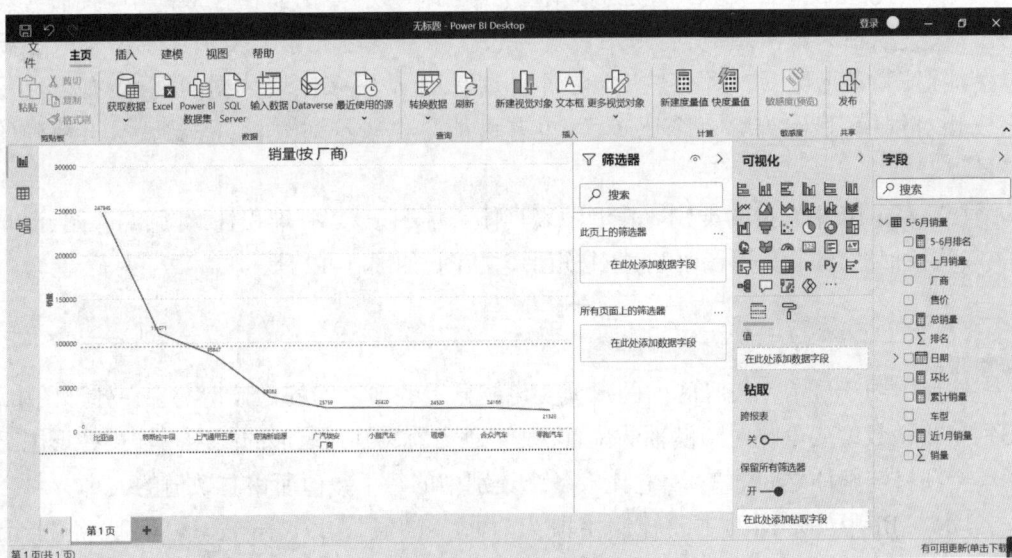

图 5-11　添加百分位数线

从图 5-11 中可看到 80% 的厂商销量在 10 万辆及以下，仅 20% 左右的厂商销量超过 10 万辆，其中比亚迪汽车销量最高，超过 20 万辆。

【任务尝试】

请你用车主之家中的电动车销量数据在 Power BI 中尝试构建其他图表，并通过调整格式使得图表更美观。

【任务拓展】

利用 Power BI 绘制折线图的时候可对单系列、坐标轴连续的折线图使用预测功能，请选用合适的数据构建折线图并进行预测。

任务二　可视化图表类型

可视化图表类型

【任务描述】

小张的疑问得到了解决，他也了解了这几种类型图表的基本概念与用途，接下来小张准备详细了解具体图表的应用场景，以更好地选择图形，并在 Power BI 中呈现兼具观赏性与实用性的图表。

【任务知识】

一、类别比较型图表

类别比较型图表的数据一般为数值型和类别型数据，比如在柱形图中，横轴为类别型数据，纵轴为数值型数据，采用位置与长度两种视觉元素。类别比较型图表主要包括柱形图、条形图、雷达图、坡度图、词云图等，通常用来比较数据的规模：有可能是比较相对规模，显示出哪一个比较大；也有可能是比较绝对规模，需要显示出精确的差异。

在 Power BI 中常见的类别比较型图表具体有堆积条形图、堆积柱形图、漏斗图、瀑布图、簇状柱形图、簇状条形图、仪表图与矩形树状图，如图 5-12 所示。

（一）柱形图与堆积柱形图

柱形图用于显示一段时间内的数据变化或显示各项之间的比较情况。在柱形图中，类别型或序数型变量映射到横轴的位置，数值型变量映射到矩形的高度。堆积柱形图显示单个项目与整体之间的关系，它比较各个类别中的每个数值所占总数值的大小。

Power BI 中柱形图的主要控制字段为"轴"和"值"。以"杯子"表为例，将"产品 ID"拖放到"轴"中，将"成本价"拖放到"值"当中，可建立柱形图；将"成本价"和"销售价"拖放到"值"当中,即可建立堆积柱形图,如图5-13所示。

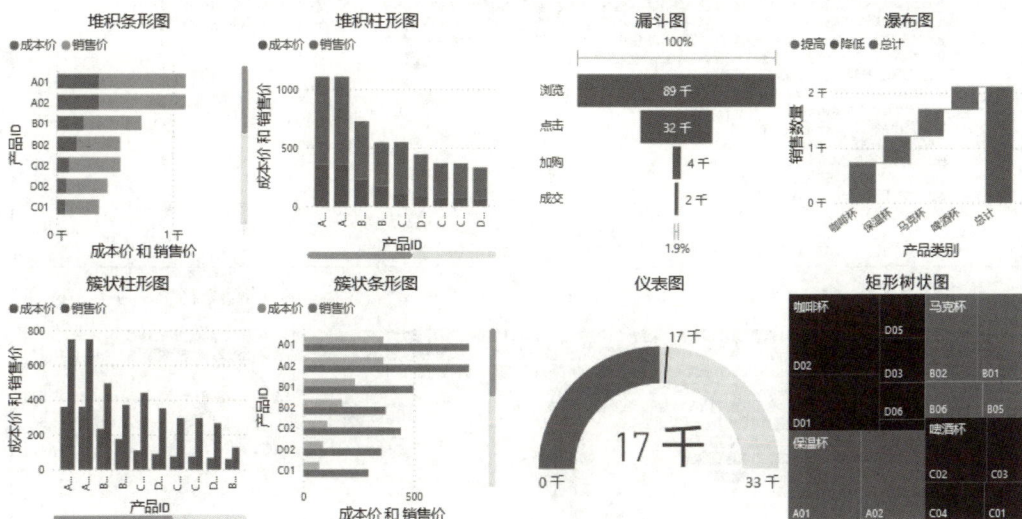

图5-12　Power BI中常见的类别比较型图表

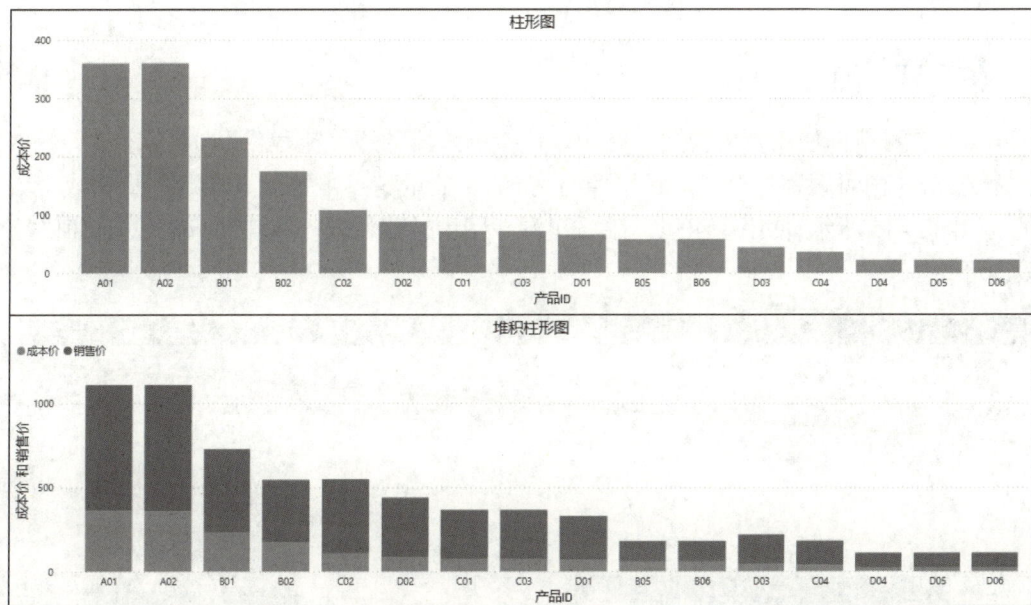

图5-13　柱形图与堆积柱形图

(二)条形图与堆积条形图

条形图与柱形图类似,可以表达几乎同样多的数据信息。在条形图中,类别型或序数型变量映射到纵轴的位置,数值型变量映射到矩形的宽度。条形图的柱形变为横向,因此,与柱形图相比,条形图更加强调项目之间的大小对比。尤其在项目名称较长以及数量较多时,采用条形图可视化数据会更加美观、清晰。

条形图与堆积条形图设置的区别和柱形图与堆积柱形图一样,如图5-14所示。

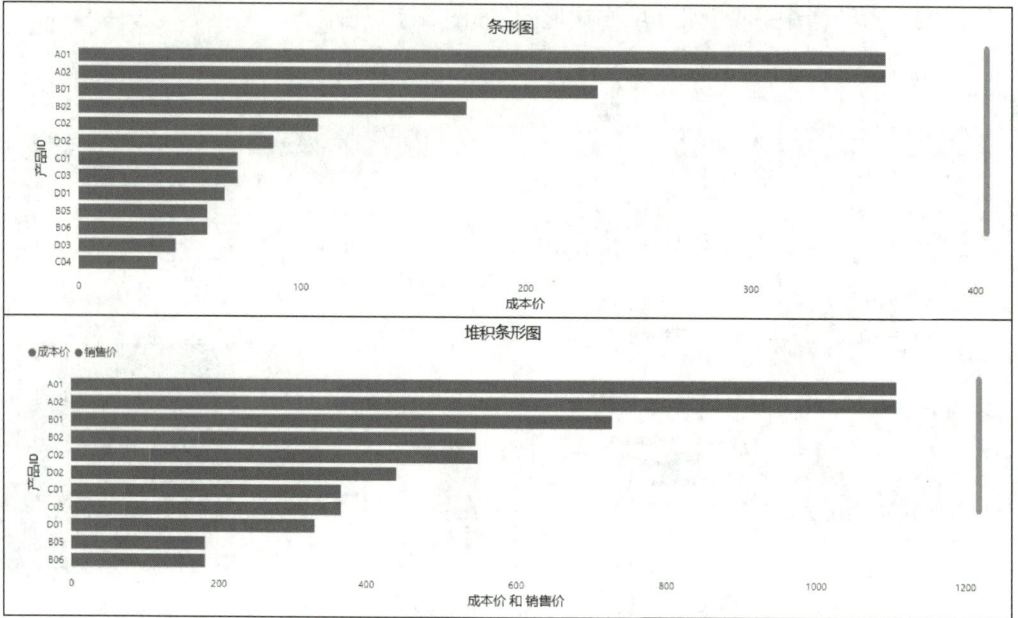

图 5-14　条形图与堆积条形图

（三）漏斗图

漏斗图可帮助使用者可视化具有顺序连接的阶段的线性流程。以"买家行为"数据表为例，漏斗图可跟踪各个阶段的买家行为：浏览数量 > 点击数量 > 加购数量 > 成交数量。如图 5-15 所示，使用者可以一眼看出漏斗图中转化情况。漏斗图只需设置"值"字段即可。

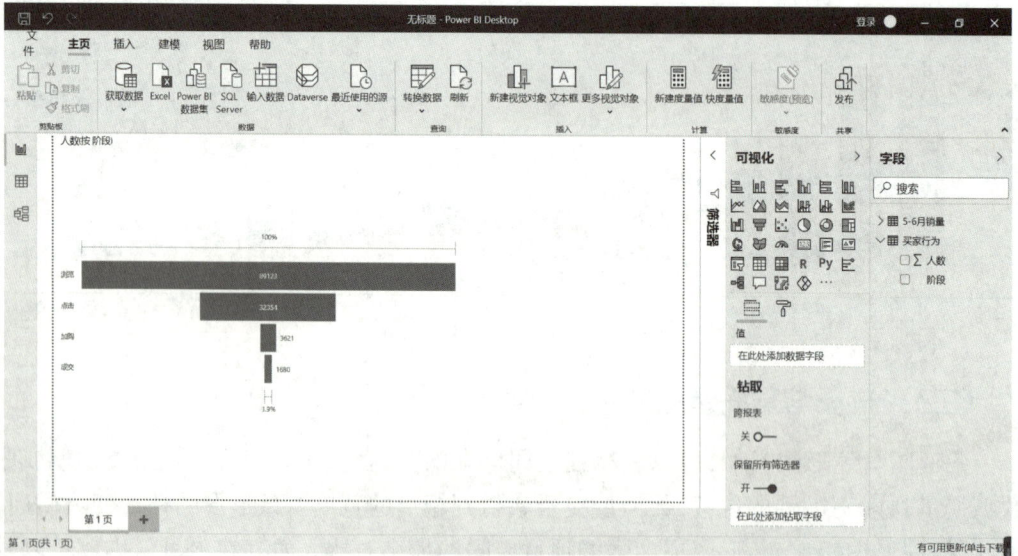

图 5-15　漏斗图

漏斗图的每个阶段的柱形长度代表总数的百分比大小。在大多数情况下，漏斗图的形状类似于一个漏斗，即第一阶段为最大值，之后每个阶段的值都小于其前一阶段的值。

二、数据关系型图表

数据关系型图表分为数值关系型、层次关系型和网络关系型三种。

数值关系型图表主要展示两个或多个变量之间的关系，包括最常见的散点图、气泡图、曲面图等。该类图表的变量一般都为数值型。当变量为 1 ~ 3 个时，可以采用散点图、气泡图、曲面图等；当变量多于 3 个时，可以采用高维数据可视化方法，如平行坐标系、矩阵散点图、径向坐标图、星形图和切尔诺夫脸谱图等。

散点图通常用于显示和比较数值。散点图使用一系列的散点在直角坐标系中展示变量的数值分布。当遇到以下几种情况时可在 Power BI 中选择散点图：

(1)显示两个数值之间的关系。

(2)将两组数字绘制成一个 x 和 y 坐标系列。

(3)需要更改水平轴的比例尺，但不使用折线图。

(4)需要将水平轴转换为对数比例尺。

(5)需要显示大型数据集中的模式，例如要显示线性或非线性趋势、簇状和离群值。

(6)需要在不考虑时间的情况下比较大量数据点。散点图中包含的数据越多，比较的效果就越好。

散点图主要设置"详细信息""X 轴""Y 轴""图例"。设置"图例"可以使每个点的颜色不同，以表示不同的信息。以"杯子"表为例，在"详细信息"中设置"产品 ID"，"X 轴"设置为"成本价"，"Y 轴"设置为"销售价"，"图例"设置为"产品 ID"，生成的散点图如图 5-16 所示。

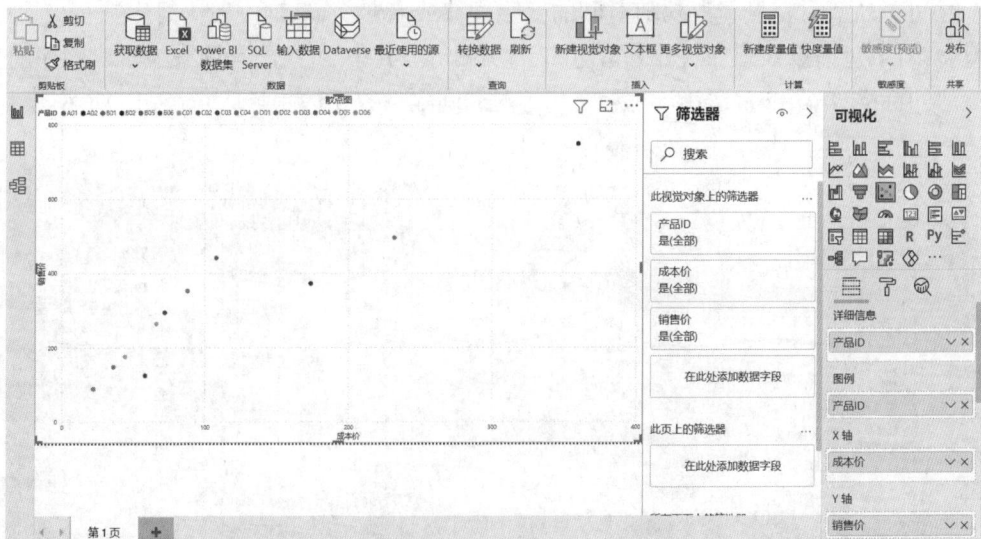

图 5-16　散点图

气泡图将数据点替换为气泡，用气泡大小表示附加的第三个数据维度。当遇到以下几种情况时可在 Power BI 中选择气泡图：

(1)有三个数据系列，每个系列包含一组值。

（2）展示财务数据。不同的气泡大小可增强特定值的视觉效果。

（3）需要使用象限。

生成气泡图在散点图的基础上添加"大小"字段即可，另外，与时间有关的还可以设置"播放轴"。在图 5-16 中设置的基础上将"销售数量"拖放到"大小"中，形成的气泡图如图 5-17 所示。

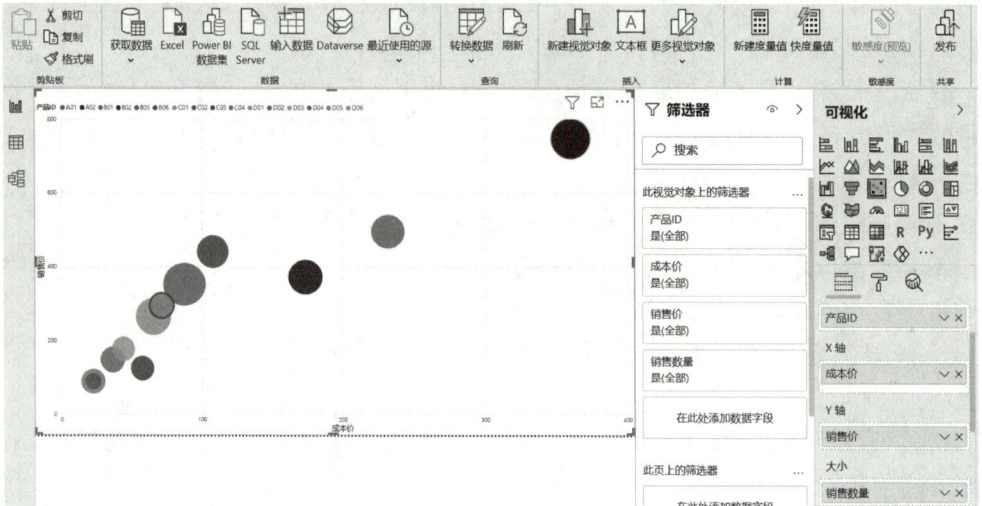

图 5-17　气泡图

三、时间序列型图表

时间序列型图表强调数据随时间的变化规律或者趋势，X 轴一般为时序数据，Y 轴为数值型数据，包括折线图、面积图、雷达图、日历图等。其中，折线图是用来显示时间序列变化趋势的标准方式，非常适用于显示在相等时间间隔下数据的趋势，如图 5-18 所示。

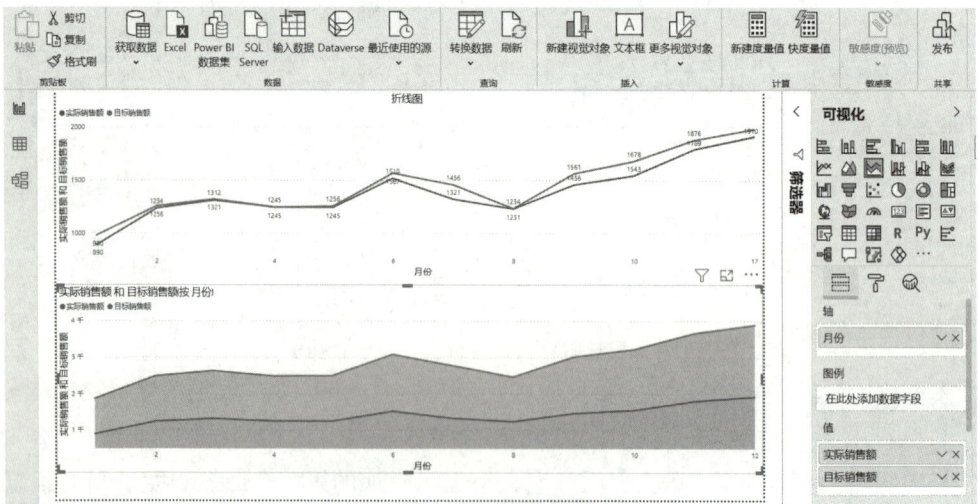

图 5-18　折线图与堆积面积图

折线图是将一系列数据点用直线连接的可视化图表。Power BI 中的"折线图"视觉对象支持在同一张折线图上绘制一条或多条折线,并且支持设定双 Y 轴或者与其他图形进行组合,如折线和簇状柱形图、折线和堆积柱形图。

在折线图中,X 轴包括类别型或者序数型变量,分别对应文本坐标轴和序数坐标轴(如日期坐标轴)两种类型;Y 轴为数值型变量。折线图最常用来显示趋势和关系,还可应用于时间序列数据的可视化。折线图用来展现时间序列数据的可视化时可给出某时间段内的整体概览,呈现数据在这段时间内的变化情况。

(一)标准折线图

在折线图系列中,标准的折线图和带数据标记的折线图可以很好地可视化数据。折线图主要设置"轴"字段和"值"字段。

以"目标值"表为例,将"月份"拖放到"轴"字段当中,将"实际销售额"拖放到"值"字段中,并将格式中的"数据标签"打开,"显示单位"设为"无",如图 5-19 所示。

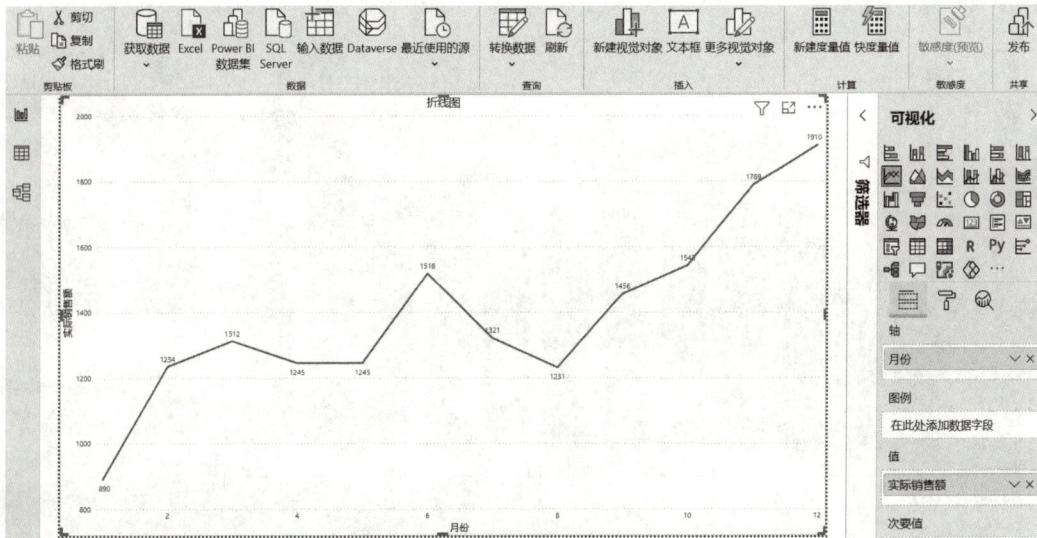

图 5-19　折线图

(二)双轴折线图与组合图

双轴折线图也称双折线图,是设置了两个字段在"值"字段中,如图 5-20 所示。

如果需要在一个图表上显示高度相异值,应该使用组合图,Power BI 中组合图(此处为折线和柱形图)的绘制结果如图 5-21 所示。组合图的使用条件有以下几点:

(1)具有 X 轴相同的折线图和柱形图。

(2)比较具有不同值范围的多个度量值。

(3)在一个可视化效果中说明两个度量值之间的关联。

(4)检查一个度量值是否满足另一个度量值定义的目标。

(5)节省画布空间。

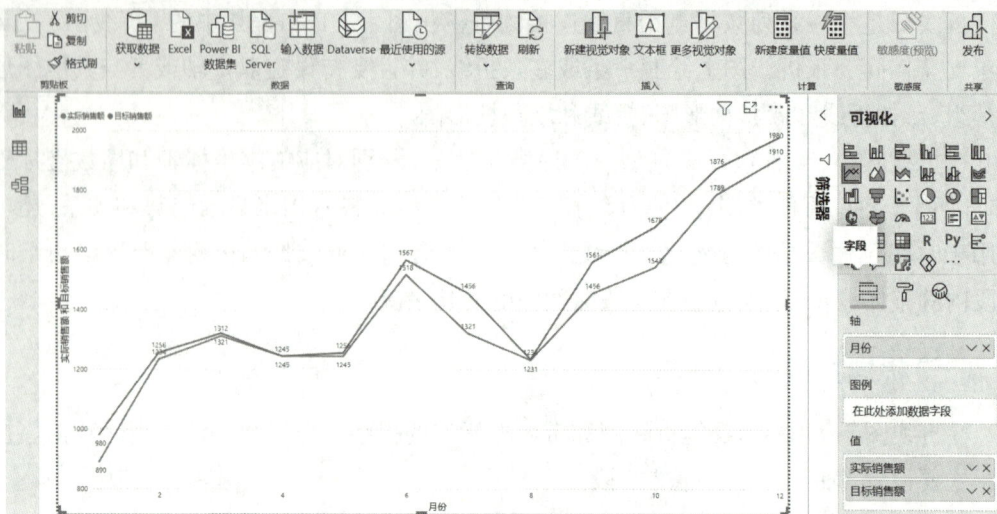

图 5-20　双折线图

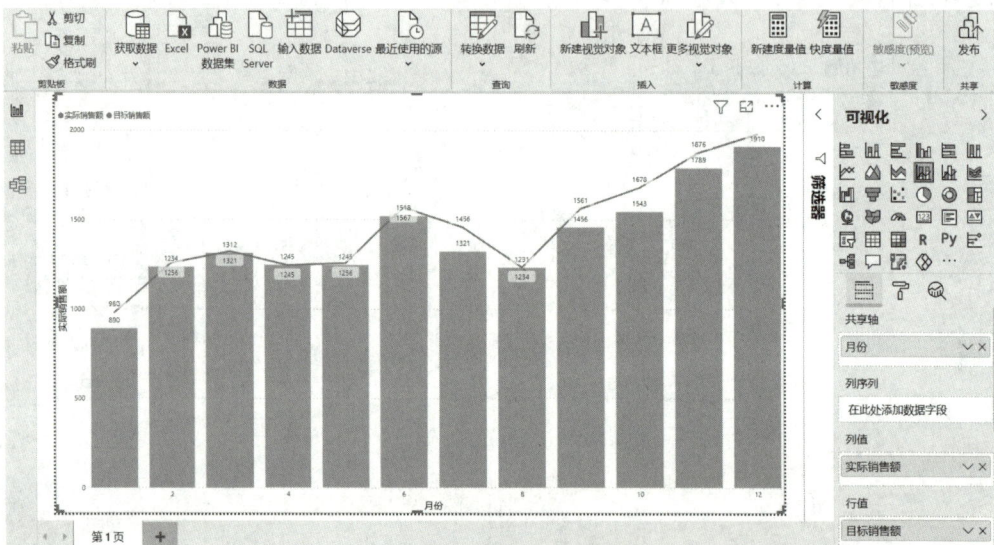

图 5-21　折线和柱形图

（三）堆积折线图（堆积面积图）

如需使用堆积折线图和百分比堆积折线图等推荐使用相应的面积图，例如，堆积折线图的数据可以使用堆积面积图绘制，展示的效果将会更加清晰和美观，如图 5-22所示。

四、局部整体型图表

局部整体型图表能显示出局部组成成分与整体的占比信息，主要包括饼图、环形图、矩形树状图、百分比堆积条形图、百分比堆积柱形图等，在 Power BI 中的呈现形式如图5-23 所示。

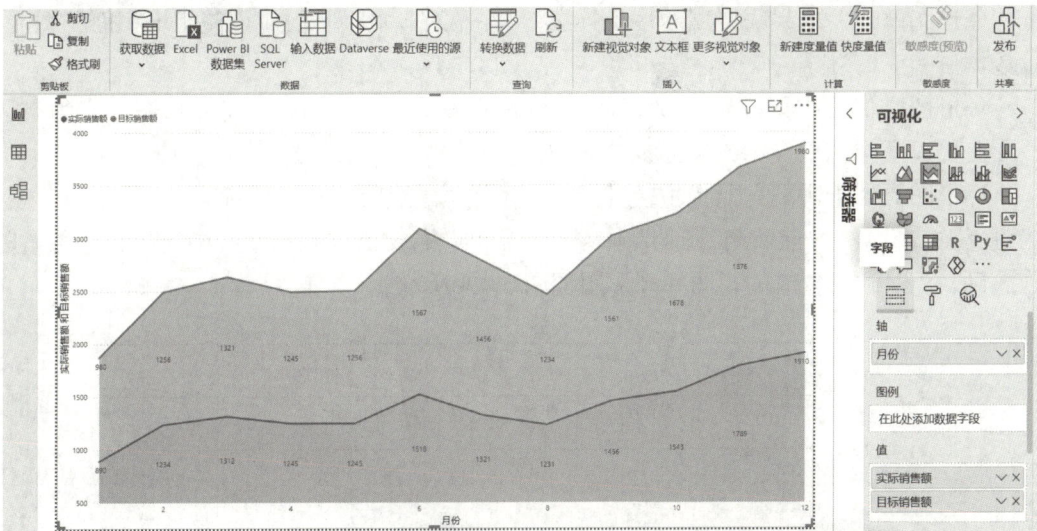

图 5-22　堆积面积图

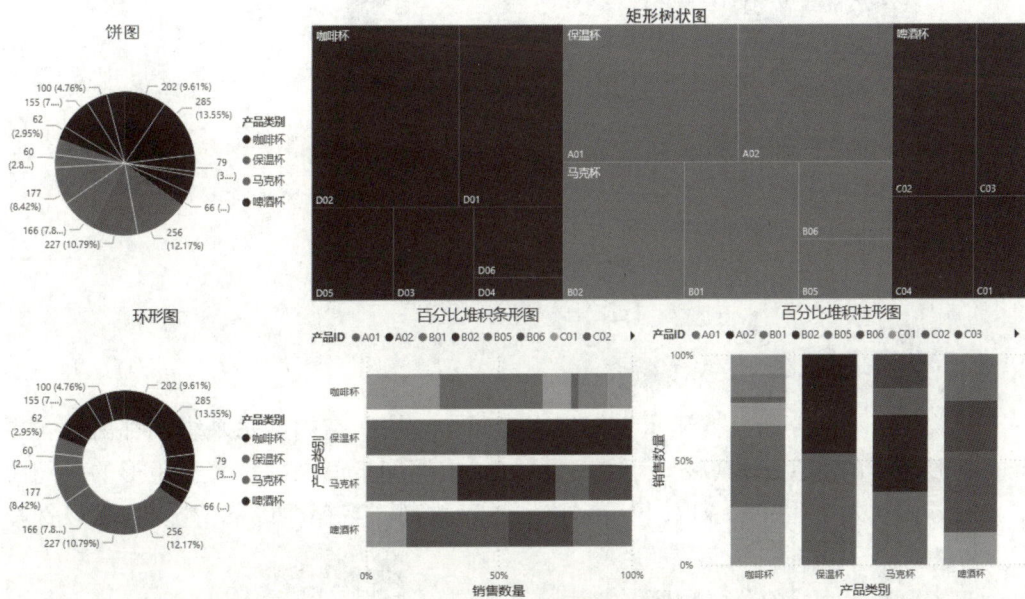

图 5-23　局部整体型图表

（一）饼图与环形图

饼图是将一个圆饼按照分类的占比划分成多个区块，整个圆饼代表数据的总量，每个区块（圆弧）表示该分类占总体的比例大小，所有区块（圆弧）的加和等于 100%。饼图是用来呈现部分和整体关系的常见方式，被广泛地应用在各个领域，用于表示不同分类的占比情况，通过弧度大小来对比各种分类。

饼图可以很好地帮助使用者快速了解数据的占比分配，但饼图并不适用于分类较多的数据，随着分类的增多，每个切片所占比例将会变小，最后导致大小区分不明显。另外，很难对多个饼图之间的数值进行比较，需比较时可以使用百分比堆积柱形图或者百分比堆积条形图替代。如果需要展示多个连续变量的数据占比情况,应该使用堆积面积图展示数据。

环形图类似于饼图,用于显示部分与整体的关系。唯一的区别是环形图中心为空,因而有更多空间用于显示数据标签或图例。

环形图类似于饼图,主要设置字段为"图例""详细信息""值"字段。以"杯子"表为例,将"产品类别"拖放到"图例"中,将"产品 ID"拖放到"详细信息"中,将"销售数量"拖放到"值"当中,生成的饼图和环形图如图 5-24 所示。

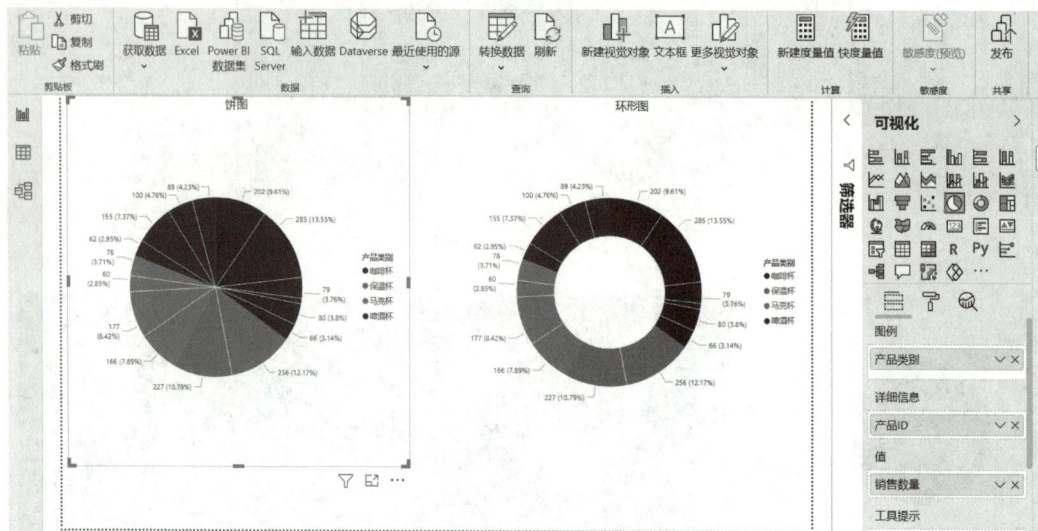

图 5-24　饼图与环形图

（二）矩形树状图

矩形树状图将分层数据显示为一组嵌套矩形。层次结构的每个级别都由包含更小的矩形(叶)的彩色矩形(枝)表示。Power BI 根据度量值来确定每个矩形的空间大小。矩形按从左上(最大)到右下(最小)的顺序排列。当存在以下情况时,可以选择矩形树状图:

(1)需要显示大量的分层数据。

(2)条形图无法有效显示大批量的数据。

(3)需要显示每个部分与整体之间的比例。

(4)需要跨层次结构中的每个类别级别显示度量值的分布模式。

(5)需要使用大小和颜色编码来显示属性。

(6)需要发现数据中隐藏的模式、离群值、最重要影响因素和异常。

矩形树状图主要设置字段有"组""详细信息""值"字段,其设置方向与饼图类似。以"杯子"表为例,将"产品类别"拖放到"组"当中,将"产品 ID"拖放到"详细信息"中,将"销售数量"拖放到"值"当中,生成的矩形树状图如图 5-25 所示。

通过比较每个叶节点的大小,可以跨其他类别分组比较销量:矩形越大,销量的值就越大。在图 5-25 中可以看到咖啡杯销量最高。

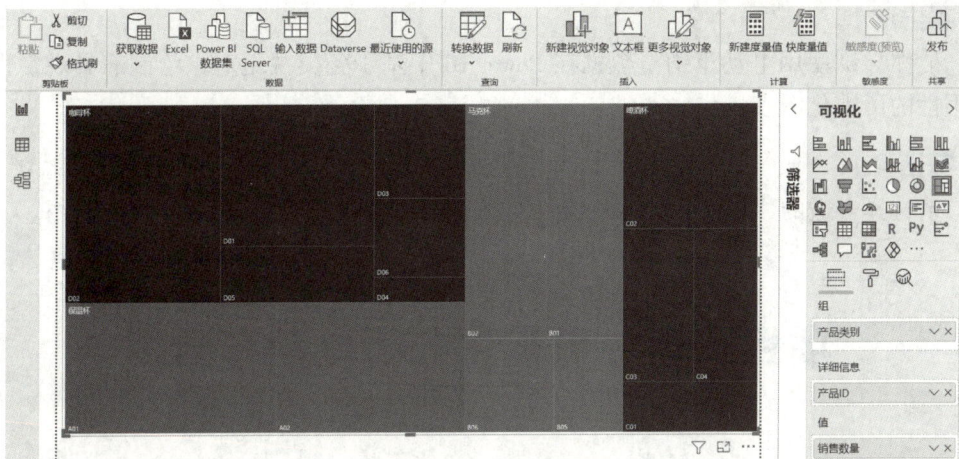

图 5-25　矩形树状图

五、地理空间型图表

　　地理空间型图表主要展示数据中的精确位置和地理分布规律,包括等值区间地图、带气泡的地图、带散点的地图等。地图中用地理坐标系可以映射位置数据。位置数据的形式有许多种,包括位置、经度、纬度、邮编等,但通常都是用纬度和经度来描述的。Power BI 中提供两种地理空间型图表,分别是"地图"与"着色地图",通过设置"位置""经度""纬度""图例""大小"等字段即可完成地理空间型图表的设置,如图 5-26 所示。

图 5-26　地图与着色地图的设置字段

【任务尝试】

请你尝试使用电动车销量数据在 Power BI 中基于各类视觉对象绘制兼具观赏性与实用性的可视化图表。

【任务拓展】

请选择合适的数据并在 Power BI 中导入词云图等视觉对象，绘制一个词云图。

项目实训　可视化分析电动车数据

【实训背景】

小张经过一系列的学习，已经熟练掌握并可以运用 Power BI 绘制相关可视化图表了，现在他要对电动车销量数据和销量最高的厂商数据做出分析。

【实训要求】

在 Power BI 中根据提供的报表进行可视化图表创建，使报表兼具美观性与实用性，并且设置交互功能。

【实训过程】

一、准备数据

(一)6 月份电动车销量数据

从车主之家网站中采集 2022 年 6 月份电动车销量数据，在 Power Query 中对"售价"进行拆分操作，删除"车型相关"列。

进入 Power BI，切换到报表视图，对各车型创建计算列，公式为：

价差 =

`'6 月销量 '[ 最高售价 ]–'6 月销量 '[ 最低售价 ]`

处理结果如图 5-27 所示。

(二)比亚迪数据

在车主之家网页上选择"销量"，再选择品牌为"比亚迪"进行搜索，结果如图 5-28 所示。完成数据采集后在 Power Query 中完成数据清洗。

二、创建图表

(一)价差按车型显示

根据 6 月份电动车销量数据创建出价差、最高售价、最低售价的车型情况图，选择堆积面积图,将"共享轴"字段处设置为"车型",在"值"中设置"价差""最高售价""最低售价",将最高售价与最低售价设置为平均值。在格式中将"数据标签"设置为"开",结果如图5-29所示。从图5-29中可见,"梦想家"车型价差最高,为32万元。

排名	车型	销量	厂商	最低售价	最高售价	价差
129	梦想家	125	岚图汽车	36.99	68.99	32
111	红旗E-HS9	398	一汽红旗	50.98	77.98	27
18	小鹏P7	8045	小鹏汽车	23.99	42.99	19
26	蔚来ES6	5100	蔚来	36.8	55.4	18.6
110	Aion LX	403	广汽埃安	28.66	46.96	18.3
78	极狐 阿尔法S(ARCFOX αS)	1111	北汽新能源	24.73	42.99	18.26
60	蔚来ES8	1684	蔚来	47.8	65.6	17.8
57	蔚来EC6	1828	蔚来	37.8	55.4	17.6
155	远志M1	30	大运汽车	15.38	30.88	15.5
134	上汽大通MAXUS MIFA 9	111	上汽大通	27.99	41.99	14
47	红旗E-QM5	2488	一汽红旗	12.28	23.98	11.7
5	汉	25439	比亚迪	21.48	32.98	11.5
90	Mustang Mach-E	792	福特电动车	26.5	37.99	11.49
128	奥迪Q5 e-tron	125	上汽奥迪	39.55	51	11.45
141	沃尔沃S90新能源	83	沃尔沃亚太	49.99	61.39	11.4
17	唐新能源	8134	比亚迪	20.58	31.48	10.9
140	奥迪e-tron	83	一汽-大众奥迪	54.68	64.88	10.2
24	ID.4 CROZZ	6140	一汽-大众	18.73	28.73	10

图5-27　价差计算结果

图5-28　比亚迪数据搜索结果

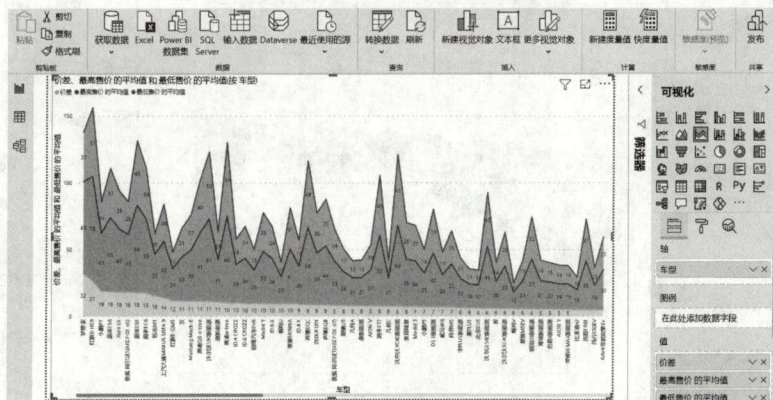

图5-29　车型售价情况

（二）最低售价与销量

根据 6 月份电动车销量数据求最低售价与销量的图形：选择折线和堆积柱形图，将"厂商"拖放到"共享轴"中，将"销量"拖放到"列值"中，将"最低售价"拖放到"行值"中。将"最低售价"设置为平均值。如图 5-30 所示，比亚迪销量最高，各车型最低售价的平均值为 12.58 万元。

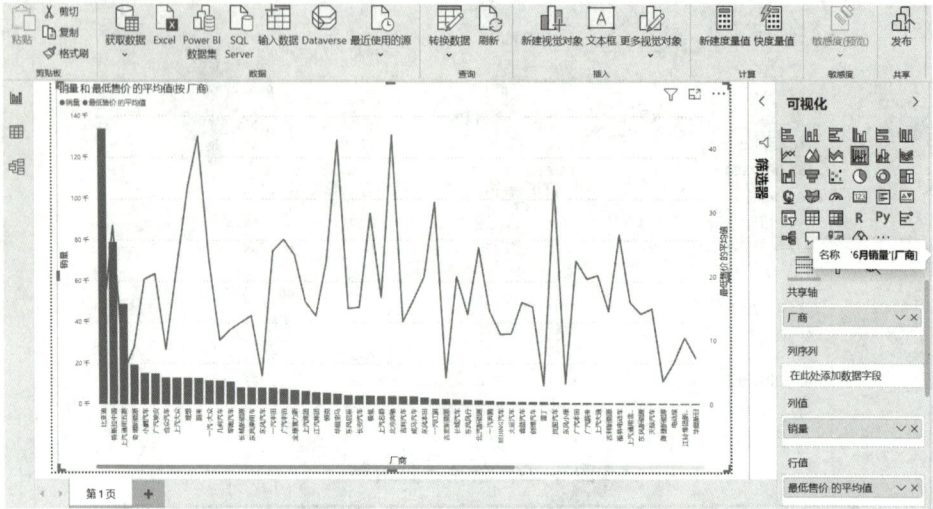

图 5-30　最低售价与销量情况

（三）最低售价与最高售价

根据 6 月份电动车销量数据创建最低售价与最高售价的气泡图：将"厂商"字段拖放到"图例"中，将"最低售价"拖放到"X 轴"中，将"最高售价"拖放到"Y 轴"中，将"销量"拖放到"大小"中。如图 5-31 所示，比亚迪平均最低与最高售价偏中下位置，气泡最大，销量最高。

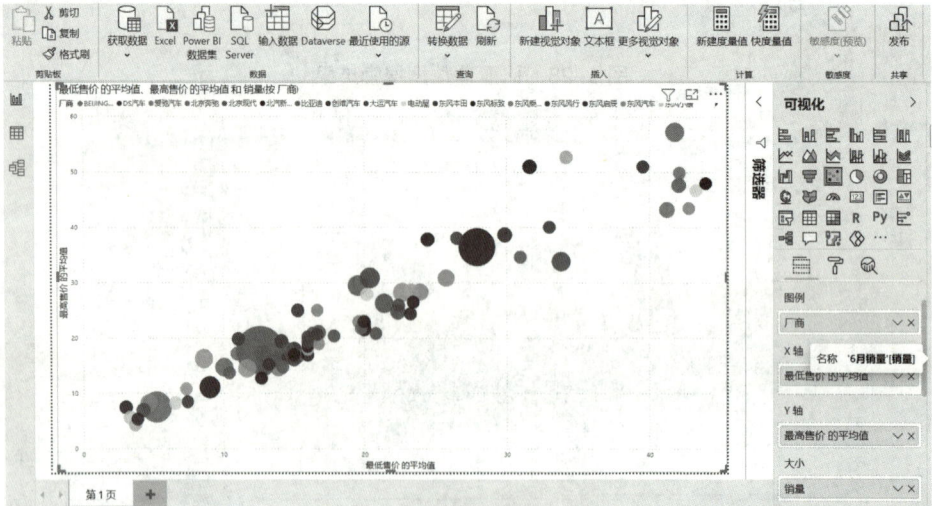

图 5-31　最低售价与最高售价

（四）占比

根据6月份电动车销量数据创建各厂商和品牌的占比图：选择饼图，将"厂商"和"车型"字段拖放到"图例"中，将"销量"字段拖放到"值"当中。如图5-32所示，比亚迪占比最大，市场份额为24.88%。

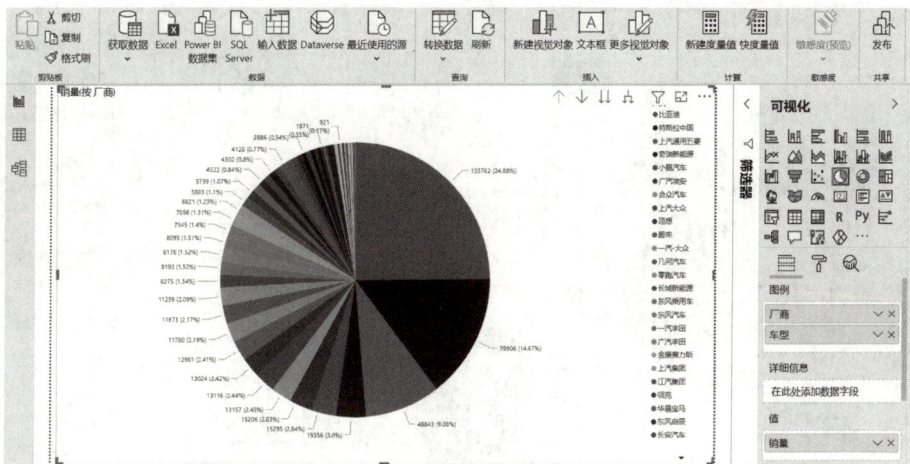

图5-32　占比情况

如在图5-32所示画布右上角选择"转至层次结构中的下一级别"，可以看到车型占比情况。

（五）销量预测

根据比亚迪数据表创建销量预测图：选择折线图，将"时间"字段拖放到"轴"当中，将"销量（辆）"字段拖放到"值"当中；在"分析"中设置预测情况，将"预测长度"设置为1点，"置信区间"设为75%，点击应用，结果如图5-33所示。具体的预测还要根据厂商生产能力、市场环境等因素来确定。

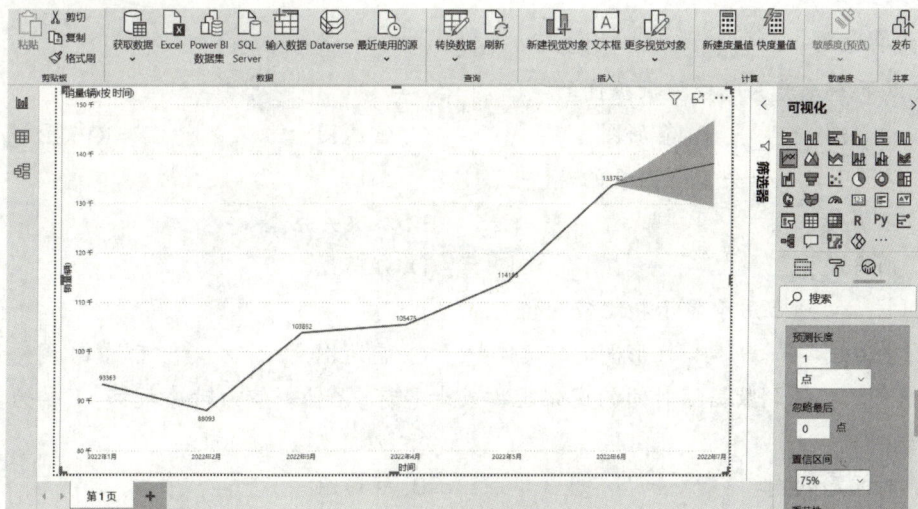

图5-33　销量预测情况

（六）仪表板

将前四项分析图放到报表中，创建切片器，形成仪表板，再将"厂商"拖放到"字段"中。如图 5-34 所示，通过在切片器中选择"厂商"可查看各厂商的相关分析数据。

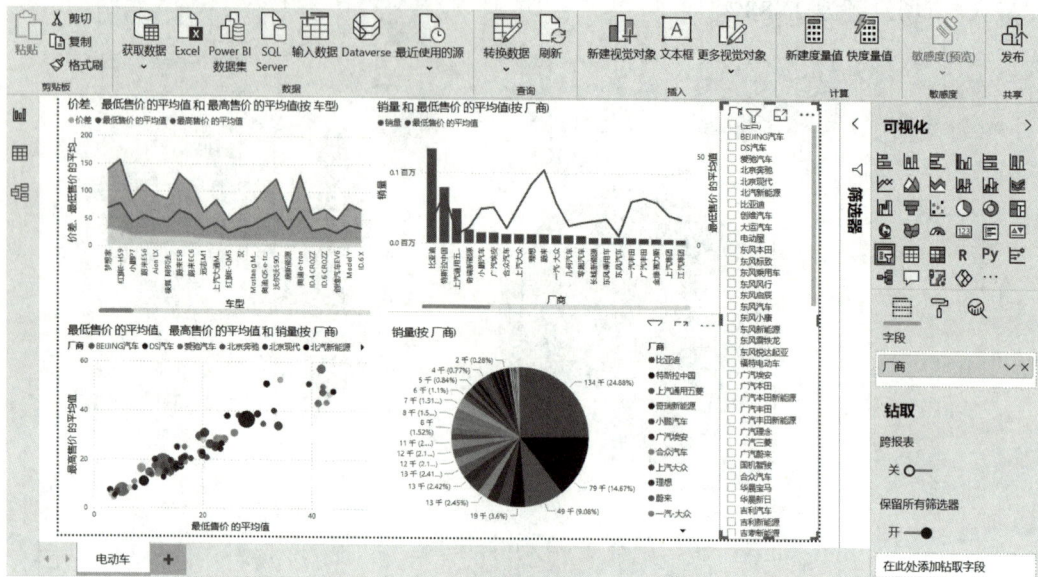

图 5-34　仪表板

【实训尝试】

请你尝试完成电动车 2022 年前 6 个月的数据可视化分析。

【实训拓展】

请从车主之家网站中采集汽车品牌数据，进行可视化分析。

✏️ 项目五测验

一、单选题

1. 以下不是类别比较型数据图的是（　　　）。

A. 柱形图　　　　　　B. 条形图　　　　　　　　C. 雷达图　　　　　　　　D. KPI 图

2. 以下不是数据关系型图表的是（　　　）。

A. 数值关系型　　　　　　　　　　　　B. 层次关系型

C. 网络关系型　　　　　　　　　　　　D. 矩阵图

3.（　　　）通常用于显示和比较数值。

A. 散点图　　　　　　B. 柱形图　　　　　　　　C. 雷达图　　　　　　　　D. KPI 图

4.（　　　）强调数据随时间的变化规律或者趋势，X 轴一般为时序数据，Y 轴为数值型数据。

A. 时间序列图　　　　　　　　　　　　B. 柱形图

C. 雷达图　　　　　　　　　　　　　　D. KPI 图

5. 地理空间型图表主要展示数据中的精确位置和地理分布规律,以下不是地理空间型图表的是( )。

A. 等值区间地图　　　　　　　　B. 带气泡的地图

C. 带散点的地图　　　　　　　　D. 柱形图

二、多选题

1. 创建视图的基本步骤有( )。

A. 加载数据　　　　　　　　　　B. 选择图表类型

C. 图表字段设置　　　　　　　　D. 图表格式设置

2. 可视化图表类型有( )。

A. 类别比较型图表　　　　　　　B. 数据关系型图表

C. 时间序列型图表　　　　　　　D. 局部整体型图表

3. 在 Power BI 中常见的类别比较型图表有( )。

A. 堆积条形图　　　　　　　　　B. 堆积柱形图

C. 漏斗图　　　　　　　　　　　D. 瀑布图

4. 数值关系型图表主要展示两个或多个变量之间的关系,包括( )。

A. 散点图　　　　B. 气泡图　　　　C. 曲面图　　　　D. 矩阵散点图

5. 时间序列型图表包括( )。

A. 折线图　　　　B. 面积图　　　　C. 雷达图　　　　D. 日历图

6. 局部整体型图表能显示出局部组成成分与整体的占比信息,主要包括( )。

A. 饼图　　　　　　　　　　　　B. 环形图

C. 矩形树状图　　　　　　　　　D. 百分比堆积柱形图

三、判断题

1. 堆积柱形图显示单个项目与整体之间的关系,它比较各个类别中的每个数值所占总数值的大小。( )

2. 在条形图中,类别型或序数型变量映射到纵轴的位置,数值型变量映射到矩形的宽度。( )

3. 气泡图将数据点替换为气泡,用气泡大小表示附加的第三个数据维度。( )

4. 折线图是将一系列数据点用直线连接的可视化图表。( )

5. 堆积折线图的数据可以使用堆积面积图绘制,展示的效果将会更加清晰和美观。( )

6. 环形图类似于饼图,用于显示部分与整体的关系。( )

四、填空题

1. ( )用于显示一段时间内的数据变化或显示各项之间的比较情况。

2. ( )可帮助使用者可视化具有顺序连接的阶段的线性流程。

3. ( )是将一个圆饼按照分类的占比划分成多个区块,整个圆饼代表数据的总量,每个区块(圆弧)表示该分类占总体的比例大小,所有区块(圆弧)的加和等于100%。

4. ( )将分层数据显示为一组嵌套矩形。层次结构的每个级别都由包含更小的矩形(叶)的彩色矩形(枝)表示。

5. Power BI 中提供两种地理空间型图表,分别是"地图"与(　　　),通过设置"位置""经度""纬度""图例""大小"等字段即可完成地理空间型图表的设置。

五、操作题

1. 根据案例数据表中的"产品销售"表(扫码获取)绘制柱形图。

2. 根据案例数据表中的"保温杯"表(扫码获取)中的评分数据,创建折线图。

案例数据表

3. 根据案例数据表中的"城市销量"表(扫码获取),创建地图。

4. 根据案例数据表中的"大码女鞋"表(扫码获取),创建着色地图。

项目六
实战销售数据分析

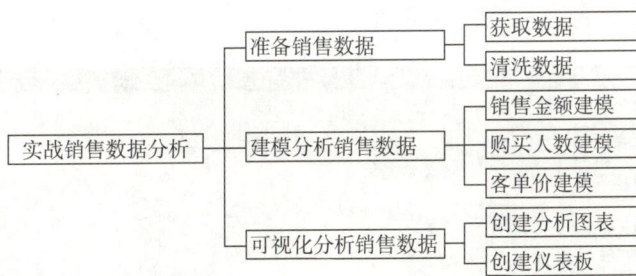

```
                                          ┌─ 获取数据
                    ┌─ 准备销售数据 ───────┤
                    │                      └─ 清洗数据
                    │
                    │                      ┌─ 销售金额建模
实战销售数据分析 ────┼─ 建模分析销售数据 ──┼─ 购买人数建模
                    │                      └─ 客单价建模
                    │
                    │                      ┌─ 创建分析图表
                    └─ 可视化分析销售数据 ─┤
                                          └─ 创建仪表板
```

核心目标

职业能力
1. 具备对数据进行清洗、建模分析的能力；
2. 能运用可视化工具创建图表并分析数据；
3. 能创建仪表板从整体上分析数据。

职业素养
1. 养成善于观察、认真分析和解决问题的习惯；
2. 具备较强的逻辑思维能力和认真钻研的职业精神。

任务一　准备销售数据

准备销售数据

【任务描述】

　　小张接到一个新项目，要对兰花销售数据进行分析，分析出销售影响因素和目标销售地域情况。小张要根据需要准备好这些数据，对数据进行获取并完成清洗操作。

【任务要求】

　　使用 Power BI 工具获取销售数据，并对销售数据进行清洗整理。

【任务完成过程】

一、获取数据

　　使用 Power BI 中的 Excel 方式（见图 6-1）打开"兰花"数据表。

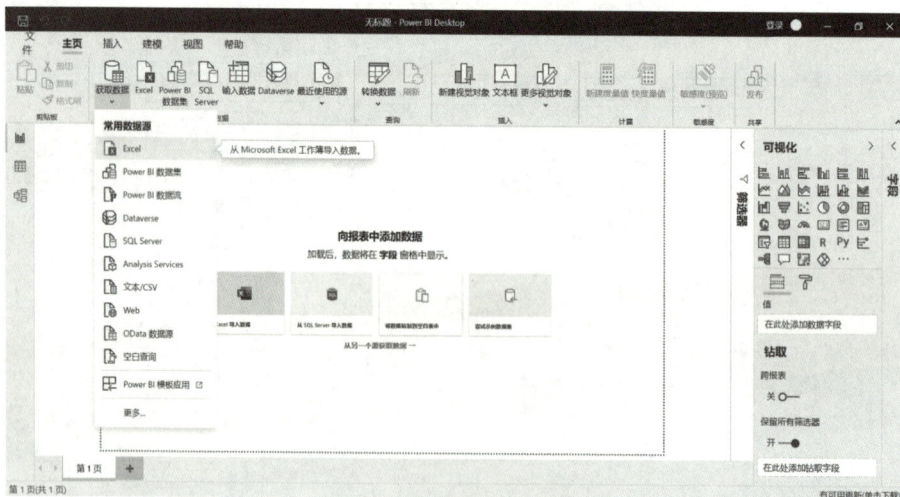

图 6-1　选择 Excel 方式

从案例数据中选择"兰花"数据表,然后点击"转换数据"按钮,如图 6-2 所示。

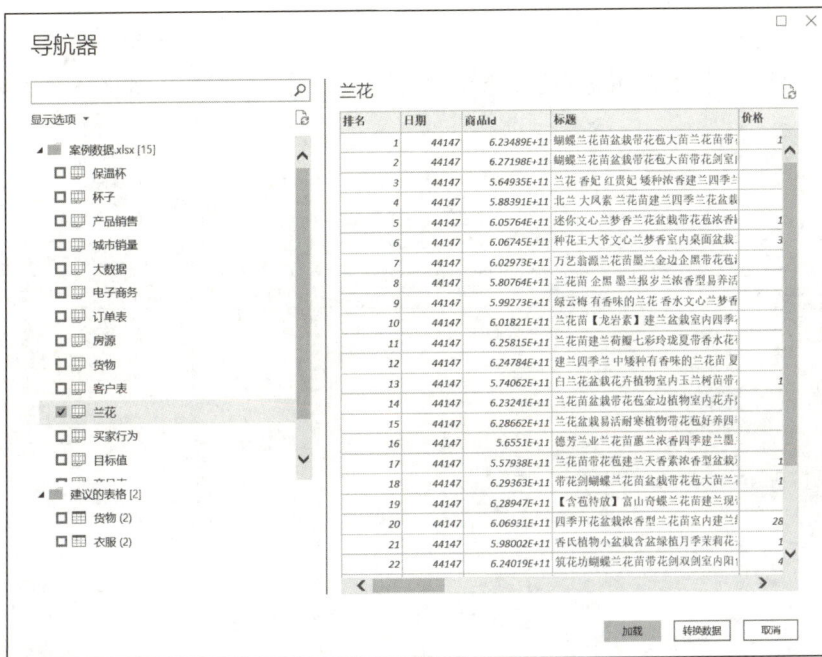

图 6-2 转换"兰花"数据

二、清洗数据

(一)观察数据

进入 Power BI 窗口,观察需要清洗的数据,如图 6-3 所示。从"兰花"数据表中可见,"日期"列数据格式不正确,"商品 Id"列格式不正确,"地址"列需要进行拆分。

	1²3 排名	1²3 日期	1²3 商品Id	ABC 标题
1	1	44147	6.23489E+11	蝴蝶兰花苗盆栽带花苞大苗兰花苗...
2	2	44147	6.27198E+11	蝴蝶兰花苗盆栽带花苞大苗带花剑...
3	3	44147	5.64935E+11	兰花 香妃 红贵妃 矮种浓香建兰四...
4	4	44147	5.88391E+11	北兰 大凤素 兰花苗建兰四季兰花...
5	5	44147	6.05764E+11	迷你文心兰梦香兰花盆栽带花苞浓...
6	6	44147	6.06745E+11	种花王大爷文心兰梦香室内桌面盆...
7	7	44147	6.02973E+11	万艺翁源兰花苗墨兰金边企黑带花...
8	8	44147	5.80764E+11	兰花苗 企黑 墨兰报岁兰香型易...
9	9	44147	5.99273E+11	绿云梅 有香味的兰花 香水文心兰...
10	10	44147	6.01821E+11	兰花苗【龙岩素】建兰盆栽室内四...
11	11	44147	6.25815E+11	兰花苗建兰荷瓣七彩玲珑夏带香水...
12	12	44147	6.24784E+11	建兰四季兰 中矮种有香味的兰花苗...
13	13	44147	5.74062E+11	白兰花盆栽花卉植物室内玉兰树苗...
14	14	44147	6.23241E+11	兰花苗盆栽带花苞金边植物室内花...
15	15	44147	6.28662E+11	兰花盆栽易活耐寒植物带花苞好养...
16	16	44147	5.6551E+11	德芳兰业兰花苗蕙兰浓香四季建兰...

图 6-3 观察数据

（二）清洗数据

1. 更改"日期"列数据类型

选择"日期"列，点击鼠标右键，选择"更改类型"中的"日期"，如图 6-4 所示。

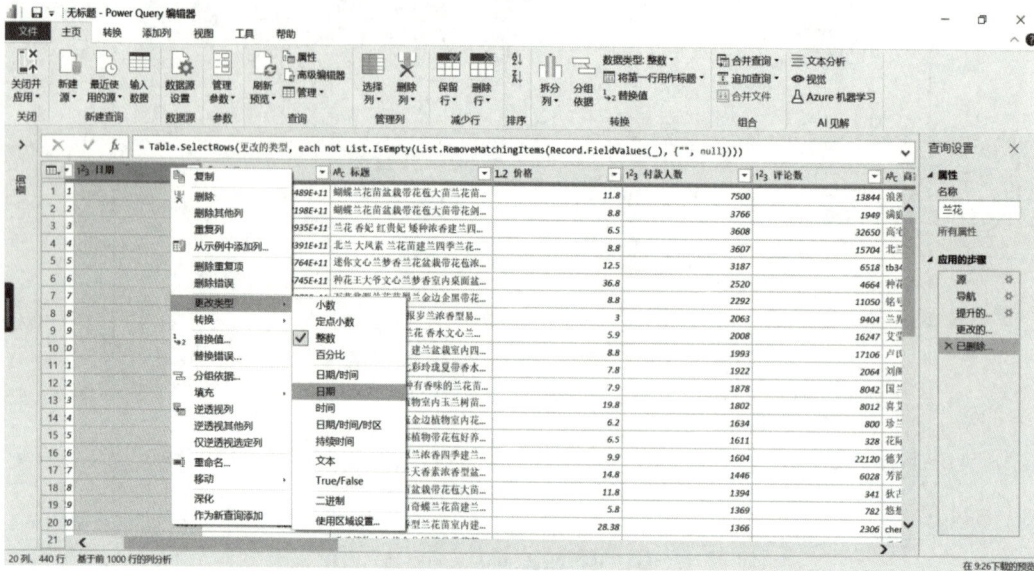

图 6-4　更改日期类型

更改后的结果如图 6-5 所示，可见"日期"列中的所有的数据都变成了日期型数据。

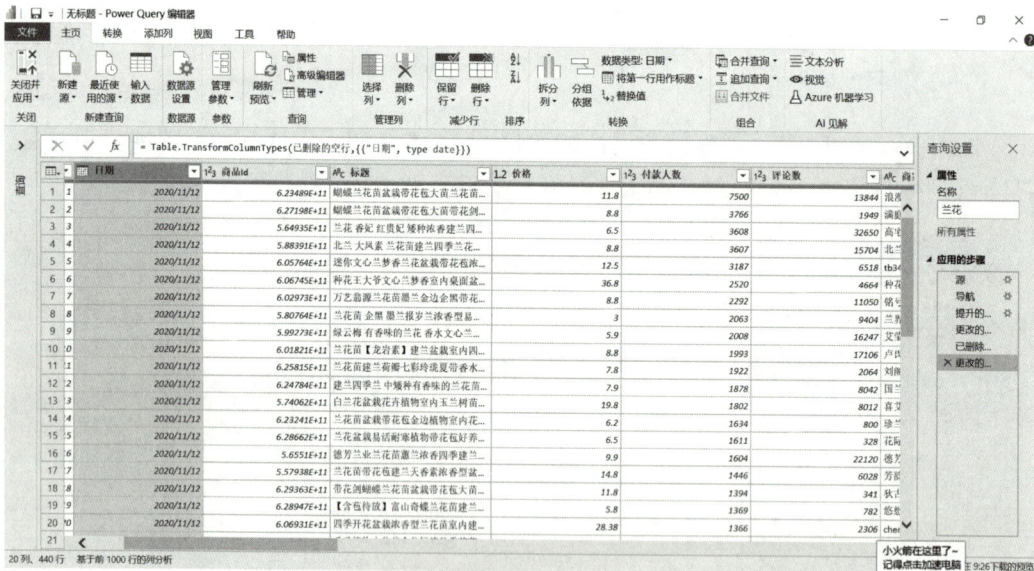

图 6-5　更改后的"日期"列

2. 更改"商品 Id"列类型

与更改"日期"列方法相同，将"商品 Id"列类型改为"文本"型，并将"商品 Id"名称改为"商品 ID"，结果如图 6-6 所示。

图 6-6　更改"商品 Id"列类型

3. 拆分"地址"列

选择"地址"列,从"主页"菜单中选择"拆分列"中的"按分隔符",在弹出的窗口中"选择或输入分隔符"处设为"空格","拆分位置"选择"最左侧的分隔符",如图 6-7所示。

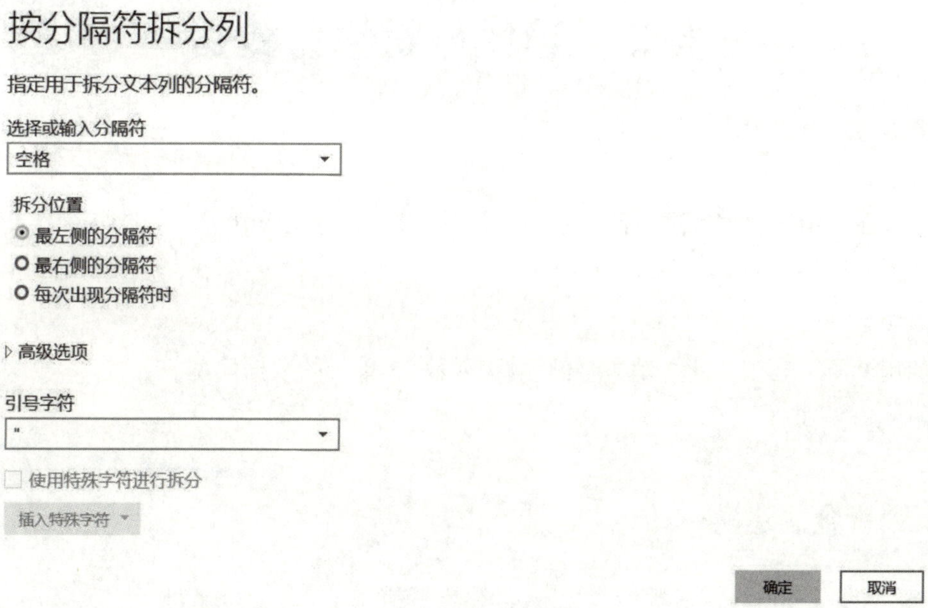

图 6-7　按空格拆分列设置

点击"确定"按钮,拆分后形成了两列,一列为"地址 .1",另一列为"地址 .2"。将这两列重命名为"省"和"市",结果如图 6-8 所示。

清洗完成后,选择"关闭并应用"加载到 Power BI 中。

图 6-8　重命名拆分后地址列

【任务尝试】

请你观察"兰花"数据表中还有哪些列需要进行清洗，试着完成清洗操作。

【任务拓展】

请分析"兰花"数据表中"品牌"列中部分为空是什么原因，如何处理？

任务二　建模分析销售数据

建模分析销售数据

【任务描述】

小张在对销售数据表进行清洗后，要对销售数据进行建模分析。小张应该怎么建立模型才能完成项目的要求呢？

【任务要求】

使用 Power BI 工具建立销售金额、购买人数、客单价的数据模型。

【任务完成过程】

一、销售金额建模

进入 Power BI Desktop 数据表视图，创建度量值：

销售金额 =

```
SUMX(
    '兰花',
    '兰花'[付款人数]*'兰花'[价格]
)
```

切换到报表视图,选择"卡片图",将"销售金额"拖放到"字段"中。在格式中将"数据标签"中的"显示单位"改为"无",小数位数改为0;"类别标签"关闭,将"标题"开关打开,在标题中输入"销售金额",并居中显示,如图6-9所示。

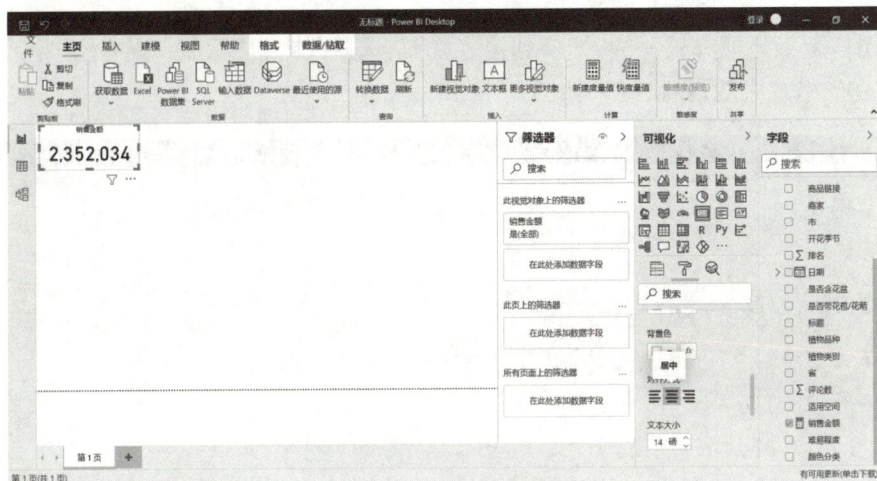

图6-9　销售金额建模

二、购买人数建模

在 Power BI Desktop 数据表视图,创建度量值:

购买人数 =

```
SUM(
    '兰花'[付款人数]
)
```

与销售金额建模方式一样,切换到报表视图,选择"卡片图",将"购买人数"拖放到"字段"中,完成格式中的设置,结果如图6-10所示。

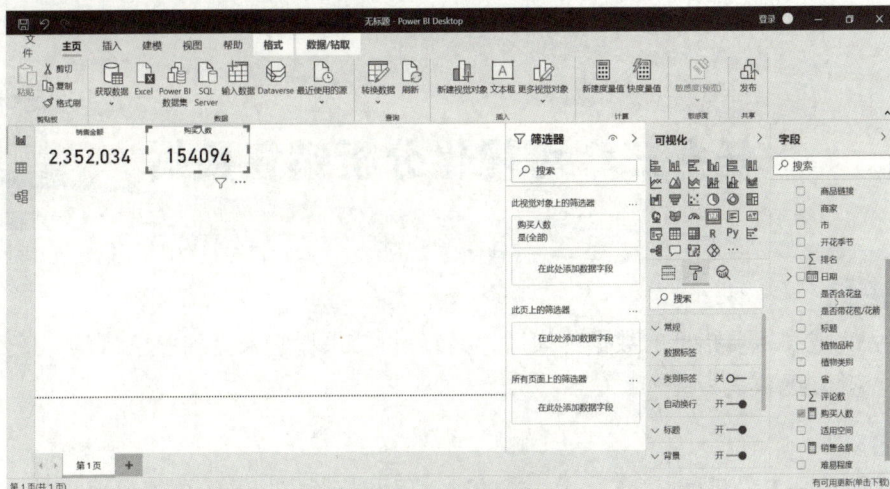

图6-10　购买人数建模

三、客单价建模

在 Power BI Desktop 数据表视图，创建度量值：

客单价＝[销售金额]/[购买人数]

与销售金额建模方式一样，切换到报表视图，选择"卡片图"，将"客单价"拖放到"字段"中，完成格式中的设置，结果如图 6-11 所示。

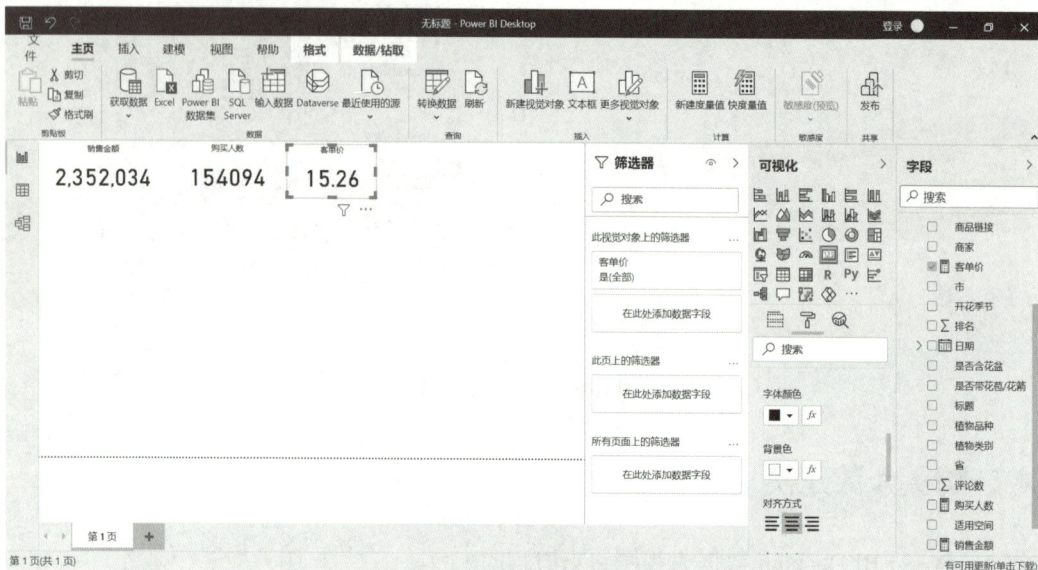

图 6-11　客单价建模

从以上模型数据可见，兰花销售数据的客单价在 15.26 元。

【任务尝试】

请你尝试使用"多行卡"可视化方式制作销售金额、购买人数和客单价的图表。

【任务拓展】

对"兰花"数据表中各品牌数据进行汇总建模分析。

任务三　可视化分析销售数据

可视化分析
销售数据

【任务描述】

小张完成了主要指标的数据建模后，为使分析结果看起来更加形象、直观，想要制作一个整洁美观的仪表板。

【任务要求】

使用 Power BI 工具创建各指标数据的图表以及与销售相关的可视化视图。

【任务完成过程】

一、创建分析图表

（一）销售金额与购买人数

在 Power BI 可视化视图中选择"折线和堆积柱形图"，将"植物品种"拖放到"共享轴"中，将"销售金额"拖放到"列值"中，"购买人数"拖放到"行值"中。

在格式中进行设置，将"图例"关闭，将"X轴"和"Y轴"的标题开关关闭。

将格式中的"标题"设置为"销售金额 & 购买人数"，设置数据颜色中的"购买人数"为红色，结果如图 6-12 所示。

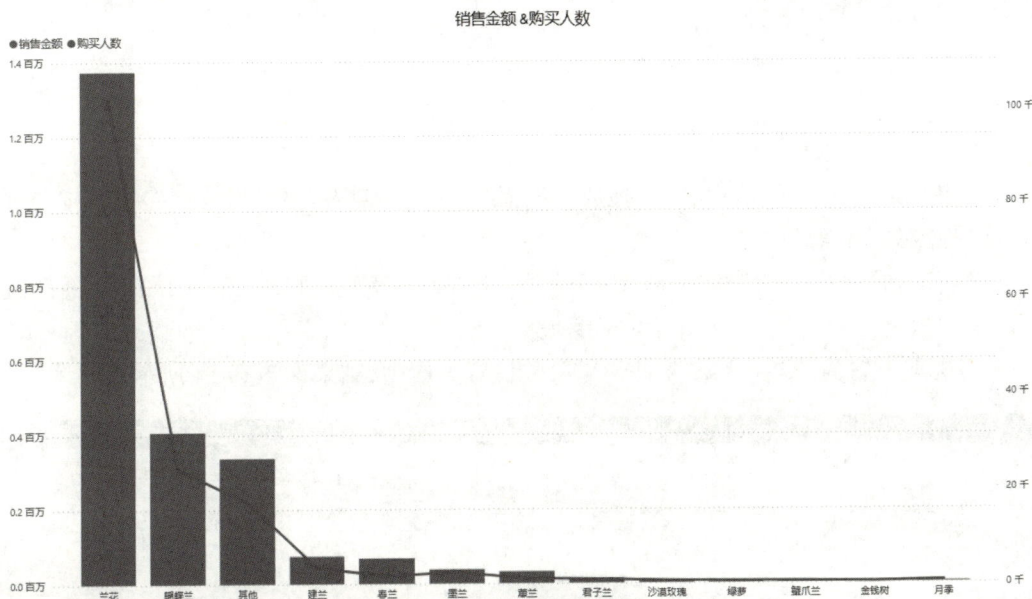

图 6-12　"销售金额 & 购买人数"图表

从结果可见，销量金额最大的是"兰花"品种，而且购买人数也是最多的；其次为"蝴蝶兰"品种。

（二）价格与购买人数

选择"散点图"，将"植物品种"拖放到"图例"中，将"购买人数"拖放到"X轴"中，"价格"拖放到"Y轴"中，设置价格为平均值，将"销售金额"拖放到"大小"中。

将"X轴"和"Y轴"的缩放类型改为"日志"，"X轴"和"Y轴"中的标题都改为关。

将标题设置为"价格 & 购买人数"，并设置为居中，结果如图 6-13 所示。

从图 6-13 中可见，"兰花"品种是销售金额最大的，也是购买人数最多的，但价格处于中等水平。

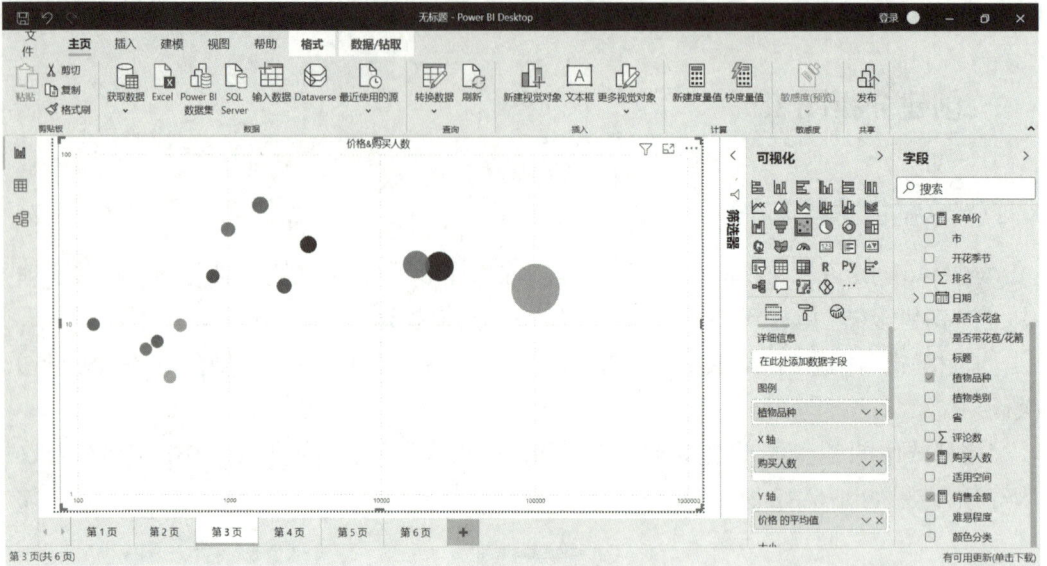

图 6-13　"价格 & 购买人数" 图表

（三）购买人数与评论数

选择"散点图"，将"植物品种"拖放到"图例"中，将"购买人数"拖放到"X 轴"中，"评论数"拖放到"Y 轴"中。

将"X 轴"和"Y 轴"的缩放类型改为"日志"，"X 轴"和"Y 轴"中的标题都改为关。

将标题设置为"购买人数 & 评论数"，并设置为居中，结果如图 6-14 所示。

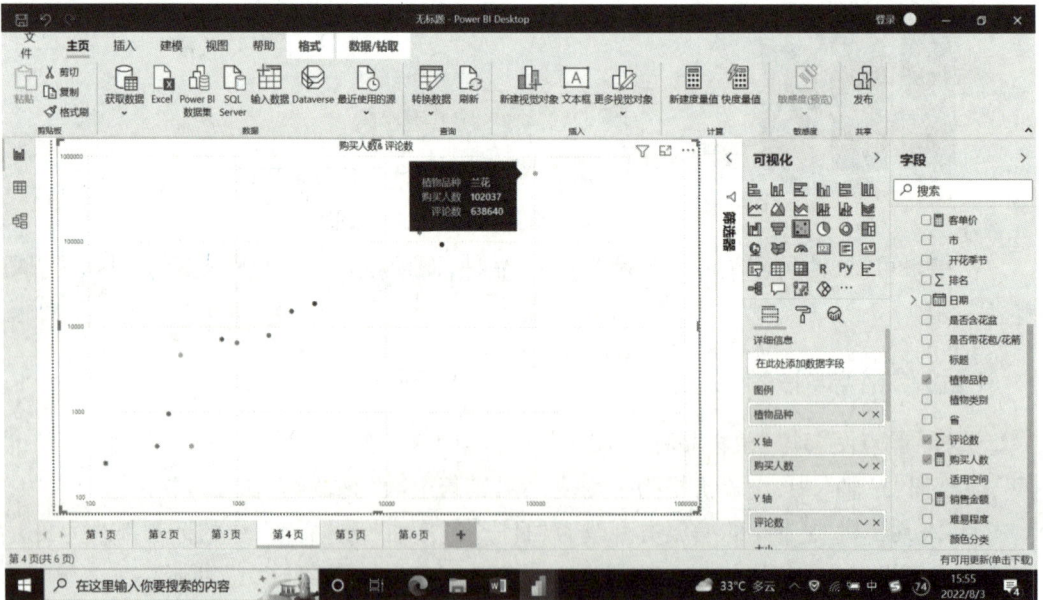

图 6-14　"购买人数 & 评论数" 图表

从图 6-14 中可见，"兰花" 品种是购买人数最多的，其评论数也是最多的。

(四)品种与开花季节

选择树状图,将"植物品种"拖放到"组"中,"开花季节"拖放到"详细信息"中,"购买人数"拖放到"值"中。

设置格式中的标题为"植物品种 & 开花季节",并设置居中。结果如图 6-15 所示。

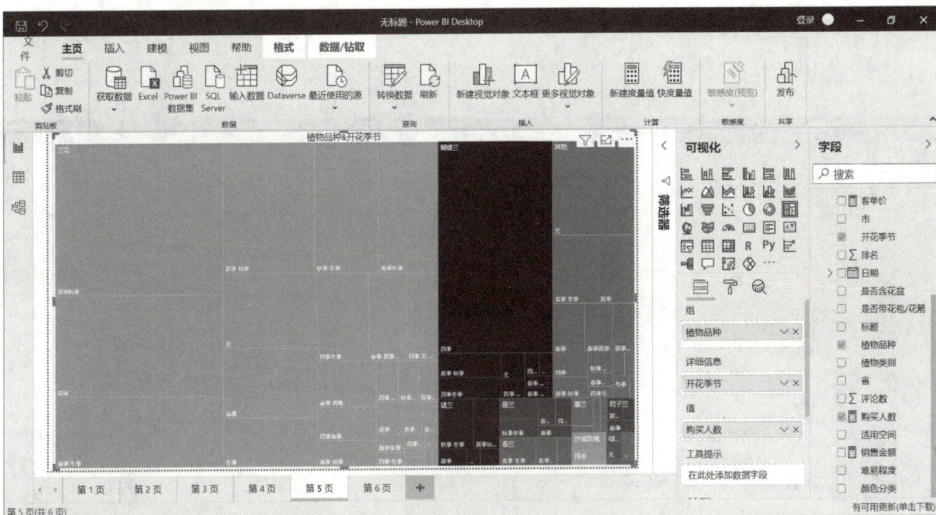

图 6-15　"植物品种 & 开花季节"图表

从图 6-15 中可见,兰花是购买人数最多的,其中一个重要原因是其开花季节最多。

(五)品种与难易程度

选择环形图,将"植物品种"拖放到"图例"中,将"难易程度"拖放到"详细信息"中,"购买人数"拖放到"值"中。

在格式中将"标题"设置为"植物品种 & 难易程度",并且居中,如图 6-16 所示。

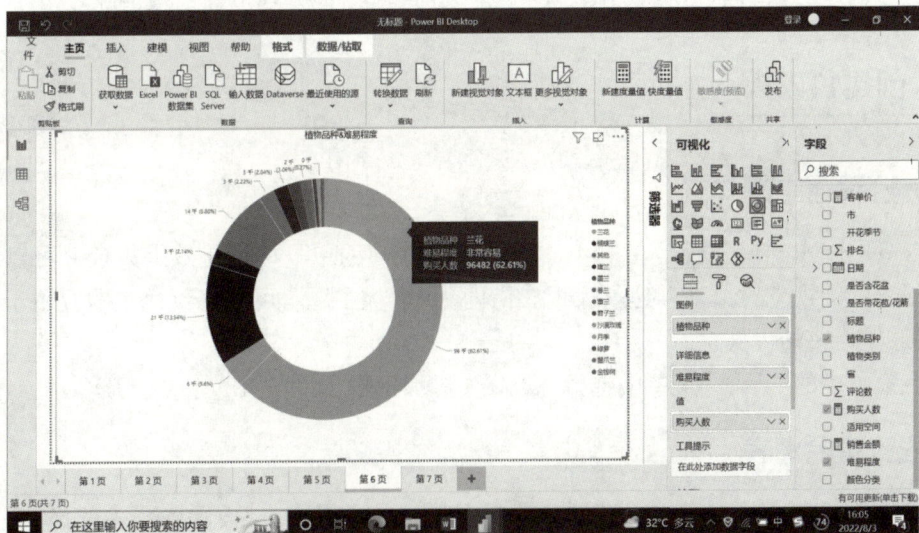

图 6-16　"植物品种 & 难易程度"图表

从图 6-16 中可见，"兰花"品种销售得最多的一个重要原因是其非常容易栽种。

（六）省市情况

选择堆积柱形图，将"省""市"拖放到"轴"中，将"植物品种"拖放到"图例"中，"购买人数"拖放到"值"中。

在格式中将图例关闭，设置"X 轴""Y 轴"标题关闭，设置标题为"省市情况"，并居中显示，结果如图 6-17 所示。

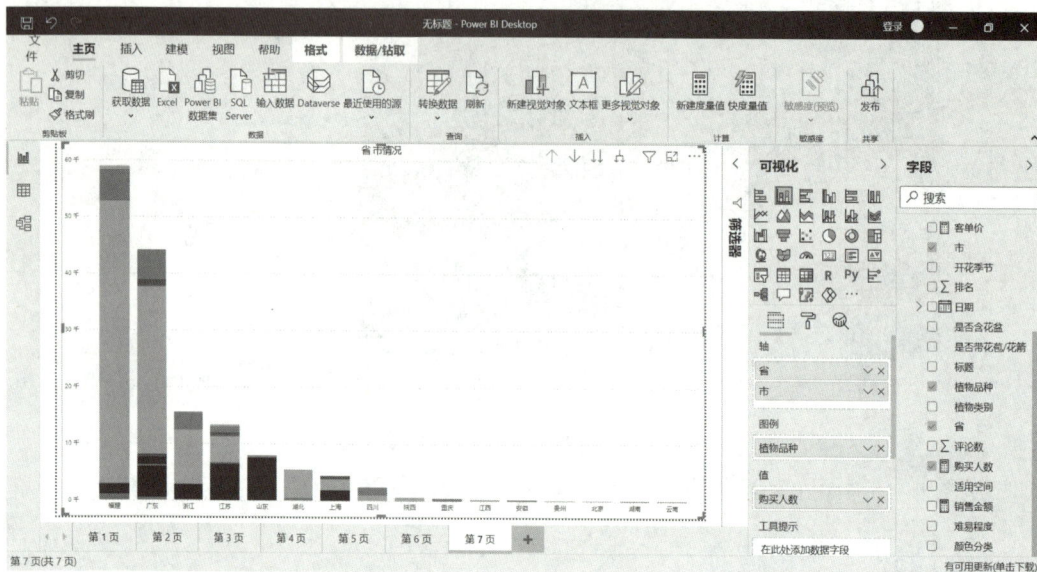

图 6-17 "省市情况"图表

从图 6-17 中可见，福建省是购买人数最多的省份，购买人数最多的是"兰花"品种，另外还有"建兰""春兰"等品种；仅次于福建省的是广东省，购买"兰花"品种的人数同样是最多的。选择"转至层次结构中的下一级别"可以查看各市的销售情况。

二、创建仪表板

（一）设置主题样式

Power BI 中的仪表板是在 Power BI 服务中创建的单页可视化效果集合。可以通过固定报表中的视觉对象来创建仪表板。借助"仪表板主题"，可以将颜色主题应用于整个仪表板，使之整洁大气。

在菜单栏的"视图"菜单中选择"创新"主题样式，如图 6-18 所示。

（二）集合图表

按前面任务中的方法将所有创建的图表放到一个报表中，设置各图表的格式，并调整好位置。

图 6-18　选择"创新"主题样式

从"插入"菜单中选择"文本框",将文本框标题内容设置为"兰花销售数据分析",并设置为居中显示,调整好位置。

再创建一个切片器,将"植物品种"拖放到"字段"中。在格式中将"切片器标头"、标题都关闭。在"项目"中选择字体颜色为白色,背景为黑色,边框为框架,调整好位置。

整个仪表板制作结果如图 6-19 所示。

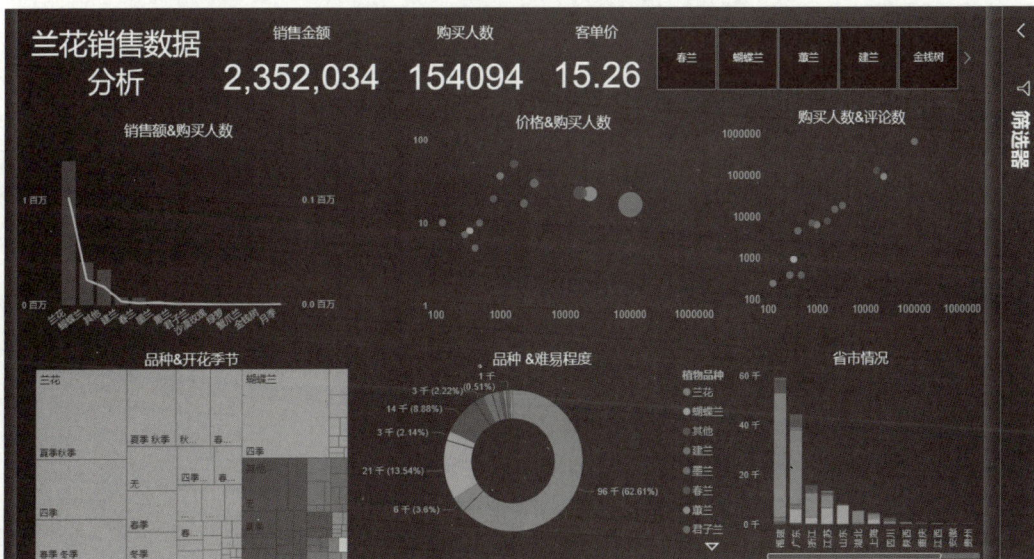

图 6-19　"兰花销售数据分析"仪表板

从仪表板中可见,所有兰花品种销售金额为 2352034 元,购买人数为 154094 人,客单价为 15.26 元。卖得最好的品种是"兰花"品种,"兰花"品种的价格不高,处于中等价位,在电商页面中评论数是最多的,对于网购用户而言"评论数"是决定下单的一个重要指标;另外"兰花"品种是一年当中开花季节最多的,这决定了顾客的喜好程度;销量最大还有一个重要因素是"兰花"品种是所有品种当中最好养的。

在所有品种的销售情况中可见,福建、广东、浙江等沿海地区是比较喜欢购买兰花的,因此,电商商家可以根据受众区域采取有效的营销措施。

【任务尝试】

请你尝试根据品牌进行多角度分析,创建仪表板。

【任务拓展】

对"大码女鞋"数据表(扫码获取)进行数据分析,并创建仪表板。

"大码女鞋"
数据表

✎ 项目六测验

一、单选题

1. 在 Power Query 中对显示为数字"44147"的日期数据进行格式调整,应该设置其为(   )类型。

A. 日期型　　　　　　　　B. 整数型

C. 日期 / 时间型　　　　　D. 小数型

2. 对列标题为"商品 iD"要进行名称修改可以(   )标题。

A. 双击　　　　B. 单击　　　　C. 拖动　　　　D. 三击

3. 将日期数据"2022/8/20"拆分为年、月、日三列数据,可以基于分隔符"/"按(   )拆分。

A. 最左侧的分隔符　　　　B. 最右侧的分隔符

C. 每次出现分隔符时　　　D. 中间的分隔符

4. 对兰花数据求销售金额使用的函数是(   )。

A. SUMX　　　　　　　　B. AVERAGE

C. COUNT　　　　　　　　D. MAX

5. 对兰花数据求购买人数的函数是(   )。

A. AVERAGE　　　　　　　B. SUM

C. COUNT　　　　　　　　D. MAX

二、多选题

1. 以下是按分隔符进行数据拆分的是(   )。

A. 按最左侧的分隔符拆分　　B. 按最右侧的分隔符拆分

C. 按每次出现分隔符时拆分　　D. 按中间的分隔符拆分

2. 分析销售金额可以使用(   )。

A. 堆积柱形图　　　　　　B. 堆积条形图

C. 折线图　　　　　　　　D. 环形图

3. 可以查看占比情况的图形有(   )。

A. 矩形树状图　　　B. 环形图　　　　C. 饼图　　　　D. 折线图

三、判断题

1. 创建"价格 & 购买人数"的图形可以使用散点图来实现。(　　　)

2. 创建"植物品种 & 开花季节"的图形可以使用矩形树状图来实现。(　　　)

3. 创建"植物品种 & 难易程度"的图形可以使用环形图来实现。(　　　)

四、填空题

1. 在堆积柱形图中为"省""市"字段创建层级在(　　　)字段中设置。

2. 借助(　　　),可以将颜色主题应用于整个仪表板,使之整洁大气。

五、操作题

1. 从车主之家官网获取各种车型排行数据,进行数据分析。

2. 从车主之家官网获取电动车价格排行数据,进行数据分析。

3. 从车主之家官网获取电动车品牌人气数据,进行数据分析。

参考文献

[1] 练金,苏重来.大数据基础与实务(商科版)[M].北京:高等教育出版社,2021.

[2] 林子雨.大数据导论——数据思维、数据能力和数据伦理[M].北京:高等教育出版社,2020.

[3] 张煜.Power BI 数据分析从零开始[M].北京:清华大学出版社,2020.

[4] 王国平.Microsoft Power BI 商业数据分析与案例实战[M].北京:清华大学出版社,2020.

[5] 牟恩静,李杰臣.Power BI 智能数据分析与可视化从入门到精通[M].北京:机械工业出版社,2019.

[6] 胡永胜.Power BI 商业数据分析[M].北京:人民邮电出版社,2021.